中國學術思想 研究輯刊

十九編

林慶彰 主編

第15冊

許衡對朱子學的傳承與發展

李蕙如 著

花木蘭文化出版社

國家圖書館出版品預行編目資料

許衡對朱子學的傳承與發展／李蕙如 著 -- 初版 -- 新北市：花
木蘭文化出版社，2014〔民103〕
目 2+218 面；19×26 公分
（中國學術思想研究輯刊 十九編；第 15 冊）
ISBN 978-986-322-934-6（精裝）
1.（元）許衡 2.學術思想 3.朱子學
030.8　　　　　　　　　　　　　　　　　　　103014778

ISBN-978-986-322-934-6

9 789863 229346

中國學術思想研究輯刊
十九編　第十五冊　　　　　　　　　ISBN：978-986-322-934-6

許衡對朱子學的傳承與發展

作　　　者　李蕙如
主　　　編　林慶彰
總 編 輯　杜潔祥
副總編輯　楊嘉樂
編　　　輯　許郁翎
出　　　版　花木蘭文化出版社
社　　　長　高小娟
聯絡地址　235 新北市中和區中安街七二號十三樓
　　　　　　電話：02-2923-1455／傳眞：02-2923-1452
網　　　址　http://www.huamulan.tw 信箱 hml 810518@gmail.com
印　　　刷　普羅文化出版廣告事業
封面設計　劉開工作室
初　　　版　2014 年 9 月
定　　　價　十九編 25 冊（精裝）新台幣 42,000 元

許衡對朱子學的傳承與發展

李蕙如　著

作者簡介

李蕙如，東吳大學中文研究所博士畢業，現為淡江大學中國文學系專任助理教授，教授「中國思想史」、「四書」等課程。研究方向為中國學術思想史、宋明理學、朱子學等相關課題。著有博士論文《許衡對朱子學的傳承與發展》、碩士論文《陳淳研究》，及單篇論文二十餘篇。

提　要

　　由宋至明，元於理學之傳，是不可少的承上啟下環節，許衡便是當時的中堅人物。許衡，字仲平，生於金泰和九年（西元 1209 年），卒於元世祖至元十八年（西元 1281 年），河內（今河南沁陽）人，世稱魯齋先生。《宋元學案‧魯齋學案》中稱他「表章程朱之學」、「興絕學於北方」，時稱「皇元受命，天降真儒：北有許衡，南有吳澄。」傳播程朱理學的許衡，並非閉門造車，而是在歷史的脈動下，以經世的熱忱，致力於理學的推動，為理學做了寬泛的解釋。許衡的歷史貢獻主要有二個方面：一是緊密結合時代所面臨的重大問題，總結出少數民族統治者入主中原必行「漢法」的規律，也影響元初的政治走向；二是開元朝國學之先河，奠定了元朝國學的教育制度，發展朱子學說，將學術思想應用在實際作為上。這是許衡的特殊點，因為他不僅堅持了先秦儒家以來的政治理想，也延續了兩宋理學的精神，為元初儒學強烈的用世氣氛中，注入一股清流。影響所及，使朱學成為官方學術正統，教化人民的主要憑藉。本論文除了就許衡傳承及發展朱子學作一全面的分析與探討外，也是對許衡在思想史中地位的評騭；而且，在陳述研究成果的同時，再次襯托出許衡在思想史中之重要性。最後，就本論文未來展望上，欲以許衡為基準點，將視野擴及整個朱子學的深入探究，不管是對思想史的詮釋，或是儒學史的補綴，乃至元代學術的闡發上，皆冀能求更為宏觀完整的思想內容。

目

次

第一章　緒　論

第一節　研究動機與目的

　　中國哲學史上之論理學，曰宋曰明，故命之曰宋明理學。元代理學則是介於宋代朱子學與明代陽明學兩大高峰之間的轉折處，一般視爲低谷，學者往往略略帶過，甚至不予論述。在學術上雖沒有重大發展，然而，由宋至明，元於理學之傳，其實縷縷不絕，是不可少的承上啓下環節，許衡便是當時的中堅人物。許衡，字仲平，生於金泰和九年（西元 1209 年），卒於元世祖至元十八年（西元 1281 年），河內（今河南沁陽）人，世稱魯齋先生。《宋元學案・魯齋學案》中稱他「表章程朱之學」、「興絕學於北方」，時稱「皇元受命，天降眞儒：北有許衡，南有吳澄。」〔註1〕而在明清之際儒者孫奇逢〔註2〕的《理學宗傳》中，未載入吳澄，而舉許衡、耶律楚材、劉因三儒。其實，許衡在元代理學史上與劉因、吳澄鼎足而三，影響又在二人之上。在心性理三者關係上，他既不完全同於朱熹，也有別於陸九淵，認爲心性理三者一以貫之；在如何識見天理的心性修養方法上，許衡也游離於朱熹的窮理以明心和

〔註 1〕　〔元〕揭傒斯：《揭傒斯文安集・吳澄神道碑》，頁 45。
〔註 2〕　孫奇逢（1584～1675），明末清初理學大家，字啓泰，號鐘元，起初信奉陸王之學，後傾於朱子理學。晚年講學於輝縣夏峰村二十餘年，從者甚眾，世稱夏峰先生。孫奇逢著述頗豐，他的學術著作主要有：《理學宗傳》、《聖學錄》、《北學編》、《洛學編》、《四書近旨》、《讀易大旨》。

陸九淵的明心以窮理二者之間。此外，傳播程朱理學的許衡，並非閉門造車，而是在歷史的脈動下，以經世的熱忱，致力於理學的推動，爲理學做了寬泛的解釋。侯外盧等人在《宋明理學史》中的說法是：

> 經南宋朱陸的爭論，到了元代，復又折衷融合，從而又導致了朱陸的合流。而明代王陽明所謂「範圍朱陸而進退之」，這或者可以說是沿承元代朱、陸合流的趨勢，不只是王陽明以陸學爲主，在朱陸之間更加圓融周備，鎔鑄而爲所謂「博大、精細」的王學體系。從這一點來說，元代的理學，是宋明之間的過渡環節。〔註3〕

因此，「許衡與元中期和會朱陸的吳澄，都以朱學爲標誌，被視爲朱學的徒裔，但他們由朱學的心外格物，移到陸學的直求本心，從而萌發了一種屬於後來王學的東西，這是值得注意的思想演變跡象。」〔註4〕蒙培元也有類似的看法〔註5〕，也是將許衡視爲「依違於朱、陸之間」，或「和會朱陸」的理學家。因此，雖說朱陸爲研究的主流，但筆者以爲，非主流的許衡會更接近當時的規範或情況，並對主流說法進行質疑與省思。

　　本論文特意選取這個時期來研究儒學的歷史文化功能，凸顯儒學的基本精神，重點在於補足理學的空白，重新探討是怎樣的文化力量造成這一時期。思想史的撰寫者常常在他們的著作中留下一些空白的時間段，在這些時間段中彷彿沒有甚麼思想。之所以有這些空白的時間段，主要是思想史家在自己的視野中，沒有搜尋到高明的人物或異常的思想。因此，如果改變一下思想史寫作的思路，把思想的平庸、停滯甚至是倒退的時代也看成是一種「歷史」，也許思想史會更具有連續性〔註6〕。在元代，作爲宋學核心的程朱之學還沒有僵化，程朱理學和朱熹傳注尙有發展生機，因此，在元代理學的大環境中，實具有特殊的代表意義。然長期以來人們對許衡的關注多放在元代儒臣，定位似乎僅放在傳遞朱學規模，並提供會通朱陸的可能嘗試，然而，這個概括是籠統的，沒有說明許衡的特殊地位。何況，許衡與宋儒有何根本歧異？應梳理這一重要關節。本文試圖結合元代的社會歷史背景，通過研究許衡本身

〔註3〕侯外盧等：《宋明理學史》（北京：人民出版社，民國86年）。

〔註4〕相關資料參見侯外盧等：《宋明理學史》（北京：人民出版社，民國86年）。

〔註5〕相關資料可參見蒙培元：《理學的演變——從朱熹到王夫之戴震》（福州：福建人民出版社，民國87年）。

〔註6〕葛兆光：《中國思想史》第二卷（上海：復旦大學出版社，2001年12月），頁280。

及《元史》〔註7〕、《魯齋全書》〔註8〕、《魯齋遺書》〔註9〕、《宋元學案·魯齋學案》〔註10〕、《許魯齋考歲略》〔註11〕、《許魯齋先生年譜》〔註12〕，以及《河南志》〔註13〕等書，考察許衡對朱子學的傳承與發展，希望綜合許衡的學術思想與實際作為，探索他如何實踐修己治人之方，而且，在時代限制下，許衡卻能影響當時的政治社會，是很不簡單的一件事。希望藉由此課題的討論，對朱子學研究作出一些貢獻。

第二節　前人研究成果

　　在研究進行之前，當吾人以一種詮釋觀點去解析甚至於評定思想家及其成就時，勢必要留意到這些觀點是否為共識，或是其具有爭議，因此，參考前人研究成果便相當重要。雖然，研究成果難免蘊涵著建立動機與時代意義，此乃無法避免的，即便如此，這些資料的價值確實是不言而喻的，因為不同的評論家或研究者，以其或主觀、或客觀的立場立論，均提供後人研究時多面相的思維方式。在本論文中，筆者試圖重新挖掘許衡思想的內涵，對其人與朱學官學化之間的關係進行討論，固然期望以客觀的態度回歸歷史原貌，但詮釋的過程中難免帶有主觀的成份。因此，在回顧既有的研究成果之餘，對於偏執甚或有欠公允之處應予以避免，至於卓絕可資效法處便予以深究。長期以來，許衡的研究成為學術界關注的焦點之一，一些專著和論文相繼發表，以下簡述前人研究成果：

　　首先，就專書方面，如勞思光《中國哲學史》〔註14〕、馮友蘭《中國哲

〔註7〕　本文採用《元史》的版本是翁獨建等人以《百衲本》為底本，參校其他相關史料而成之點校本（北京：中華書局，1976年），以下不贅。

〔註8〕　〔元〕許衡：《魯齋全書》（台北：廣文書局，據日文中文出版社影印日本刊本），1991年。

〔註9〕　〔元〕許衡：《魯齋遺書》（台北：臺灣商務印書館，四庫全書珍本），1973年。

〔註10〕　〔清〕黃宗羲：《宋元學案》（北京：中華書局，1986年）。

〔註11〕　〔元〕耶律有尚：《許魯齋考歲略》（臺南：莊嚴出版社，1996年），四庫全書存目叢書。

〔註12〕　〔清〕鄭士範：《許魯齋先生年譜》，光緒十六年，周正誼堂編。

〔註13〕　〔清〕徐松：《河南志》（北京：中華書局，1994年）。

〔註14〕　勞思光：《中國哲學史》（台北，三民書局，1981年）。

學史》〔註 15〕、韋政通《中國思想史》〔註 16〕、賈豐臻《中國理學史》〔註 17〕等僅就朱熹、陸九淵、王守仁等進行論述，對許衡的介紹則付之闕如；羅光的《中國哲學思想史‧元明篇》第三章〈北方理學家〉則指出「許衡……對於理學的性理思想……所有講述，散見在《語錄》和《讀易私言》兩卷裏。」〔註 18〕；至於葛兆光《中國思想史》則做概要式的闡述，僅列〈從元到明：知識、思想與信仰世界的一般狀況〉〔註 19〕，文中認為許衡推廣程朱理學，卻很少有新的進境。此外，近年來出版的一些有關教育史的通論性的專著，大多涉及許衡的教育思想、教學方法等問題，如毛禮銳、沈灌群主編《中國教育通史》第三卷、李才棟等《中國教育管理制度史》、陳學恂主編《中國教育史研究》宋元分卷等皆是。而在葛榮晉等人主編的《中國實學思想史》〔註 20〕中，則以實學考察思想家的表現。一開始就肯定許衡的熱心用世，對有些理學家批評許衡「粗跡」並不贊同。該書特別指出許衡不以沿襲陳說而滿足，直接批評宋末理學的隱僻空疏，認為此有害於道。更進一步認為：「理不僅是儒道之理，也是事物實在之理；一切道理要驗之於事物，觸及事物的道理。而其重人倫、治生最為先務的主張，都是其實學思想的發揮。」依照葛榮晉等人的說法，「實學」的概念雖然隨時代轉變迭有新見，但大都以「實體達用之學」的立場為主，他特別歸納出宋明理學家的「實學」想法是：「依據儒家的內聖外王的原則，宋明實學家必須由實體轉向達用，將內聖之實體轉化為外王之實用，才能成為真正的聖人。所謂達用，在實學家那裡，又有兩層涵義：一曰經世之學，即用於經國濟民的經世實學；二曰實測之學，即用於探索自然奧秘的自然科學。」職是之故，許衡落乎生活體驗與實踐，重視推己及人的內聖外王之道，可謂實學的代表人物。

　　至於具有斷代性質的如下：侯外廬等人編的《宋明理學史》〔註 21〕指出許衡理學雖繼承程朱，但卻未嚴守朱學門戶；許衡由朱熹的心外格物轉為陸

〔註 15〕馮友蘭：《中國哲學史》（台北：臺灣商務印書館，1993 年）。

〔註 16〕韋政通：《中國思想史》（台北：水牛出版社，1992 年）。

〔註 17〕賈豐臻：《中國理學史》（台北：臺灣商務印書館，1974 年）。

〔註 18〕羅光：《中國哲學思想史‧元明篇》，（台北：臺灣學生書局，1981 年），頁 56、57。

〔註 19〕葛兆光：《中國思想史》（上海：復旦大學出版社，2001 年），頁 280～298。

〔註 20〕葛榮晉：《中國實學思想史》（北京：首都師範大學出版社，1994 年）。

〔註 21〕侯外廬：《宋明理學史》（北京：人民出版社，1997 年）。

象山的直求本心，並使陽明思想得以萌發；在心性理三者合一的立場上，他的回答似乎朱陸皆可同意，但對於如何識見天理的心性修養方法上，游離於朱熹「窮理以明心」和陸象山「明心以究理」二者之間。此外，張立文《中國學術通史》（宋元明卷）〔註 22〕僅列「許衡：北傳理學」，記述生平梗要、理學思想，為簡要介紹，並未分點。至於徐遠和的《理學與元代社會》〔註 23〕中第二章〈魯齋學派〉分列兩節：第一節「元代理學宗師」；第二節為「魯齋學派傳人」，前者主要說明許衡思想，後者僅列姚燧、耶律有尚二人，為泛論性的寫法。而在孫克寬的《元代漢文化之活動》〔註 24〕，書中有「惟有許魯齋出來，才大開庭戶，使有元一代，尊崇儒學，程朱義理，定於一尊」的定論，然而對於許氏「生於憂患，太怕事了」、「常常以退為進」的作風，孫氏雖「不願苛求」，卻不免批評其人「學術規模，終嫌狹小，尊經與尊君有同樣的作用。因而開明清以來，絕對專制政體，卻是許學的流弊」，評論中難免有春秋微辭賢者的意味。至於秦志勇《中國元代思想史》〔註 25〕書中，有〈元代理學的先驅許衡及其理學思想〉一文專論許衡，分為「天道觀」、「許衡論心性」、「許衡論知行」、「許衡的歷史觀」四部分，但篇幅不多。又如蒙培元《理學的演變——從朱熹到王夫之戴震》〔註 26〕，視朱熹以後的思想家都是朱學的修正或反動，所以整本書的論述方式，都是以朱學為準，評論其他思想家的內涵。蒙氏認為「在當時的朱熹後學中，影響較大的有許衡、吳澄等人，他們進一步發展了朱熹哲學中的心學思想，並與陸學結合起來，因而出現了朱陸合流的趨勢」，此乃基於學術史的立論，附以許衡思想。又如《中國儒學史》（宋元卷）〔註 27〕專章討論許衡儒學思想，分成「理本論」、「知行觀」、「人性論」、「治生論」四節。文中指出許衡思想的兩個特點：其一為朱學路數，其一為重經世致用而忽於講求義理，文末則補充姚燧及耶律有尚兩位弟

〔註 22〕 張立文主編：《中國學術通史》（宋元明卷）（北京：人民出版社，2004 年），頁 438～443。

〔註 23〕 徐遠和：《理學與元代社會》（北京：人民出版社，1992 年），頁 40～76。

〔註 24〕 孫克寬：《元代漢文化之行動》（台北：中華書局，民國 57 年）。

〔註 25〕 秦志勇：《中國元代思想史》（北京：人民出版社，1994 年），頁 16～24。

〔註 26〕 蒙培元：《理學的演變——從朱熹到王夫之戴震》（福州：福建人民出版社，民國 87 年）。

〔註 27〕 方旭東：《中國儒學史》（宋元卷）（北京：中華書局，2011 年），頁 531～546。

子。

　　以上諸書，觀其內容，基本上屬概要式的介紹，是一種學術史式的寫法，並非深入的解析，其中關於思想的論述，雖然舉出一些綱要，但在這些標題下的論述卻顯得較為空泛，對義理的分析也較簡略，這是寫作上的限制，因而有進一步探討的空間。

　　若以許衡專題式書籍來看，如王民信《許衡》〔註28〕、袁國藩《元許魯齋評述》〔註29〕，前者對於許衡著作版本敘述甚詳，惜未標章立目，大多數的內容仍屬入門導引，不夠深刻；後者有近十萬字的敘述，共分七節，首章前言，次章行事編年，三四章則述及許衡教育與政治貢獻，最後縷述交遊唱和，但在義理上猶有許多值得進行系統性整理與分析之處，部分圖書也未涉及。又如王素美《許衡的理學思想與文學》〔註30〕，作者將許衡這位理學大師置於蒙族入主中原的實現視野中，結合元代的時代精神對許衡學術著作進行反覆深入細致的考察。上編闡述許衡的理學思想、中編闡述文道不分的理學思想、下編為詩文創作，並未涉及與朱子關係。至於陳正夫、何植靖的《許衡評傳》〔註31〕是目前為止較完整的著作，書中廣泛論及「許衡的時代」、「生平及學術交往」、「哲學思想」、「政治思想」、「經濟思想」、「處世哲學與倫理思想」、「科學與文化思想」、「教育思想」、「許衡思想的歷史地位和社會影響」等等。全書討論許衡思想內涵是採用思想範疇的歸納模式，並且指出：「許衡同程朱一樣，都是以抽象的人性論為封建的綱常名教作論證，掩蓋封建綱常名教的階級實質，為封建地主階級加強封建專制統治服務。」〔註32〕這似乎有些過分強調理學與封建統治者聯繫的一面，而未注意許衡與程朱以人的理智之心對人的本性和情感加以控制和把握，使之符合道德理性，以使社會生活正常運轉的一面，並忽視理學把道德約束也指向統治者，要求其「清心寡欲」、「正君心」的理學人性修養論的特點。〔註33〕此外，該書指出許衡傳播程朱理學，促使程朱理學在元朝居學術上統治地位；許衡的思想也推進「朱

〔註28〕 王民信：《許衡》（台北：臺灣商務印書館，1999年）。
〔註29〕 袁國藩：《元許魯齋評述》（台北：臺灣商務印書館，1972年）。
〔註30〕 王素美：《許衡的理學思想與文學》（北京：人民出版社，2007年）。
〔註31〕 陳正夫、何植靖：《許衡評傳》（南京：南京大學出版社，民國84年）。
〔註32〕 陳正夫、何植靖：《許衡評傳》（南京：南京大學出版社，民國84年），頁117。
〔註33〕 蔡方鹿：〈讀《許衡評傳》〉，《東方論壇》第1期，1996年，頁82。

陸合流」，成爲從朱熹「理學」到王守仁「心學」的中心環節。最後，該書將許衡與儒家孔孟、朱熹比較，分別從政治事業上是否順利？學術上是否建立體系？教育上弟子入仕的多寡？三方面討論許衡在歷代儒家人物中的特殊性。

單篇論文方面，諸如張帆的〈退齋記與許衡、劉因的出處進退 ── 元代儒士境遇、心態之一斑〉〔註34〕、丁昆健〈元許衡的教育思想〉〔註35〕、蕭啓慶〈忽必烈的時代潛邸舊侶考〉〔註36〕中則談許衡僅是正統儒學集團的一份子，對其事功未能論述。而在龔道運〈元儒許衡之朱子學〉〔註37〕一文中，則將許衡視爲朱學的流裔，然較不強調許衡與朱陸間的區分。又，丁冠之〈明清學者「治生」論述略〉〔註38〕，文中指出許衡所說的治生問題，其內容與意義遠超過《史記》所言範圍。至於白鋼〈許衡與傳統文化在元代的命運〉〔註39〕，文中考察了許衡一生的際遇及其政治思想、理學思想、教育等問題，認爲他雖不失爲中原傳統文化在元代的傳人，但學術成就遠不如吳澄。他的地位與其說是學術成就，不如說是歷史機遇造成的。而在徐西華〈許衡思想探索〉〔註40〕中，主要考察宋元之際朱子之學官學化、心學化過程中，許衡所起的地位及其作用，認爲經過許衡的修正，朱學變成心學。

碩博士論文則有以下幾本：林錦雲《許衡對元初中統之治的貢獻》〔註41〕主要就歷史角度切入；安贊淳《明代理學家文學理論研究》〔註42〕中分析許衡的文學理論有三：求理之眞而不當馳騁文筆、不期文而自文、詩文出於性。

〔註34〕張帆：〈退齋記與許衡、劉因的出處進退 ── 元代儒士境遇、心態之一斑〉，《元代政治文化暨元世祖忽必烈國際學術研討會》論文打印稿。

〔註35〕丁昆健：〈元許衡的教育思想〉，《華學月刊》第 134 期，1983 年。

〔註36〕蕭啓慶：〈忽必烈的時代潛邸舊侶考〉，《大陸雜誌》第 25 卷第 1～3 期。

〔註37〕龔道運：〈元儒許衡之朱子學〉，《國立編譯館館刊》第 8 卷第 2 期，民國 68 年。

〔註38〕丁冠之：〈明清學者「治生」論述略〉，《中韓實學史研究 ── 第五屆東亞實學國際學術研討會論文集》，山東大學出版，1998 年。

〔註39〕白鋼：〈許衡與傳統文化在元代的命運〉，《元史論叢》第五輯（北京：中華書局，1993 年）。

〔註40〕徐西華：〈許衡思想探索〉，《中國哲學》第九輯（上海：三聯書店，1983 年）。

〔註41〕林錦雲：《許衡對元初中統之治的貢獻》，台灣大學歷史研究所碩士論文，1968 年。

〔註42〕安贊淳：《明代理學家文學理論研究》，台灣大學中國文學系博士論文，1999 年。

又如孫建平《元代理學官學化初探》〔註 43〕、卞軍鳳《許衡的教育心理思想研究》〔註 44〕，前者指出元初政治的動盪，漢人在元朝帝王心中地位的不穩定，使理學家們在北方的努力舉步惟艱，討論對象則以吳澄、劉因等主，對許衡著墨較少，後者則關注於教育層面，以理論為主。至於金永炫的《元代「北許南吳」理學思想研究》〔註 45〕，比較許衡與吳澄理學思想，認為許、吳兩人都是繼承程朱學說，但也有接受象山學說的部分，特別是從「心即理」觀念的認同中，建立心性一源論的理學架構。此外，他們同時在朱、陸影響下，主張「兼尊德性與道問學」及「知行兼該」，而與陽明之學也有密切關係。金氏之說乃順思想史發展現象，然而，就兩人所處的社會背景與當時的學術風氣而言，實並不相同。此外，吳澄明言「和會朱陸」，許衡卻對象山隻字未提，若以吳之說企圖含括許衡，是否恰當？仍待商榷。而在馬行誼的《許衡的倫理道德價值體系》〔註 46〕中，廣泛地觸及前代對許衡諸如「仕隱」、「夷夏」、「易簡」、「粗跡」、「治生」、「科舉」、「心」的詮釋與「和會朱陸」等的兩極化論斷，並試圖從其倫理道德價值體系的發展中，給予公允的評述，並得出許衡順承儒家的大傳統，並由兩宋理學家的啟發，所成立的一套因應時局的策略的結論，筆者也從中得到許多啟發。

筆者觀察學者研究成果，有關許衡研究的重點是許衡的教育思想、許衡與元初政治、許衡的教學理論、許衡與理學的傳承以及許衡仕元的心態等問題，無論是就篇幅或內容來說，都還有進行深入與詳盡探討的空間。另一方面，多半集中在政治或教育方面的探討，對於思想方面等相關資料略為不足。然而，這並不表示研究學者對此議題不重視，相反的，在論述的過程中，揭示了許衡的理學思想線索，提供了架構更完整的元代理學史的另一種可能性。所以，通過此一研究或可以提供許衡思想研究不同的思考面相，使之有較整體而全面的理解。

〔註 43〕孫建平：《元代理學官學化初探》，湖南大學專門史碩士論文，2003 年。
〔註 44〕卞軍鳳：《許衡的教育心理思想研究》，上海師範大學發展與教育心理學碩士論文，2008 年。
〔註 45〕金永炫：《元代「北許南吳」理學思想研究》，私立輔仁大學哲學研究所博士論文，民國 76 年。
〔註 46〕馬行誼：《許衡的倫理價值體系》，國立中正大學中國文學系博士論文，2003 年。

第三節　研究之方法與步驟

一、研究之方法

　　當我們研究中國道統學問的時候，「方法」是一個似乎既被人極端重視又令人深感迷惑的問題。因中國道統學問的特殊性格，因此，在研究中國學問的時候，常常無法使用有嚴格意義的方法獲致明確可認知的結論。熊十力曾指斥對科學方法的迷信：

> 每見青年問學，開口必曰方法，此極可惜。須知問學方法，必待學成而後能明其所以。至求學時代，則全仗自家一副精心果力，暗中摸索，方方面面，不憚繁雜，經歷許多層累曲折，如疑惑、設計、集證、決斷、會通、類推等等，其間所歷困難與錯誤，正不知幾許，窮年屹屹，而後有成，一旦豁然，回思經歷，方自見有其所循之方法，可舉以告人者。〔註47〕

沒有一個研究是孤立的，研究問題的發展像前進的工作；一個研究計畫可輕易地導引出另外一個研究，因為它引起研究者先前未考慮到的議題。〔註48〕因此，勞思光以其對西方與中國哲學理解的深厚基礎，提出了「基源問題研究法」：

> 所謂「基源問題研究法」，是以邏輯意義的理論還原為始點，而以史學考證工作為助力，以統攝個別哲學活動於一定設準之下為歸宿。〔註49〕

勞氏此法的「邏輯意義」，事實上是循著中國思想家的思想脈絡，作一番追本溯源的工作，再以順流而下的形式加以解釋、說明，然而，將每位思想家的理論，視作是對某一問題的答覆，並且特別闡明「設準」的作用：

> 通常做哲學史工作的人，每每諱言自己有自己的觀點；其實，除非不下全面的判斷，否則，必有一定的觀點作根據。這種觀點當然可能不為人所接受，但那是不重要的。因為，一切理論本都可以有人反對。

〔註47〕熊十力：《十力語要》卷四〈與鄧子琴等書〉（上海：上海書店，2007年）。

〔註48〕見 Giddens, Anthony.：《社會學》下冊（台北：唐山出版社，1997年），頁299。

〔註49〕勞思光：《新編中國哲學史》（一）（台北：三民書局，1986年），頁15。

> 問題只在於我們能否自覺地將自己的論據表述出來。我所以將這種
> 觀點稱爲「設準」，目的即在於避免獨斷氣息。但我們又必須明白，
> 我們雖不願獨斷，卻仍不能不有一組理論的「設準」，否則我們自己
> 即根本沒有提出甚麼理論來。〔註50〕

勞氏以爲史家皆受其立場、觀點的影響，而論述的重點不同，其言固然甚是。
但轉用這樣的理由，直接以明確的設準作爲哲學史判斷的依據，就不免偏差
了。因爲哲學史、思想史乃是哲學、思想的歷史，其本身自有客觀性，今以
個人的設準當作論述思想史發展的憑據，表現出來的，便很難是思想史的眞
實情形。因此，本論文以基源問題研究法爲基準，配合文獻研究。但不可否
認的是文獻研究有其陷阱，不同的文獻正確性往往也就有差異，職是之故，
筆者使用資料時將盡可能評估它們的眞實性。而且，文史哲分系專研，也許
是實質上的需要，但研究問題者，卻不宜心存畛域，而應盡量做知識的融匯，
以求歷史與經典的並重。如唐君毅所言：

> 世之言哲學與言歷史者，恆相視爲殊科。言哲學者之以究心於宇宙
> 之普遍之大理爲目標，或以名言概念之解析爲事者，皆輕歷史之
> 物。……
>
> 哲人能觀宇宙之大，其心可謂大矣。然此心終屬於此哲人之爲人，
> 而此人因存在於歷史文化社會中也。則徒聘此心以思宇宙之大者，
> 不如兼能反省此心之屬於此人，此人所在之歷史文化社會，而兼於
> 此運其哲思者，其所思之尤大也。〔註51〕

上引語確係的論。若以孟子的「知人論世」爲補充說明，則「知人」爲傳記
研究法，「論世」則爲歷史社會研究法，透過哲學和史學這兩種意識形態領
域的類型，可發現彼此既各自獨立，又有相互影響的密切關係。元代理學作
爲一種哲學體系，必然在觀點和方法上對當時的史學有重要影響；而史學往
往爲理學提供了經驗和事實上的依據。〔註52〕因此，如何將許衡思想發展的

〔註50〕勞思光：《新編中國哲學史》（一）（台北：三民書局，1986 年），頁 15。
〔註51〕哲學研究領域至廣，知識論、形上論等等皆隸屬焉。而唐君毅以爲必歸結於
　　　　歷史文化之反省研究，則史學在他心目中可以想見。按對歷史作哲學的反省
　　　　研究（歷史哲學）很明顯是第二序的；第一序乃係對歷史之本身作研究（史
　　　　學研究）。第二序的研究必先仰賴第一序的基礎研究。本此，唐君毅既重視第
　　　　二序的研究，即無疑涵蘊了重視第一序的研究。
〔註52〕見周少川：《元代史學思想研究》（北京：社會科學文獻出版社，2001 年），頁

軌跡，如實而曲折地呈現出來，乃是首要的課題。以客觀態度，當著手研究之際，先順著許衡的思想去思想，隨其人思想之展開而展開，才能眞正了解他中間所含藏的問題，及其所經過的曲折，由此而提出懷疑、評判，才能與許衡思想的本身相應。筆者擬將許衡放置在歷史事件的背景中，使其思想的基礎變成可理解的對象。其次，在思想的各個尖峰之間，藉由外在事件的探索，尋找出思想發展線索中相對平庸的部分，以塡補思想精華之間的裂痕。如此，從思想理論的橫切來看，恢復了思想史複雜的層次、深度；由歷史發展縱切而言，則避免了單軌、直線的演化過程，期能給予許衡一妥當適切的評價。

二、研究之步驟

　　本論文探討元代學者許衡繼承和發展朱子學的問題，爲了解許衡發展朱子學的貢獻，本論文擬分爲幾個步驟逐漸推進：首先是對許衡生平著作做一基本的討論，其次，則是交待其所處的時代背景，並討論許衡對先秦儒道的看法；接著探究許衡對朱子學說的傳承與修正，許衡一方面遵循朱熹學說，一方便卻有所取捨。從本章的討論，可對許衡思想有進一步的理解。雖以《魯齋全書》與《魯齋遺書》作爲主要文本，但是，對於時間與空間的轉換所產生的隔閡仍難消除，因此，無法完全還原文本最初的眞正涵義。不過，仍舊可將許衡著作放置於所處的歷史脈絡與自身的義理血脈之中，推敲出其原始樣貌。同時，透過閱讀比較程朱等理學家的相關著作，則可輔助筆者對許衡思想的掌握與理解，也才能逐一搜尋其對朱子思想發展與繼承的部分。基於上述探討，接著討論許衡推動朱子官學化的歷程，此研究面向也可發現許衡其人哲學內部義理的發揮，以及思想理論的實踐開展。而且，不僅當時，對於後代評價與影響，也將一併討論。基於上述，筆者將以微觀的角度與宏觀的視野，審視並詮釋許衡繼承和發展朱子學的價值與意義。因此，本論文擬由以下六章進行論述：

　　第一章是〈緒論〉，主要說明論文的研究方向以及思想進路。呈現出論文初期問題的萌發基點爲何，以及想要解決的問題所在，列爲「研究動機與目的」一項；其次，針對前人研究成果做一大致梳理；最後，是對本文研究方

3。

法與步驟的說明。

第二章〈許衡其人及其書〉，筆者依憑元代以降的相關文獻，將魯齋其人其書逐步呈現。關於許衡的資料，主要根據《元史》〔註53〕、《元史本證》〔註54〕、《許文正公遺書》〔註55〕、《許魯齋先生年譜》〔註56〕、《許文正公考歲略續》〔註57〕、《元朝名臣事略》〔註58〕、《蒙兀兒史記》〔註59〕等史料記載，並參考相關方志與官書，期能對許衡的相關課題有所裨益，填補空白不足之處。對於其著作的整理，主要針對《魯齋全集》及《魯齋遺書》等作品進行闡釋。透過以上的文獻資料，具體呈現許衡其人其書。

第三章〈許衡對先秦儒道思想之評論〉，許衡雖繼承程朱理學，常借程朱理學之說解釋某些觀念，甚至直以程朱著作興學教人，並以「捍儒學、斥道家」為其基本的學術態度，然而，相較於程、朱所處的時代，身處元代異族統治下的許衡，是在怎樣的時代背景及歷史脈絡下進行其思想闡釋？對先秦儒道的評論，許衡所著重的焦點為何？是否公允而恰當？從環境氛圍與學術景況，進一步解析許衡自身的思想理論體系，也對於他推動朱學官學化有更進一步的理解。而在理解許衡思想的背景及取捨後，除了反思許氏對朱子學說思想的演化外，有必要關注許衡發揚朱子學說，在社會政治方面所起的重要作用。

第四章〈許衡推動朱學官學化之歷程〉，許衡將程朱理學轉化為適合元朝統治者的需要，因此在延祐年間，代表元代理學主流的朱學被列為科場程式，理學從而成為官學，在政治上進一步確立了主流思想的地位。然而，這樣的結果並非一蹴可幾的，乃是經過發軔、發展，終至完成。從許衡推動程朱理學官學化的時代氛圍探討，可看出他在歷史的脈動下，如何以經世的熱忱，致力於理學的推動。

第五章〈許衡的影響及歷史評價〉，本章除了探討元、明、清歷代學者對

〔註53〕 《元史》（北京：中華書局，1976年）。
〔註54〕 〔清〕汪輝祖：《元史本證》（台北：文海出版社，民國73年）。
〔註55〕 〔元〕許衡：《許文正公遺書》，清光緒丁亥刊本。
〔註56〕 〔清〕鄭士範：《許魯齋先生年譜》（北京：北京圖書館出版社，1999年）。
〔註57〕 〔元〕耶律有尚：《許文正公考歲略續》（北京：北京圖書館出版社，1999年）。
〔註58〕 〔元〕蘇天爵：《元朝名臣事略》（北京：中華書局，1996年）。
〔註59〕 〔清〕屠寄：《蒙兀兒史記》（台北：鼎文書局，民國67年）。

許衡的評價，更將觸角深及其門生與王陽明，討論許衡所帶來的影響。透過此一論題的研究，對於朱子學的相關論述，而有些線索可尋。

　　第六章〈結論〉，從第三章的內在義理到第四章的外在事功，可藉此釐正許衡傳承與發展之功。因此，本章順著前面幾章的研究理路，進行本文的重點回顧，並說明所獲得的成果與限制，進而提出可以透過此成果而進一步的工作。除了向前人對許衡的評價提出商榷，而後提供不同的視域，以建立自身的路向。

第二章　許衡其人及其書

第一節　許衡生平傳略

一、生平略述

　　許衡爲元代重要理學家，世稱魯齋先生。〔註1〕《宋元學案·魯齋學案》中稱他「表章程朱之學」、「興絕學於北方」，因而有「北許南吳」之稱。但現今學界對他的生平及里籍的相關探討卻不多，專著方面有王民信《許衡》〔註2〕、袁國藩《元許魯齋評述》〔註3〕、陳正夫、何植靖的《許衡評傳》〔註4〕、馬行誼的《許衡的倫理道德價值體系》〔註5〕等書。然而，上述諸書多針對許衡思想爲主，或許是因爲受限於所要闡述的內容較多，關於生平部分則相對顯得所佔篇幅較少。筆者則對此加以著墨，以補充其不足之處。其中，《許衡評傳》一書論及「許衡的時代」與「生平及學術交往」，是內容豐富的專著。該書將許衡的一生分爲幾個階段：第一階段是金泰和九年（西元1209年）至南宋理宗淳祐元年（西元1241年），這是他出生成長、接受

〔註1〕　除了許衡外，宋儒王柏（西元1197〜1274年）亦號魯齋。王柏，字會之，婺州金華人。從楊時受《易》、《論語》，與朱熹、呂祖謙等人相往還。
〔註2〕　王民信：《許衡》（臺北：商務印書館，1978年）。
〔註3〕　袁國藩：《元許魯齋評述》（臺北：商務印書館，1972年）。
〔註4〕　陳正夫、何植靖：《許衡評傳》（南京：南京大學出版社，民國84年）。
〔註5〕　馬行誼：《許衡的倫理道德價值體系》，國立中正大學中文所博士論文，民國92年5月。

教育和打下學業基礎時期；第二階段是南宋理宗淳祐二年（西元 1242 年）
至南宋理宗開慶元年（西元 1259 年），這是許衡鑽研程朱理學和開展教育實
踐活動時期；第三階段是元中統元年（西元 1260 年）至至元七年（西元 1270
年），是許衡參與朝政，爲元統治者出謀獻策時期；第四階段是至元八年（西
元 1271 年）至至元十八年（西元 1281 年），是他爲元王朝培養人才和制訂
「授時曆」時期〔註6〕。此外，因限於許衡相關資料，陳正夫等人拜訪許衡
的二十三代孫許昭貢，二十四代孫許來斌，從有關的材料得悉，許衡仕元第
一次辭官歸來後，是居住在河內的沁陽（即今河南省沁陽市西向鎮兆魯村），
後來又搬到沁陽的泗溝村（即今河南省博愛縣泗溝村），不久，他又把家從
泗溝村搬到李封村（即今河南省焦作市中站區王封鄉李封村），並長期在李
封村安家。北魯村、泗溝村和李封村，在元代都屬於覃懷地區。在此，筆者
回顧既有的研究成果，並從其中予以深究。

　　而在單篇文章方面，則有安懷音〈許衡的身世與學術〉〔註7〕以及馬世之
〈許衡里籍問題探討〉〔註8〕等文，前者是發表於報紙的文章，故略嫌簡略，
後者對許衡家世和史跡進行全面考察，而知許衡生於新鄭，祖籍沁陽，別墅
在博愛，故里在焦作，內容詳實。然而，對於許衡的生平卻少有著墨。是故，
筆者以時代脈絡爲經，事情發展爲緯，試圖構築許衡的生平及其身後事略。
除了參考上述資料外，也根據《元史》、《元史本證》、《許文正公遺書》、《許
魯齋先生年譜》、《許文正公考歲略續》、《元朝名臣事略》、《蒙兀兒史記》等
史料記載，並參考相關方志與官書，然而，有關許衡生平資料不少，但重複
性高，因此，除非有必要者，本文方做出處說明。期能對許衡的相關課題有
所裨益，填補空白不足之處，而能對許衡的生平情況有一廓清之機會。

（一）祖籍河內，世代爲農

　　關於許衡的祖籍，《元史・許衡傳》與《中州名賢文表》皆爲以下文字：

　　　　許衡字仲平，懷之河內人也，世爲農。父通避地河南。〔註9〕

許衡出生於一個世爲農的家庭，祖籍「河內」原名「野王縣」，隋天皇十六年

〔註6〕 陳正夫、何植靖：《許衡評傳》（南京：南京大學出版社，民國 84 年）。

〔註7〕 《中央日報》民國 47 年 2 月。

〔註8〕 馬世之：〈許衡里籍問題探討〉，《焦作師範高等專科學院學報》第 23 卷第 1
　　　 期，2007 年 3 月。

〔註9〕 〔明〕劉昌：《中州名賢文表》（一）（臺北：華文書局，中華文史叢書之七，
　　　 清康熙刊本影印，1968 年），頁 11。

（596）改稱河內〔註10〕。元代河內縣的地域範圍甚廣，大體上包括今之沁陽市、博愛縣全境及焦作市的一部分。金代河內縣屬河東南路懷州郡轄。元初仍稱河內縣，懷孟路設總管府，河內縣屬總管府轄，後改懷孟路爲懷慶路，屬中書省燕南河北道懷慶路轄，元代河內縣即今沁陽市。1913 年，河內縣改稱沁陽縣，1989 年改縣設市。沁陽市位於河南省西北部，沁河下游。

　　關於此地，許衡曾有兩首詩作：其一，〈別友人〉：「永懷不得遂，偃臥惜分陰，沁北田園計，山東故舊心。」〔註11〕；其二，〈病中有感〉：「故里歡遊頻入夢，春城凝眺獨消魂，如何藉我知音力，五畝歸耕沁北村。」〔註12〕沁北村，位於河內縣城西北十餘公里處，因在沁河北岸而得名。許家祖籍於此，相傳是西漢末年酒泉都尉許揚之後裔，居住於該村西北隅的十字街，稱爲「許家十字」。許衡三十多歲時，曾由河北大名回到沁北村。後因水患移居河內縣城東北的景賢村。河內沁北村即今沁陽市西向鎮北魯村，許衡逝世後，爲了紀念他，將沁北村改稱魯村，直到清代道光年間，此地一直叫「魯村」。後因沁河南岸有個南魯村，魯村才改名「北魯村」，又稱許魯村，或許魯古鎮。根據馬世之〈許衡里籍問題探討〉〔註13〕研究，今沁陽市境內關於許衡的史跡有：沁北許氏祖塋、沁北許魯齋故里碑〔註14〕、河內許衡祠〔註15〕、河內許魯齋故里碑、河內許文正公故里碑〔註16〕。

〔註10〕　相關資料可見〔清〕阿思哈　嵩貴纂修：《河南通志·輿地志》卷二至四「沿革」，北大圖書館館藏，清乾隆三十二年刻本，四庫全書存目叢書史部第 220 冊。（台北：莊嚴文化事業有限公司，1996 年）。

〔註11〕　〔元〕許衡：《魯衡遺書》卷十一。

〔註12〕　〔元〕許衡：《魯衡遺書》卷十一。

〔註13〕　馬世之：〈許衡里籍問題探討〉，《焦作師範高等專科學院學報》第 23 卷第 1 期，2007 年 3 月。

〔註14〕　在許衡祠前，刻立於元皇慶二年（1313）年二月。正面鐫「元許魯齋故里」，碑文云：「國家者，唯公一人而已，非他人所可及也。孟子曰：『君子之所爲，眾人固不識也。』」；《河內縣志》載：「許文正公故里碑，在縣城內祠前……表崇先儒之故里，藉此使人肅然起敬。」

〔註15〕　可見《明一統治·懷慶府·祠廟》記載：「許文正公祠，在府治東南，河內縣學西，鄉人慕其道而立之。元皇慶二年建，祀許衡。」；以及《許文正公遺書》卷十二〈祠堂圖說〉（乾隆五十五年藏繡版）：「祠堂在懷慶府城內河內縣學之西，元皇慶二年達魯花達虎都赤敕特建。明洪武七年（西元 1374 年）懷慶衛指揮紀洪修葺。」；何瑭《縣河內祠堂記》亦載：「元魯齋許文正公祠，在河內縣儒學西。蓋元時所創，以祀公者。迭毀迭修，有碑可考。」該祠面闊五間，進深二間，單簷懸山式建築。

〔註16〕　該碑在許衡祠前。正面鐫「元許文正公故里」，碑文云：「大元正學垂憲佐運

上述兩首詩中，許衡將精神寄託在山水之上，寧靜和諧的自然風光恰與所處的紛亂社會形成一強烈對比。更由於仕元的不順遂，使他對於故鄉的思念情懷[註17]，尤其展現無遺。

（二）泰和九年，生於新鄭

1. 生年記載問題

關於許衡的出生，有以下的記載：

《元史・許衡》與《中州名賢文表》均載：「父通，避地河南，以泰和九年九月生衡於新鄭縣。」

《魯齋全書・新鄭祠堂記》：「新鄭縣，西山大隗山之左，里曰陽緩，元魯齋先生許文正公所生之地也。先生世家河內，金季，其先人避兵是邑，實先生生於里中，金大和己巳歲也。」

《許文正公家譜》載：「一世衡，字仲平，號魯齋，金泰和九年己巳丙寅生於新鄭邑中。」

《神道碑》書作：「金太和九年己巳九月丙寅，生於新鄭邑中。」

元新鄭縣令鄭沖霄在《許文正公祠堂記》中：「先生道號魯齋，諱衡，字仲平，金大安元年（1209）己巳生於新鄭縣陽緩里。」[註18]

耶律有尚撰《行實》：「金太和己巳，生於新鄭寓舍。」[註19]

《元朝名臣事略・左丞許文正公》：「金大安己巳，生於河南新鄭寓舍。」[註20]

許衡之父許通和母李氏，原居河內，於金泰和八年（西元1208年）為避戰亂而離鄉背井，來到黃河以南的新鄭縣西約十公里處的陽緩，即今新鄭市辛店鎮許崗村，是大隗山麓的一個小荒村。許衡即在此地出生。此時金朝立國已

功臣太傅開府儀同三司魏國公謚文正許魯齋之墓。」此碑與元皇慶二年的故里碑均佚。

[註17] 相關詩句尚有〈題武郎中桃溪歸隱圖〉：「門外秋千擺翠煙，籬邊雞犬亦閒閒。」；又如〈別西山〉：「奕奕草木光，熙熙禽鳥訓」。上述兩詩皆出自《魯齋全書》卷十一；相關資料亦可見張春麗：〈許衡的價值理想與詩文創作〉，《河南教育學院學報》（哲學社會科學版）2002年第4期第21卷，頁46～48。

[註18] 〔元〕鄭沖霄：〈許文正公祠堂記〉，《新鄭縣志・藝文志》，清乾隆四十一年。

[註19] 〔元〕耶律有尚：〈行實〉，收於《魯齋遺書》。

[註20] 蘇天爵：〈左丞文正公〉，《元朝名臣事略》卷八，（北京：中華書局，1985年）。

近百年，統治者昏庸愚昧，政出無狀，官員驕奢荒淫，當時情況正如金末劉
祈所言：「當路者惟知迎合其意，僅守簿書而已，爲將者但知奉承近侍，以偷
榮幸寵，無效死之心。」〔註 21〕因此，來自北方的蒙古政權夾著統一草原，
肇建新汗國的強大氣勢，逐漸侵逼金國的北方要塞，金國節節敗退。當時的
蒙古君「聞命以殺爲嬉」〔註 22〕，導致「城郭爲圩，暴骨如莽」〔註 23〕。許
衡家族爲避兵亂，從河內遷至河南新鄭，過著顛沛流離的生活。

　　新鄭位於河南省中部，隸屬省會鄭州。金，新鄭縣屬南京路鈞州。元，
設行中書省，新鄭縣屬河南省汴梁路。根據馬世之〈許衡里籍問題探討〉〔註
24〕研究，今新鄭市境內關於許衡的史跡有：陽緩許魯齋故里碑〔註 25〕、陽
緩許衡祠〔註 26〕、新鄭許衡祠〔註 27〕。

　　此外，從上述資料看來，關於許衡出生時間記載有二：其一爲金太和九
年，其二爲永濟大安元年。其中，太和爲金章宗完顏景的年號，大安爲衛紹
王完顏永濟的年號。金章宗在位二十年（西元 1189～1208 年），是金朝的極盛
時期。章宗之死，代表金源氏盛世的結束。新即位的衛紹王則是代表沒落的
開始，在蒙古人眼中是懦弱、無威的代名詞。〔註 28〕至於金泰和九年與永濟
大安元年，二者同爲己巳年，衛紹王於這年九月改元爲大安，此年爲南宋嘉
定二年及元太祖成吉思汗四年，亦即西元 1209 年。因此，記載雖不同，實則
並無不同，而許衡就在這變亂伊始的時候誕生。

〔註21〕　〔金〕劉祈：《歸潛志》卷十二〈辨亡〉。
〔註22〕　見《靜修集》卷十七〈孝子田喜墓碑〉。
〔註23〕　見《秋澗先生大全集》卷三十九〈堆金塚記〉。
〔註24〕　馬世之：〈許衡里籍問題探討〉，《焦作師範高等專科學院學報》第 23 卷第 1
　　　　　期，2007 年 3 月。
〔註25〕　位於新鄭市辛店鎮許崗村。橫額碑書「元朝一人」，其下方嵌一圓頂，上書
　　　　　「許魯齋故里」，乃清雍正二年（西元 1721 年）重建所立。
〔註26〕　位於新鄭縣許崗村西路北的崗坡上，清乾隆二年（西元 1737 年）修建。有大
　　　　　殿、東西廂房、戲樓、大門、二門，現已毀壞。
〔註27〕　《明一統志・開封府》載：「許文正公祠，在新鄭縣學。元許衡生陽緩裡，故
　　　　　爲立祠。」此外，據許衡弟子、新鄭縣尹鄭沖霄所撰《許文正公祠堂記》載：
　　　　　「予初受業於先生之門，大德辛丑（西元 1301 年）居新鄭縣尹。詢於部民，
　　　　　訪先生故居。……先生盛朝元老，當代眞儒，理宜建祠，歲時景仰，以人傑
　　　　　地靈之驗。」大德七年（西元 1303 年）冬開工，次年夏季落成。元、明以來，
　　　　　多次修葺，今不存。
〔註28〕　相關資料見王民信：《中國歷代思想家》（十二）（台北：台灣商務印書館，西
　　　　　元 1978 年），頁 53。

2. 幼年早慧，入學受教

關於許衡的早慧，有以下的記載：

> 幼有異質，七歲入學授章句，問其師曰：「讀書何為？」師曰：「取科第耳。」曰：「如斯而已乎？」師大奇之。每授書又能問其旨義，久之，師謂父母曰：「兒聰悟不凡，他日必有大過人者。吾非其師也。」遂辭去。父母強之不能止，如是者凡更三師。〔註29〕

> 先生幼有異稟，賦性端愨，與群兒嬉，即畫作進退周旋之節，群兒莫敢犯。年七八歲，受學於鄉師。時國家多事，學校廢弛，惟農隙之際，下第老儒會閭裡正句讀，以糊口爾。先生凡三易師焉，所授書輒不忘。……亂後，先生知三師皆遇難而無後，每歲時設位祭之終身。〔註30〕

> 先生十餘歲時，有道士謁其門，謂父母曰：「此兒骨清而神全，目光射人，當謹視之，苟非名冠天下，即當神遊八表，馳騁方外者也。人間富貴不足道也，但兩額頗暗，清節有餘，而安逸不足，惜乎！」父母俱不得而見之。〔註31〕

爬梳上述資料可得以下幾個要點：其一，以「相」觀之，「骨清而神全，目光射人」、「苟非名冠天下，即當神遊八表」，道出許衡風貌；其二，以志向觀之，對大多數的傳統士人而言，習舉業乃必經之路，讀書進仕的觀念已深植其中。許衡卻能在七歲之際，伏案思索，對此事提出「如斯而已」的疑問，而可窺志趣所在。而且，許衡的三位老師後皆遇難，又無後代以祀，許衡乃設靈位，終身歲時祭祀，其尊師重道亦由是可見。

（三）師承交遊

金朝入主中原，在其統治下的北方流傳傳統的漢唐儒學，講究章句訓詁，並為士子攫取功名的工具，如金末劉祈所言：「金朝取士，止於詞賦、經義學，士大夫往往局於此，不能多讀書」〔註32〕，而且，金宣宗時儒生「學文止於詞章，不知講明經術為保國保民之道。」〔註33〕凡此，顯然將學問作為干求

〔註29〕《元史》卷一百五十八。
〔註30〕《元朝名臣事略》。
〔註31〕《魯齋遺書》卷十三〈考歲略〉。
〔註32〕〔元〕劉祈：《歸潛志》（北京：中華書局，1983年），卷七。
〔註33〕〔元〕劉祈：《歸潛志》（北京：中華書局，1983年），卷十二。

利祿的工具。然而，宋室南遷，理學在南宋繼續發展，朱熹成爲理學集大成者，但對當時的北方士人來說，程朱理學則少有傳聞。生於金朝的許衡雖長期接受官方特重的詩賦文章之學，但卻隱而不顯；反而對於朱子學說能終生由之，從中必須先釐清：是在怎樣的機緣下，許衡得以接觸程朱理學？則此需從許氏師承交遊觀察：

> 壬寅，雪齋隱蘇門，傳伊洛之學於南士趙仁甫先生，即詣蘇門，訪求之，得伊川《易傳》、晦庵《論孟集註》、《中庸》、《大學章句》、《或問》、《小學》等書，讀之深有默契中，遂一一手寫以還。聚學者謂之曰：「昔者授受，殊孟浪也。今始聞進學之序，若必欲相從，當悉棄前日所學章句之習。從事於《小學》洒掃應對，以爲進德之基，不然當求他師。」眾皆曰：「唯。」遂悉取向來簡帙焚之，使無大小皆自《小學》入，先生亦旦夕講誦不輟，篤志力行，以身先之。雖隆冬盛暑不廢也，諸生出入惴惴惟謹。〔註34〕

壬寅年爲南宋理宗淳祐二年（西元 1242 年），許衡時年三十四歲。當時他從姚樞處獲得其得自於趙復的程朱理學著作，深受啓發：

> 從柳城姚樞得伊洛程氏及新安朱氏書，益大有得，尋居蘇門，與樞及竇默相講習，凡經傳、子史、禮樂、名物、星曆、兵刑、食貨、水利之類，無所不講，而慨然以道爲己任，嘗語人曰：「綱常不可一日而亡於天下。苟在上者，無以任之，則下之任也。」〔註35〕

從上述資料可知許衡與姚樞、竇默相講習，並重實學，與元代社會風氣相合。關於與兩人的交遊則見於下文「師友」一節，故此處不再贅述。值得注意的是，《元史》花了許多的篇幅描述許衡的學習歷程，藉由這些內容，可以間接掌握許衡接受程朱理學的眞正心態。許衡接受程朱理學，是較後期的事，先前他曾廣博學習許多事物，在日後的政務推動上，確實有很大的效果。〔註36〕

〔註34〕　《魯齋遺書》卷十三〈考歲略〉。

〔註35〕　《元史》卷一百五十八〈許衡列傳〉。

〔註36〕　《魯齋遺書・考歲略》中記載許衡幼年時「刻意墳典，欲求古者爲治爲學之序，操心行己之方，一言一行必質諸書。」此外，他曾從舅氏學吏事：「時民間徭戍繁迫，舅氏適典縣史，先生從授吏事，參搉名議，考求立法用刑之原。久之，以應辦宣宗山陵州縣，追呼旁午，代舅氏分辦，因見執政，方怒。舅氏不敢見。即見先生應對，則以溫言撫慰。及還，嘆曰：『民不聊生而事督，則以自免，吾不爲也。』遂不復詣縣而決意求學。」因此，當他奉詔定官制，乃稽古辦今：「先生歷考古今設官分職之本，沿革之由，與夫上下統屬之序，

然而，他並未繼續堅持章句之學，曾謂：「今者能文之士，道堯舜周孔曾孟之言，如出諸其口，由之以責其實，則霄壤矣。使其無意於文，由聖人之言，求聖人之心，則其所得，亦必有可觀者。」〔註37〕他對章句之學的看法，基本上和兩宋理學家是一致的。進行一種學術的轉向，實則與個人心志相關，同時也是他生命事業的一大轉折。許衡是正統儒學集團的代表人物，他的主張在日後的政治實務與教化的內涵上，均有所回應。由此觀之，在當時的學術環境下，許衡的思想別具意義，因爲不僅堅持了先秦儒家以來的政治理想，也延續了兩宋理學的精神，爲元初儒學強烈的用世氣氛中，注入一股清流。同時也適應了元朝統治者駕馭人心、穩定統治的需要，從而在北方廣泛傳播開來。〔註38〕

（四）建元以後，屢被召旨

根據《魯齋遺書·考歲略》記載：

> 建元以來，十被召旨，末嘗不起。然卒不肯枉尺直尋而去。每入奏對，以格君心爲己任，氣質雍容，誠敬交孚，言雖切直而無忤也。

> 衛士或舉手加額曰：「是欲澤被生民，堯舜其君者也。」〔註39〕

許衡自元世祖居潛邸時接受徵召，一直到至元十八年（西元1281年）衡卒於鄉，其間屢召屢辭。可以推想的是，許衡的心裡是相當矛盾的，一方面認爲從道義氣節上說不應出仕，擔心「賈禍而召怨」〔註40〕；另一方面，從儒家出世、外王的角度看，許衡欲利用儒家治國理論改造蒙古政權，使其符合儒

其權攝增置冗長倒置行之有弊者，率皆不取，自省都郡縣體統之正，左右臺院輔弼之制，内外百司聯屬控制之差，后妃儲藩隆殺之防，悉圖爲定制以聞。」（《魯齋遺書》卷十三〈考歲略〉）

〔註37〕《魯齋遺書》卷一〈語錄上〉。

〔註38〕詳見周少川：《元代史學思想研究》（北京：社會科學文獻出版社，2001年），頁1。

〔註39〕見《許衡集》卷十三（北京：東方出版社，2007年），頁315。又據卷十三〈行實〉所引，許衡去就年月如下：元中統元年五月，應召北上。二年五月授太子太保，力辭不受，改國子祭酒。九月以疾辭歸。三年九月應召北上。至元元年正月辭歸。二年十月應召北上。詔入省議事。四年正月辭歸。十一月應召北上奉定官制。七年正月拜中書左丞，力辭不允。八年四月改集賢大學士兼國子祭酒。七月以遷葬辭歸。十三年七月應召北上，脩授時曆。十五年三月授集賢大學士兼教頭太史院事。十七年春曆成，八月辭歸。十八年三月薨。以上辭就，共計五次，並非耶律有尚所云「十被召旨」。頁295～296。

〔註40〕許衡：《魯齋遺書》卷九〈與子聲義之〉。

治理想。基於此，他並不反對出仕。

其實，南宋理宗淳祐十一年（西元 1251 年），許衡時年四十三歲，其好友姚樞、竇默接受蒙古政權之召北上，許衡也面臨是否出仕的抉擇。此時，忽必烈已經受封京兆（今西安）分地，南宋理宗寶祐二年（西元 1254 年）王府派人於大名召許衡為京兆教授，許衡應召前往。南宋理宗寶祐三年（西元 1255 年），廉希憲為京兆宣撫，任命許衡為京兆提學，許衡力辭不受，「遯於大名」，他在〈辭勉京兆提學狀〉中說：

> 竊提學官師表之任也，儀刑多士，檢正學業，實風化人才之所自緣。某早年羈旅，學無淵源，於舉業工夫未至成就，若不量度，叨冒寵榮，取四方之譏，辱王府之命，不止為罪於一身也，事有所繫，義在必辭。〔註41〕

在與劉秉忠（仲晦）、張易（仲一）信〔註42〕中，許衡更反復陳說不能出仕之因由，在在可以看出許衡尚未有出仕之準備。在寫給竇默的送別詩〔註43〕中，更可得知許衡仍不願出仕。忽必烈繼位後，召竇默至京，竇默以許衡薦於世祖，許衡在得知後寫信給竇默，堅表拒絕〔註44〕。其實，元世祖中統元年（西元 1260 年）以前，許衡經歷了金朝滅亡後北方動盪時期，當時「國日以蹙，民皆轉徙，無從師授，亦無書籍。」為了生計，許衡跟隨日者學「占候之術」。據《元史》所載，許衡真正接受徵召是在忽必烈稱帝後：「中統元年，世祖即皇帝位，召至京師。」耶律有尚《考歲略》亦載：「庚申，上正位宸極，應詔北行。」該年為元世祖中統元年（西元 1260 年），許衡年五十二。

關於此次許衡至京，元末陶宗儀《南村輟耕錄‧徵聘》記有軼事，據載，劉因曾問許衡：「公一聘而起，毋乃太速乎？」許衡答曰：「不如此，則道不行。」〔註45〕姑且不論此事是否為真，實則，忽必烈急於求治的心情固然積

〔註41〕許衡：《魯齋遺書》卷九〈辭勉京兆提學狀〉。
〔註42〕許衡：《魯齋遺書》卷九〈與仲晦仲一〉。
〔註43〕許衡：《魯齋遺書》卷十一〈送竇清叔〉：「初來識君面，此行見君心，匡時有長策，慮遠憂且深。俗親取近效，雅意入幽沉，人生貴所依，所依貴知音，知音得長布，身將比黃金。我本貧賤士，多思委相尋，未得辦一飯，胡為遽分襟？征鴻出遠塞，西風動[ ]林，去去渺萬里，何年酒同斟，含情望無極，白雲障孤岑。」
〔註44〕許衡：《魯齋遺書》卷九〈與竇先生書〉。
〔註45〕劉因生於蒙古海迷失稱制元年（西元 1249 年），至中統元年方十二歲，故似乎不應提出如此問題，且該段對話亦不見其他史料。然據《元史》本傳所載：

極，而許衡急於得君行道的心情更是表露無遺。此外，還可看出許衡與劉因兩人所重之道相同，皆爲程朱之學，然而，對於仕隱問題的看法卻有所不同，許衡重道行、劉因則重道尊。

　　元世祖中統二年（西元 1261 年），許衡五十三歲，因與丞相王統意見不合，九月，辭官南歸，在沁北村居住一段時間，後因水患移居河內縣城東北的景賢村。（景賢村後來又分爲南、北景賢，北景賢即今博愛縣許良鎮陳范村，南景賢即今博愛縣磨頭鎮崔莊。博愛縣位於河南省西北部，太行山南麓。東與焦作市、武陟縣、修武縣接壤，西至丹河與沁陽市相連，北與山西省晉城市毗鄰，南抵沁河與溫縣隔河相望。景賢村一帶關於許衡的史跡有：景賢許衡別墅〔註46〕、景賢許衡祠〔註47〕、景賢許氏祠田〔註48〕、景賢許衡書院〔註49〕、景賢許衡竹園〔註50〕。）在此建立書院，閒時教授懷孟生徒〔註51〕，忙時則墾荒種植。由《魯齋全書》中的記載：「中統辛巳詔許衡即其家，教

　　　「因天資過人，三歲識書，日記千百言，過目即成誦，六歲能詩，七歲能屬文，落筆驚人。」是故，十二歲提問也非不可能之事。又云：「公卿過保定者眾，聞因者，往往來謁。」故許衡赴京途經保定而見劉因，則亦有可能。

〔註46〕《明一統志·懷慶府·古跡》：「許衡別墅在府城東北景賢村。」；《大清一統志·懷慶府·古跡》（臺北：臺灣商務印書館，1986 年，影印文淵閣四庫全書本）中記載：「許衡別墅，在河內縣東北十五里景賢村。」

〔註47〕何瑭：《柏齋集》，卷七〈許文正公祠田記〉：「公祠凡三：一在河內縣儒學之側，一在縣東北李封公墳墓，子孫在焉。一在景賢村，公別墅也。」（臺北：臺灣商務印書館，1986 年），影印文淵閣四庫全書本。

〔註48〕清道光五年《河內縣志》：「城北十五里景賢村，有文正公祠田二十八畝，許氏子孫世守之。」

〔註49〕《考歲略·續》：「當元世祖時，公奉旨教授懷生徒，地內修建書院數楹，往來通衢，南達驛道，而寬亦擬之，迄今故址猶存焉。」

〔註50〕清人蕭家芝詩云：「村村門外水，處處竹爲鄰。」便是對此景觀的描述。迄今不存。

〔註51〕元世祖忽必烈即位以後，設立諸路提舉學校官作爲當時北方管理地方儒學教育的機構。中統元年（西元 1260 年），宋子貞「請建國學教冑子，敕州郡提學課試諸生，三年一貢舉，有旨命中書次第施行之。」（《元史》卷一百五十九〈宋子貞傳〉）；王鶚也向世祖提出：「學校久廢，無以作成人材，宜選博學洽聞之士，提舉各路學校，嚴加訓誨，以備他日選用。」結果，「上可其奏，爲立十路提舉學校官。」（蘇天爵：《元朝名臣事略》，卷十二〈內翰王文康公〉）。此外，趙琦的《大蒙古國時期儒士的處境及文化傳承》（內蒙古大學博士論文列印稿，頁 180～183，轉引自申萬里：《元代教育研究》）中，考證出在懷孟路等地方當過提舉學校官之人。

懷孟生徒」〔註52〕、「至元戊子召許衡於懷孟」〔註53〕、「十七年丁亥，許衡致仕官，其子師可為懷孟路總管，以便侍養。」〔註54〕可見。元世祖中統三年（西元 1262 年），許衡第二次被召至大都，至元元年（西元 1264 年）正月辭還懷孟路。至元二年（西元 1265 年）十月，忽必烈在檀州後山召見許衡，不客氣地對他說：

> 竇漢卿讀言王以道（王文統），當時汝何為不言？豈孔子教法使汝若
> 是也？汝不尊孔子教法自若是耶？往者不答，今後勿稱也。是云是，
> 非云非，可者行，不可者勿行。我今召汝無他，省中事前屬命汝，
> 汝意猶未悉，今面命汝。人皆譽汝，想有其實。汝之名份，其斟酌
> 在我，國事所以無失，百姓所以得安，其謀謨在汝。謂汝年老未為
> 老，謂汝年小不為小，正當黽勉從事，毋負汝平生所學。〔註55〕

由此也可看出忽必烈對許衡的看重。元世祖至元五年（西元 1268 年），許衡被召至大都，編輯〈歷代帝王嘉言善政錄〉，為君王提供治國資鑒。之後，忽必烈則下詔，命許衡與太保同定朝儀，「詔與太保劉秉忠、徐世隆等同定朝儀，儀成奏上之，帝御高果後行宮觀之，大悅，舉酒賜之」〔註56〕；隔年，許衡則為元朝制定官制：

> 歷考古今設官分職之本，沿革之由，與夫上下統屬之序，其權攝增
> 置行之有弊者，率皆不取，自省都郡縣體統之正，左右台院輔弼之
> 制，內外百司連署控制之差，后妃儲藩隆殺之防，悉圖為定制以聞。
> 翌日使集公卿雜議中書院台行移之體，公曰：「中書佐天子總國政，
> 院台亦具呈。」時商挺在樞密，高鳴在台，皆不樂，欲定為咨稟，
> 因大言以動。公曰：「無論國制耳，何與於人。」遂以其言質帝前。
> 帝曰：「衡言是也。朕意亦若是。」時至元六年。〔註57〕

制定朝廷官職，關涉朝廷的行政大事，也可見忽必烈對許衡的肯定。從中統元年許衡初次受召，到至元七年被任命為中書省左丞的十年間，是許衡在元朝的從政時期。從屢辭屢召的情況來看，許衡的從政，除了議定官制外，對

〔註52〕《魯齋遺書》，頁 60。
〔註53〕《魯齋遺書》，頁 61。
〔註54〕《魯齋遺書》，頁 63。
〔註55〕蘇天爵：《元朝名臣事略》卷八〈左丞許文正公〉。
〔註56〕以上引文見〈許文正公遺書・考歲略・續〉。
〔註57〕〈許文正公遺書・考歲略・續〉。

當時的政壇並沒有產生明顯的影響，許衡也認識到依靠儒家理想改造元政權並不是單他本人的努力所能做到的，於是，許衡開始將主要精力用於教育，試圖通過培養通曉「儒治」人才，逐步改變元朝政權，並在大都城南金朝樞密院舊址設立國子學。

　　元世祖至元八年（西元 1271 年），忽必烈授許衡集賢大學士、國子祭酒，令教蒙古生員數人，許衡以為從事教化工作在乎用，而且重在能為「國用」，是故「嘗問諸生此章書義若推之自身，今日之事，有可用否，大凡欲踐其行，不貴徒說也。」、「先生嘗謂蒙古生質樸未散，視聽專一，苟置之好伍曹中，涵養三數年，將來必能為國家用。」〔註 58〕此外，許衡還奏請召舊弟子散在四方者十二人為國子學伴讀，期望能通過伴讀，薰陶浸潤沒有儒學基礎的蒙古、色目生員，提高教學水準。從元世祖至元八年（西元 1271 年）到元世祖至元十年（西元 1273 年）的三年間，在他的努力下，國子學教育取得很大的成功，元人蘇天爵評論說：

> 國學之置，肇自許文正公……文正自中書罷政為之師，是時，風氣渾厚，人材樸茂，文正故表章朱子《小學》一書以先之，勤之以灑掃應對，以折其外，嚴之以出入遊息，而養其中，掇忠孝之大綱，以立其本，發禮法之微權，以通其用。於是數十年彬彬然號稱名卿才大夫者，皆其門人也。〔註 59〕

元人王惲也評論說：

> 朝廷立國子學，命許衡為祭酒，選朝右貴近子弟，令教授之。不滿五歲，其諸生俱能通經達禮，彬彬然為文學之士。及其入仕，皆明敏通疏，果於從政。如子諒侍儀之正大，子金中丞之剛直，康提刑之仕優進學，弟親臣之經明行修，堅童君永之識事機，子亨待制之善書學，企中客省之貞幹，揚歷省台，蔚為國用，豈小補哉？〔註 60〕

由此可知，許衡入仕，一切以福國利民為主，著重學術文章、道德教化，更期盼為元朝的長治久安奠定基礎。然而，許衡晚年仍不免受到輿論的壓力，他最後一次應召時，東平儒世王旭寫〈上許魯齋先生書〉〔註 61〕，勸他不要

〔註58〕以上引文皆見《魯齋遺書》卷十三〈國學事蹟〉。
〔註59〕蘇天爵：《元朝名臣事略》卷八〈左丞許文正公〉。
〔註60〕王惲：《秋潤先生大全文集》，卷九十〈復議國子學〉，四部叢刊初編本。
〔註61〕蘇天爵：《元文類》卷三十七，台北：商務印書館，1958 年。

應召即是。在官場上屢次進退的許衡，在中書省、國子學任官多年，除了直接參與主持定官制外，也參與修訂曆法的工作。修訂曆法，確定時日，是中國歷史上的重要之事。元世祖至元十三年（西元 1276 年），忽必烈在原本襲用的金朝《大明曆》中發現問題〔註62〕，因此決定重修曆法，以圖有新氣象。朝廷詔令許衡進京，任命為「集賢大學士兼國子祭酒，教領院事」，與王恂、郭守敬等人，於元世祖至元十七年（西元 1280 年），完成修曆。忽必烈引「曆象日月星辰，敬授人時」之意，命為《授時曆》。元世祖至元十八年（西元 1281 年），朝廷詔令開始實施新曆。

以與許衡共事的官場同僚觀之，基本上都是主張實行漢法的各級官員，許衡與他們交流，一方面能增加元朝內部漢法派的力量和影響；另一方面他本人也能從中得到幫助，加強在元政權的地位和影響。可知許衡仕異族，並非貪戀富貴功名，而是志在傳承聖道，扶植名教，進而使施政者能「澤被生民」。明儒薛瑄甚至認為許衡的行徑與心態，堪與孔子周遊列國，以求用世時相比。〔註63〕然而，由於宦海沉浮，政治風雲變幻莫測，許衡屢辭屢召，當政治抱負無法加以實現時，即獻身於教育，《魯齋全書・考歲略》〔註64〕對此情形有如下記載：

> 先生居鄉里，凡喪葬亦遵古制，不用二氏。懷州士夫家內以為俗，四方聞風亦有效之者。每遇其徒，未嘗面詆其非，但從容款話，其人已不覺內愧發赤，或涕出，悔其陷溺之深也。近舍有德公者，年百餘歲，嘗謂先生曰：「老僧苦行百年，亦不能作佛，徒為不孝之人，羞見祖宗於地下。但願勸小僧輩曷若還俗，以壽汝祖宗之嗣。」從此不度一人。

《考歲略・續》中亦有相關記載：

> 公還懷，簡絕人事，常處山下，課童僕，事耕墾，居家勤儉，強於自治，公愛兼盡，不嚴而整。閨門之內若朝廷，然夫婦相待如賓，

〔註62〕 元朝蒙古入主中元後，所使用的是沿襲金朝的《大明曆》。但《大明曆》沿用過久，舛誤不少。而且，蒙古人既為新朝廷，故設新曆法也是理所當然。

〔註63〕 薛文清公云：「視富貴如浮雲，許魯齋其人也。」又曰：「魯齋……朱子之後，一人而已。」又曰：「魯齋，召之未嘗不往，往則未嘗不辭，善學孔子者也。」又曰：「魯齋出處合乎聖人之道。」又曰：「魯齋以王道望其君，不合則去。未嘗稍貶以徇世，真聖人之學也。」（《魯齋全書》卷二，頁 101～103）

〔註64〕 《魯齋全書》，頁 89。

而夫人謙順自牧，周旋道義，公亦賴其內助焉。

對此時期，許衡有詞作〈沁園春〉墾田東城〔註65〕自述心境：

> 月下簷西，日出籬東，曉枕睡餘。喚老妻忙起，晨飧供具，新炊藜糝，舊醃鹽蔬。飽後安排，城遺墾斸，要占蒼煙十畝居。閒談裏，把從前荒穢，一旦驅除。○為農換卻為儒，任人笑謀身拙更迂，念老來生業，無他長技，欲期安穩，敢避崎嶇，達士聲名，貴家驕蹇，此好胸中一點無，歡然處，有膝前兒女，几上詩書。

另有詩作〈答董端卿〉〔註66〕二首：

> 性鈍難開似石堅，可當名與士人連，中懷負報逃無地，老日歸休幸友賢。但想諸兒傳世業，豈虞七載綴民編，區區力稼何堪道，不是顏家郭外田。

> 钁靡胼起掌中堅，簷穩椽高與項連，涉世更誰如我拙，保身從昔慕君賢，青山有約期終老，白日無功悅舊編，慚負新詩未能謝，且容竭力趁耕田。

凡此，皆可看出許衡的耕讀生活。宦海浮沉，且面對朝中聚斂之臣，他不禁感慨於自我的「性鈍」，是故，將現實生活中的挫敗寄託於田園之間，如歸鄉途中寫了〈有感〉一詩，明白道出心境：

> 何如早還鄉，山陽墳壠在。平生所願心，輾轉不得遂。……所貴還故鄉，徹骸近先祖。他事足傷嗟，西風動寰宇。〔註67〕

在另一首〈病中雜言〉中，作者傾訴自己的失望與灰心：「世間巧拙俱相伴，常欲幽居遠市塵。」〔註68〕。此外，許衡一生曾經多次返懷或辭官歸懷。此「懷」即指「懷州」或「懷孟路」而言。（懷州始置於北魏天安二年（西元467年），隋大業初廢。唐武德二年（西元619年）復置。金天會六年（西元1125年）改名南懷州，天德三年（西元1151年）復名懷州。元憲宗七年（西元1257年）改為懷孟路。元延祐六年（西元1319年）改懷孟路為懷慶路。）

〔註65〕《魯齋全書》，頁355。

〔註66〕劉昌：《中州名賢文表》（一），台灣華文書局印行，中華文史叢書之七，清康熙刊本影印，王有立主編，頁170、171。

〔註67〕〔清〕顧嗣立編：《元詩選》初集。

〔註68〕〔清〕顧嗣立編：《元詩選》初集。

（五）故里焦作，葬於李封

元世宗至元十年（西元 1273 年），許衡時年六十五歲，據《元朝名臣事略・左丞許文正公》載：「言為年老殘疾，上世有數喪未葬，欲歸了此一事。」根據《神道碑》、《許衎墓誌》和《許師義墓誌》內容，可以譜出焦作李封許氏家族從許通到許從宏上下四代的世系簡表，並說明許通曾居住於李封。如《有元故潛齋先生許仲和墓誌》稱：「潛齋先生姓許諱衎，字仲和，以金興定三年生於河南新鄭縣，祖居河內李封。」〔註 69〕因此可以想見，許衡辭官回歸李封，親自督工建造，遷許通於此的原因了。此事在清道光十八年編《許文正公家譜》中亦載：「通，其先河內人，避地河南，隱德弗耀，贈銀青榮祿大夫司徒，封魏國公，諡和，配李氏，追封魏國夫人葬李封村正東，修武界內。」

而後，《授時曆》完成那年，許衡已七十二歲，本係體弱多病，至是病情益重，皇太子真金知悉，遂奏請大汗准衡還鄉養病。元世宗至元十八年（西元 1281 年）春，許衡「疾甚。醫生診之曰：『偏陰偏陽謂之疾，今六脈皆平，先生其少瘳乎？』」對此，許衡以為「久病而脈平者不治」，遂不服藥。〔註 70〕據《元朝名臣事略》載，臨終前許衡囑咐其子許師可說：「我平生虛名所累，竟不能辭官，死後慎勿請諡立碑，必不可也，便書許某之墓四字，使子孫識其處足矣。賢耶不賢耶，碑于人何有？」未幾，適逢仲春祭祀，仍勉力支撐，故奠獻如禮。又扶杖至門前，心悸，遂瞑目而坐，歌朱熹小詞一闋：

> 死生何異人，精神能有幾？世事何時窮，遂發嘆歌子朱子：「睡起林風瑟瑟，覺來山月團團，身心無累久輕安，況有清涼池館，句穩翻嫌白俗；情高卻笑郊寒蘭，膏元自少陵殘，好處金章不換。」歌罷，奄然而逝。〔註 71〕

許衡藉詠朱熹詞作〈西江月〉來抒發個人情懷，實乃一生註解。雖因時代環境的紛擾，又因仕隱問題遭人訾議，然而，膏元之修養非官位所能代替的，亦非仕宦所能比擬的。由此觀之，享年七十三歲的許衡之用心則昭然若揭了。其子謹記其言，故死後葬懷慶（河南沁縣）城東北李封村，無碑。既葬，

〔註 69〕王興亞、馬懷雲：《河南歷史名人里籍研究》（鄭州：中州古籍出版社，2002年），頁 310。

〔註 70〕相關資料可見《許衡遺書・考歲略》。

〔註 71〕《魯齋遺書》卷十三〈考歲略〉。

四方學者有不遠千里而來哭於墓者，朝野不論識與不識，莫不為其哀傷。死後葬於李封村東南。（焦作李封一帶關於許衡的史跡有：李封許通墓地〔註72〕、李封許衡神道碑〔註73〕、許魯齋祠〔註74〕、許魯齋墓〔註75〕。其中，許魯齋祠坐落懷慶府河內縣李封村一所，去城七十里，家廟三間；又坐落懷慶府河內縣景賢村一所，去城十五里，家廟三間。許魯齋墓則坐落懷慶府河內縣東北清上鄉李封村，去城七十里，奉敕脩造享堂三間宰牲房，三間拜殿，三間大門，三間碑，十餘座墓田，一百三十畝，葬六十餘塚，祭田二十八畝。〔註76〕李封村位於焦作，該市原轄四個市轄區（現增加一新市區高新區）、四個縣，代管二個縣級市，即：解放區、山陽區、中站區、馬村區、修武縣、武陟縣、溫縣、博愛縣、沁陽市、孟州市。焦作市位於河南省西北部，北依太行與山西省接壤，南臨黃河與鄭州、洛陽相望。元分屬燕南河北道懷慶路、孟州、河南江北行省卞梁路。1913 年，河內縣改為沁陽縣。1927 年沁陽縣東部劃出，成立博愛縣。1945 年 9 月 8 日建立焦作市。1948 年 3 月改為焦作縣。）

　　基於上述，一般都將許衡故里定於焦作李封。如《祠堂圖說》云：「河內

〔註72〕亦名許氏老塋、先塋、祖塋，許衡父許通葬此。《修武縣志》：「許惠公通墓，在田澗西北，文正之父也。」

〔註73〕歐陽玄撰文，全稱為「大元敕賜故中書左丞集賢大學士國子監祭酒贈正學垂憲佐運功太傅開封儀同三司追魏國文正公許先生神道碑」，刻於元代至元元年（1335）十一月二十六日。《河內縣志》載：「許魯齋神道碑在李封村文正墓上，歐陽文公之文也。幾五千言，所敘多與史合。」現僅存殘石數塊。

〔註74〕《祠堂圖說》：「河內縣東北李封村，公之故居也。其後族裔聚族而處者甚夥，內有家廟一所。」現稱「許衡紀念館」，大門對聯曰：「山陽鴻儒光照日月，元代重臣名垂先秋。」額題「百世之師」。

〔註75〕《明一統志‧懷慶府‧陵墓》：「許衡墓，在修武縣西北。」；《塋堂圖》載：「元世祖賜公墓田一百三十畝，又敕建牌坊一座，享堂三間，坐落河內縣東北李封村之東南隅。至元元年，順帝又賜神道碑樹墓前，附葬者，公之子居左，公之孫居右，昭穆相承，世世為序。」；許衡長子許師可所撰《塋域之圖》碑記稱墓地「外方，東西橫直二百零九步，南北縱直二百八十步，內心除塋域縱橫各一百二十步，植木為林，以壯神靈棲息之所，外餘贍墳地三百畝，令宗子世守，以供歲時拜掃之用。」現存之許衡墓坐北朝南，封土直徑十六米，高七米，周邊以青石砌築，長達五十餘米，墓前樹「元儒許文正公墓」，以許衡墓為中心，有許師可、許師敬、許從宸、許從寬等子孫附葬其旁。2000 年河南省人民政府公佈為省級文物保護單位。

〔註76〕馬世之：〈許衡里籍問題探討〉，《焦作師範高等專科學院學報》第 23 卷第 1 期，2007 年 3 月。

縣東北李封村，公之故居也。其後裔聚族而處者甚夥。」、《中州名人傳略》載：「許衡（1209～1281 年），字仲平，號魯齋，元河內縣（今河南焦作）人。」〔註77〕王興亞、馬懷雲在《許衡籍貫的變遷》中說：「許衡故里在元代河內縣李封村。元之河內縣，即明清時期的河內縣，今地為河南沁陽市。但河內李封村，今地卻不在河南沁陽市內，而是在焦作市內。因此，今人在言及許衡籍貫河內人今地時標注為河南沁陽，是不確切的。其原因，在於沒有注意到今之行政區劃是將原河內縣之地一分為二，原河內縣城及所轄大部分地區劃歸今沁陽市，一小部分地區劃歸焦作市。而許衡故里所在地的李封村，恰恰是劃歸焦作市的那一部分地區。」此則提出不同看法，說明行政劃分下所形成的歧義。

從以上的討論可知，許衡世為農、祖籍沁陽；泰和九年，生於新鄭；辭官教學，居於景賢；故里焦作，葬於李封。現今河南也留下不少相關史跡。而在當時，由於元代儒學重視鄉賢祠的建設，如元人謝應芳認為：「學校以明倫為本，育才為務，風化之所由出也，如追慕前賢，褒嘉忠孝節義等事，樹之風聲，使化行俗美，則於學校之教豈小補哉？」〔註78〕因此，如武岡路新寧縣先賢祠稱十先生祠，以許衡等「以大學之道傳世祖皇帝，為萬世無疆之基，文正之功不可誣，而宋諸君子治道益以明矣」為理由，將許衡等十人列入從祀〔註79〕；此外，《元朝名臣事略》卷八亦載：「皇慶二年，詔與宋儒周、程、張、邵、司馬、朱、張、呂九人從祀夫子廟廷。」〔註80〕，又如清儒劉昌《中州名賢文表》〔註81〕則載：「宣聖像四配十哲皆具，門有三碑，一已斷裂，一剝脫，惟一可誦。乃許文正公子師可為懷孟路總管時所建，昌因集里中子弟得警敏俊偉者百人置兩師，使讀書其中，且戒其父老完繕其門廡，既踰年，昌再至，則煥然備矣。又作講堂於殿後，以處其教者學者時倡所提學，奚止百餘？區其庸俗吏雖督責，猶視為迂緩，弗加葺而清化之，父老纔一戒飭則完繕，恐後文正公德化之遠不益有徵於是哉。三歎景仰，用記於籍，成

〔註77〕 任克裏、萬紀謙、王興亞：《中州名人傳略》（鄭州：中州古籍出版社，1999年），頁 299。

〔註78〕 謝應芳：〈與林掌教論請建先賢祠書〉，《龜巢稿》卷十一。

〔註79〕 劉性：〈十先生祠記〉，嘉靖《湖廣圖經志書》卷十六《寶慶府‧藝文》。

〔註80〕 《元朝名臣事略》卷八，頁 165。

〔註81〕 劉昌：《中州名賢文表》（一），台灣華文書局印行，中華文史叢書之七，清康熙刊本影印，王有立主編，頁 198。

化紀元之四月在修武。」凡此，皆可見許衡一生之寫照。

二、師友關係

《禮記・學記》：「七年視論學取友，謂之小成」、荀子〈勸學〉：「君子居必擇鄉，遊必就士，所以防邪僻而近中正。」是以，從一個人的論學取友中，得以觀見其為人處世之道。許衡一生交遊，雖不刻意抉結，然性之所近，多為賢良篤學之士，而能「以文會友，以友輔仁」，正如《魯齋遺書》所載：

> 凡取友必須向正，當切磋琢磨，有益於己者。若乃邪僻卑汙，與夫柔佞不情，相誘為非者，謹勿近之。凡在朋儕中，切戒自滿，惟虛故能受，滿則無所容。人不我告，則止於此耳，不能日益也。故一人之見不足以兼十人，我能取之十人是兼十人之能矣！取之不已，至千百人千人則在我者，可量也哉！〔註82〕

> 凡求益之道在於能受盡言，或議論經旨有見不到，或撰文字有所未工，以至凡在己者或有未善，人能為我盡言之，我則致恭盡禮、虛心而納之，果有可從，則終身服膺而不失，其或不可從，則退而自省也。〔註83〕

因此，以德義相交，乃為君子行世之準則。子曰：「德不孤，必有鄰。」為人處世，若能自身行正，必有好德之士與之同行。今察《宋元學案・魯齋學案》，首列趙復，並將許衡列作「江漢所傳」，江漢學派多在太行山麓地區，亦稱「太行學派」。這一派學術思想的開山者是趙復，領袖此派的是許衡；姚樞、竇默為「魯齋講友」，乃一同羽翼鼓吹者；張文謙為「魯齋同調」；楊奐為「魯齋學侶」；王粹、郝經為「江漢學侶」；硯彌堅為「江漢同調」；劉因為「江漢別傳」。因此，筆者歸結許衡師友關係，探討以上諸位對許衡思想脈絡的影響，以期對許衡學養有更進一步的瞭解。

（一）師承：趙復

師承代表教與學的相傳關係，以師道為內在鞏固原則，表現出穩定而帶有人生託付意義的求學行為。在生平略述中，曾提及許衡早慧，凡更三師，其師資料闕之弗如。經筆者查檢典籍資料，許衡師承特色不明顯，所能考察

〔註82〕《魯齋遺書》卷一〈語錄上〉。
〔註83〕《魯齋遺書》卷一〈語錄上〉。

的僅「江漢別傳」一系，師承趙復。在《元儒考略》中有如下記載：

> 趙復，字仁甫，德安人。元太宗命太子庫春征德安，俘得趙。時姚
> 樞以行臺郎中同行中書省。楊惟中從軍樞奉命搜訪人才，見復與語，
> 大悅之。復以九族俱殘，不欲生，因與樞訣，樞恐自裁，留帳中共
> 宿。既覺，月色皓然，惟寢衣在，遽馳馬，周號，積屍間無有也。
> 行至水際，見復已被髮徒跣、仰天而號，欲投而未入，樞曉以徒死
> 無益，汝存則子孫或可以緒傳百世，隨吾而北，可必無他，復強從
> 之。先是南北道絕，載籍不相通，洛閩之學，惟行於南、北方之士，
> 惟崇眉山，有蘇氏之學，至是復以所記程朱之書，錄以付樞，惟中
> 間復議論，始嗜其學，乃與樞謀建太極書院，立周子祠，以二程張
> 楊游朱六君子配食，選取遺書八十餘卷。請復講授其中，復以周程
> 而後其書廣博，學者未能貫通，乃推原羲、農、堯、舜，所以繼天
> 立極，孔子、顏、孟所以垂世立教，周、程、張朱氏所以發明紹續
> 者，作《傳道圖》而以書目條列於後，別著《伊洛發揮》，以標其宗
> 旨。朱子門人散在四方，則以見諸登載，與得傳聞者共五十有三人，
> 乃作《師友圖》以寓私淑之志，又取伊尹、顏淵言行，作《希賢錄》，
> 使學者知所嚮慕，然後求端用力之方備矣。樞既退隱蘇門，乃即復
> 傳其學，而由是許衡、郝經、劉因皆得其書而尊信之，北方之有程
> 朱之學者，自復始。〔註84〕

金朝攻滅北宋政權後，理學諸家也隨之而南。但金朝境內的一批儒學之士如
趙秉文（西元 1159～1232 年）、王若虛（西元 1174～1243 年）、李純甫（西元
1177～1223 年）等人並沒有放棄對道學或心性問題的探求，理學在金朝後期
甚至有復甦的跡象。〔註85〕但總的來說，金代理學畢竟是呈現出衰微的狀況。
《元史‧趙復列傳》：「北方知有程朱之學，自復始。」趙復在理學北傳的過
程中，進行了幾項重要工作：其一是將程朱的相關著作，全抄錄授與姚樞；
其二則是在太極書院講習理學；其三是撰寫《傳道圖》、《伊洛發揮》、《師友
圖》、《希賢錄》。士人潛心專研理學，往往從事編撰或版刻理學書籍，這又為
理學的傳播提供了必要條件。隨著理學家和書籍的北來，以及理學的傳播和

〔註84〕〔明〕馮從吾：《元儒考略》（北京：北京圖書館出版），知服齋叢書本，遼宋
　　　　元傳記資料叢刊，卷一，頁 1。
〔註85〕魏崇武：〈金代理學發展初探〉，《歷史研究》第 3 期，2000 年。

書籍的編纂和印行，理學逐漸在北方流布，如郝經所言：「吳楚巴蜀之儒與其書浸淫而北，至於秦雍，復入於伊洛，泛入三晉齊魯，遂至燕雲遼海之間。」〔註86〕，敏於求學的儒士聚居講習，互相研討，對理學表達熱情。當時「程、朱書至雪齋（姚樞）倡而明之輝，魯齋得而講之魏，先生（高鳴）得而廣之趙。」〔註87〕而從清末今文學家皮錫瑞（西元1850～1909年）的記述中也可看出當時經學動向：

> 金、元時，程學盛於南，蘇學盛於北，北人雖知有朱夫子，未能盡見其書。元兵下江、漢，得趙復、朱子之書，始傳於北，姚樞、許衡、竇默、劉因輩翕然從之。於是，元仁宗延佑定科舉法，《易》用朱子《本義》、《書》用蔡沈《集傳》、《詩》用朱子《集傳》、《春秋》用胡安國《傳》，惟《禮記》猶用鄭注，是則可謂小統一矣。〔註88〕

在金朝時代，即許衡三十歲前後的學問頗受蘇學〔註89〕影響，是不可否認的。有關受蘇學影響而援佛、道以闡述儒學者，耶律有尙於〈考歲略〉中，簡潔地指稱爲「泛濫釋老」。至於金朝的蘇學，既有「金人以蘇氏兄弟，得文明全體之神」的論述，其推崇蘇學者，則有元好問、耶律履、李純甫等人。〔註90〕柯劭忞《新元史·儒林傳》序中對於元初儒學的淵源也有相關論述：

> 自趙復至中原，北方學者始讀朱子之書。許衡、蕭奭講學爲大師，皆誦法朱子者也。金履祥私淑於朱子門人，許謙又受業於履祥，朱子之學得履祥與謙而益尊。迨南北混一，衡爲國子祭酒，謙雖屢徵不起，爲朝廷所敬禮，承學之士，聞而興起，《四書集注章句》及《近思錄》、小學通行於海內矣。延祐開科，遂以朱子之書爲取士之規程，終元之世，莫之改易焉。〔註91〕

元朝的統一，打破了「天限南北」的局面，漢文化得以重新在全國範圍內交流。金元之際，是時南北不通，程朱之書少及於北方。〔註92〕宋端平二年

〔註86〕 郝經：〈與漢上趙先生論性書〉，《陵川集》卷二十四。
〔註87〕 杜秉彝：〈高文忠公廟碑〉，明嘉靖《彰德府志》卷四〈祠祀〉。
〔註88〕 〔清〕皮錫瑞著、周予同注釋：《經學歷史》（北京：中華書局，1961年），頁281～282。
〔註89〕 蘇學概指宋時蜀學蘇洵、蘇軾、蘇轍父子之學也。
〔註90〕 吉川幸次郎：〈朱子學北傳前史〉，《宇野哲人先生白壽祝賀紀念東洋學論叢》（東方學會，1974年）。
〔註91〕 〔清〕柯劭忞《新元史》（台北：藝文印書館，1980～1984）。
〔註92〕 儘管南宋時期程朱之學已被官方承認，但由於統治版圖的侷限，程朱之學的

（1235），元軍南下攻陷德安（今湖北安陸），大凡有儒、道、釋、醫、卜占的專門人才，都被搜羅北歸。儒士趙復被俘，中書省事楊惟中、姚樞在燕京創建太極書院，立周子祠，以二程、張載、楊時、游酢、朱熹六人配食，選取遺書八千餘卷，延請趙復爲主講。〔註93〕趙復將書院作爲研究與傳播程朱理學的重要基地，講述程朱理學的道統論，並初步建立學問師承體系，爲北方理學奠定基礎。他認爲周、程而後，其書廣博，學者未能貫通，乃原羲、農、堯、舜所以繼天立極，孔、顏、孟所以垂世立教，周、程、張、朱所以發明紹續者，作傳道圖，而以書目條列於後。太極書院因此成爲程朱理學北傳的大本營，一般認爲，理學從此在北方獲得廣泛傳播。以程朱理學開創者周敦頤所提倡的「太極」命名，表明其宗旨是傳播程朱理學。與此相應，教學內容也以程朱理學爲主，其中尤以朱熹的《四書集注》爲重。黃百家對太極書院在傳播理學方面的功績有相當高的評價：「自趙江漢以南冠之囚，吾道入北，而姚樞、竇默、許衡、劉因之徒，得聞程、朱之學以廣其傳，由是北方之學鬱起，如吳澄之經學，姚燧之文學，指不勝屈，皆彬彬鬱鬱矣。」〔註94〕許衡便是元初北方學者中，接受趙復理學思想的突出代表。〔註95〕

有學者認爲趙復北傳程朱之學是歷史機緣〔註96〕，假若在趙復之前，北方人對道學一無所知，則趙復的北上，就不可能有所呼應、有所影響。從這

影響主要集中在江漢地區。北方學者雖然見到程朱理學的著述，但「皆弗得其傳，未免臨深以爲高也」（郝經：《陵川集》卷二十六〈太極書院記〉，四庫全書1192冊，頁289。）因此，出現所謂聲教不通，也是情理中事。（黃宗羲：《宋元學案》卷九十〈魯齋學案〉，北京：中華書局，1986年，頁2995。）

〔註93〕《元史・趙復傳》、《宋元學案》、皮錫瑞《經學歷史》，俱稱趙復首傳理學於北方。元儒郝經《與漢上先生論性書》，也提到伊洛二程之學，南傳至閩，其後又由趙復載其學，泛入於三晉、齊、魯，以至燕雲、遼海。關於趙復的生平、學行，史載資料不多。元代以來各家述及趙復生平，多本於姚燧〈序江漢先生死生〉一文（見《元文類》卷三十四）。

〔註94〕相關資料參見《宋元學案・魯齋學案》以及〔明〕陳邦瞻：〈北方諸儒之學〉，收於《宋史紀事本末》（台北：臺灣商務印書館，1983）。該章始於姚樞建太極書院於燕京，以趙復北渡，爲北方儒學的開端；而將許衡諸人之學行出處紀爲本章之中心史實。

〔註95〕《宋元學案・魯齋學案》：「河北之學，傳自江漢先生……而魯齋其大宗也，元時實賴之。」徐遠和《洛學源流》第十一章第三節：「在趙復影響下，轉向程朱理學而又有建樹的北方學者，首推許衡……他本人被稱爲元代理學宗師。」，北京：中華書局，1986年，頁352。

〔註96〕參閱陳榮捷：〈元代之朱子學〉，收入《朱學論集》（臺北：學生書局，民國71年）。

個意義上來講，正是因爲在南北文化交流的基礎上，許衡已有一定道學基礎，
因此，這無異是許衡在學術上的重大轉折，使他「自得伊洛之學，冰釋理順，
美如芻豢，嘗謂終夜以思，不知手之舞之，足之蹈之。」〔註97〕但是，元代
的《春秋》學雖祖述趙復，即趙復於太極書院講述《春秋胡氏傳》，姚樞受之
而傳於許衡，許衡於《春秋》學卻未必有會心，於《易》理則有深厚的造詣。
鑒於趙復對北方理學的傳播發揮的重要推動作用，《元史‧儒學傳》把他列在
首位。雖然許衡不提趙復，但趙復的北上確實爲他重新接續北宋的正宗，對
許衡思想的影響是不爭的事實。

（二）講　友

《禮記‧學記》：「獨學而無友，則孤陋而寡聞。」因此，專研程朱的許
衡與講友姚樞、竇默研習學問，相互砥礪，進而利於進德修業，以下則就兩
人與許衡交流情形分述之：

1. 姚　樞

據《元儒考略》中所載：

> 姚樞，字公茂，號雪齋，柳城人，後遷洛陽。元初以楊惟中薦爲燕
> 京行臺郎中，從軍德安，詔樞搜訪人才，得名儒趙復，從復得覩程
> 朱理學之書。時，伊囉幹齊行臺，惟事貨賂，以樞幕長，分及之，
> 樞一切拒絕，棄官隱於蘇門，墾荒田數百畝，築茅爲屋，置私廟於
> 室中堂，肖魯司寇容，傍列周、程、張、邵、司馬六君子像，讀書
> 鳴琴其間，以道學自任。許衡、竇默咸從遊，師友淵源斯道，若將
> 終身。〔註98〕

姚樞從趙復處得到程朱理學典籍〔註99〕，南宋理宗淳祐二年（西元 1242 年）
許衡到蘇門訪求，盡錄以歸，時年許衡三十四歲。南宋理宗淳祐十年（西元
1250 年）許衡生病還鄉，經過衛輝路，聽說家鄉懷孟路政治苛虐，於是在蘇
門定居下來，與姚樞爲鄰居，授徒爲生。許衡曾有詩作〈送姚敬齋〉及〈和

〔註97〕《魯齋遺書》卷十三〈考歲略〉。
〔註98〕〔明〕馮從吾：《元儒考略》（北京：北京圖書館出版），知服齋叢書本，遼宋
　　　　元傳記資料叢刊，卷一，頁2。
〔註99〕據蘇天爵：《元朝名臣事略》卷八〈左丞姚文獻公〉：元太宗七年（西元 1235
　　　　年），姚樞與楊惟中一起從諸王闊出征南宋，蒙古軍攻破德安，江漢先生趙
　　　　復被俘，趙復欲自殺，爲姚樞所救，趙復於是盡出程、朱二子性理之書付姚
　　　　樞。

姚先生韻〉如下：

> 凜凜姚敬齋，風節天下奇，終焉托君侯，君侯賢可知，人生貴得友，
> 得友真朋龜，則善善無遺，輔仁仁克推，仁善既皆有，受福將自期，
> 我來歌吉祥，真情寄荒詩，一祈仁政蘇民疲，一祈善政賙民飢，豐
> 功偉績鐫長碑，千年萬年感激人心無了時。〔註100〕

> 去去迷途莫問津，來還惟恐不知真，因時用舍固有命，與道卷舒宜
> 在人，百尺竿頭愁據險，一庵床下樂為鄰，孰輕孰重何須論，夢恐
> 故園桑柘春。〔註101〕

除了創立太極書院延聘趙復講學外，姚樞退隱蘇門之後，與許衡等人一同講
學，昌明程朱之學。這一時期，許衡對現實生活基本上是滿意的，他慶幸自
己在社會動亂中生存下來，這樣的心態表現在〈偶成〉一詩中：

> 萬物備梧身，身貧道未貧。觀時見物理，主敬得天真。心爽星辰夜，
> 情新草木春。自憐斲喪後，能作太平民。〔註102〕

清初理學家孫奇逢在《太極書院考》中認為姚樞在蘇門講學之地亦名太極書
院〔註103〕，但根據元人許有壬的記載卻有所不同：

> 姚樞攜家來輝……置私廟奉祠四世，中堂龕魯司寇容，傍垂周、程、
> 張、邵、司馬六君子像，讀書其間，衣冠莊嚴，以道學自鳴，汲汲
> 以化民成俗為心，板《小學》、《論》、《孟》、《或問》、《家禮》，俾楊
> 中書板《四書》，田尚書板《詩折衷》、《易程傳》、《書蔡傳》、《春秋
> 胡傳》。又以《小學》流布未廣，教弟子楊古為沈氏活板，與《近思
> 錄》、《東萊經史論說》諸書散之四方。時魯齋許公在魏，公過魏與
> 竇漢卿相聚，茅齋、魯齋聽公言議正粹，遂造蘇門，盡錄是數書以
> 歸，謂其徒曰：「曩所授皆非，今始聞進學之序……〔註104〕

此外，姚樞首進金蓮川幕府，以中國仁義之說感動元世祖，《元史·竇默列傳》
曾記世祖之言：「如姚公茂之才，竇漢卿之心合而為一，斯可謂全人矣。」姚
樞最大的成功，是在初見忽必烈時的獻策，差不多把中原儒治的規模，皆為
預定，此後姚即侍從左右，以「不殺人能一天下」的道理，來規勸忽必烈攻

〔註100〕〔元〕許衡：《魯齋全書》卷六，頁6。
〔註101〕〔元〕許衡：《魯齋全書》卷六，頁12。
〔註102〕傅習采編：《皇元風雅前集》卷一，四部叢刊初編本。
〔註103〕《衛輝縣志》卷三十九，孫奇逢：〈太極書院考〉，清乾隆五十三年刊本。
〔註104〕許有壬：《圭堂小稿》卷六〈雪齋書院記〉，《四庫全書》第1211冊，頁621。

下大理，而不屠城，從此得到四方歸心。「上奇其才，由是動必見詢，使授太子經，乙太師淇陽王之兄，故丞相土木各兒，故右相不華吉丁，今司徒買奴爲之伴讀，日以三綱五常，先哲格言，薰陶德性。」這幾件事，對儒學的傳播，皆是大關節目。性理之書能夠傳於北方，蒙古統治者能夠稍知儒學，姚樞先容之功，實不可沒。至於許衡在程朱之學北傳的過程中能發揮重要作用，與姚樞的努力也不無關係。更精確地說，沒有姚樞，元代北方之學不能開啓，中元儒治亦無法實現，儘管他沒有留下性理著作，但學案將他列爲「魯齋學派」，固有崇高地位者，胥即在此。

2. 竇默

竇默（1196～1280），字子聲。廣平肥鄉（今屬河北）人，自幼嗜學。由於許衡幼年生活在蒙金戰爭的動盪年代，「學校廢弛」、「民皆傳徙，無從師授，亦無書籍」〔註 105〕，因此無法獲得良好的教育環境。此後，爲了在亂世中求得生存，許衡父母命之習吏、習醫、習占卜之術。尤其他在習吏時注意「刻意墳典，考求古者爲治爲學之序，操心行己之方」〔註 106〕，情況艱難。而後，許衡、竇默同居於魏（今河北魏縣），二人時常危坐終日，探討學問。姚樞早年投靠楊惟中，戰後不滿色目人牙老瓦赤的統治方式，歸輝縣（今河南輝縣）蘇門山務農，得知竇默、許衡的情況後，也「過魏相與聚居」。《考歲略》記載許衡輾轉從姚樞處獲得其得自於趙復的程朱理學著作，僅靠抄錄程朱理學的作品，自行修讀，並與竇默、姚樞兩學友相講習，卻能終身奉之，守之不悖，逐漸發展出自己的看法，而且有「任道之意」〔註 107〕，而薛瑄所謂「眞知實踐」〔註 108〕正足以說明他一生的堅持。許衡有詩作二首記載與竇默之間的關係：

> 初來識君面，此行見君心，匡時有長策，慮遠憂且深，俗情取近效，雅意入幽沉……我本貧賤士，多思委相尋，未得辦一飯，胡爲遽分襟，征鴻出遠塞，西風動疏林，去去渺萬里，何年酒同斟，含情望無極，白雲障孤岑。〔註 109〕

〔註 105〕《元史・竇默列傳》。
〔註 106〕蘇天爵：《元朝名臣事略》卷八〈左丞姚文獻公〉，中華書局 1996 年版。
〔註 107〕〔元〕許衡：《魯齋遺書》卷十三〈考歲略〉。
〔註 108〕〔元〕許衡：《魯齋遺書》卷十四〈薛文清公讀書錄〉。
〔註 109〕〔元〕許衡：《魯齋全書》卷六〈送竇清叔〉，頁 3。

西山山下覓幽村，水竹鄰居擬葛君，豈意天書下白屋，便收行李入
青雲。功名准自英賢立，得失防因去就分，萬里風沙沙南北，請歸
消息幾時聞。〔註110〕

從仕隱關係來看，竇默和許衡看法相近。只是竇默先出來當官，許衡「含情
望無極」乃可見二人友誼珍貴，則面對仕隱課題，許衡也可能是受竇默影響。

（三）同　調

據《宋元學案》中所載，將張文謙與硯彌堅兩人列為同調。

1. 魯齋同調：張文謙

張文謙（1217～1283），字仲謙。邢州沙河（今屬河北）人，與劉秉忠
同學，因薦於忽必烈，命掌王府書記，治理邢州有功，日見信任，從忽必烈
征大理、攻宋，建言勿屠城。中統元年（西元1260年），拜中書左丞，當時
王文統為中書平章事，文統素殘刻，而張文謙獨以安國便民為務。元世祖至
元元年（西元1264年）以中書左丞行省西夏中興等路，浚唐來、漢延二渠，
民受其利，七年，拜大司農卿。十三年，遷御史中丞，為阿合馬所忌。改昭
文館大學士，領太史院事。十九年，拜樞密副使，卒諡追封魏國公，諡忠宣。
〔註111〕張文謙與許衡的交遊乃在政事方面，據《魯齋學案》〔註112〕所載：

帝以先生多病，令五日一至省。四年聽歸。踰年，復召赴闕，與太
常徐世隆定朝儀。儀成，帝臨觀，甚悅。又詔與太常劉秉忠、右丞
張文謙定官制。先生歷考古今分并統屬之序，舉省部院臺郡縣與夫
后妃儲藩百司所聯屬統制定為圖，奏之。

元時官制，由於官職權責的混淆，常生弊端。許衡與張文謙能逐加以補充制
定朝儀、官制，可見有王佐之才。

2. 江漢同調：硯彌堅

據《魯齋學案》〔註113〕所載：

硯彌堅，字伯固，應城人。硯氏莫究其始所出，其師初命其名曰彌
堅，其父止命堅，故先生在官稱彌堅，自稱曰堅，蓋不忘父師之訓
也。生七年，學于黃氏家塾。十六，從鄉先生王景宋學。景宋名登，

〔註110〕〔元〕許衡：《魯齋全書》卷六〈送竇先生行〉，頁10。
〔註111〕《元史》，頁3695。
〔註112〕《宋元學案・魯齋學案》卷九十，頁130。
〔註113〕《宋元學案・魯齋學案》卷九十，頁138。

以進士起家，仕至京西路提刑、京湖制置大使司參謀，爲人卓犖奇
偉。先生學得其梗概，慨然有志于事功。年十八，又從袁州劉仁卿
學議論。歲乙未，元師徇地漢上，先生與江漢先生趙復俱以名士，
爲大將招致而北。戊戌，詔試儒士，先生試西京中選。家眞定，著
儒籍，專以授徒爲業。先生通諸經，善講說，士執經從而問疑者日
盛。先生告以聖賢之旨，諄切明白，不繳繞于章句。容城劉因、中
山滕安上皆從之受經、燕南宣閫及部使者嘉其行義，又共薦之，擢
爲本部教授，凡十餘年，循循爲教，始終不倦。至元二十四年，召
爲國子司業，律身嚴以有禮，屢以陽城忠孝之說訓迪諸生。居歲餘，
移疾歸。先生問學淳正，文章質實，務明道術以敷其教，自少至老，
清苦嚴重，士咸服其學，推其行。有《郯城集》十卷。二十六年卒，
年七十有八。子禹功、禹謨，皆明經學。禹功，冀州儒學教授。

太宗七年蒙古用兵南宋，楊惟中以行中書省事隨軍，與姚樞一起奉詔在軍前
求儒、道、釋、醫、卜士，帶回一批南宋及金亡前後流落南宋的亡金士人，
其中有不少經通理學的儒生。硯彌堅曾以國子司業任眞定（今河北正定）教
授，劉因曾從學於他，他以「通諸經，善講說」見稱。很多儒士執經問疑，
硯彌堅都能告以聖賢之旨，諄切明白不繳繞於章句。

（四）學 侶

1. 魯齋學侶：楊奐

楊奐（1186～1255），字煥然，號紫陽。乾州奉天（今陝西乾縣）人。金
末舉進士不中，歸而教授鄉里。金亡，北渡寓冠氏（今山東冠縣）。帥趙天錫
幕府，仍以教書爲業。在《元儒考略》中有如下記載：

> 未冠，夢遊紫陽閣，景趣甚異，後因以自號，長師鄉先生吳榮叔，
> 迥出倫輩。讀書厭科舉之學，遂以濂洛諸儒自期。時金末嘗作萬
> 言策，指陳時弊，辭旨劌切，皆人所不敢言者詣闕，欲上之不果。
> 〔註114〕

元太宗十年（西元 1238 年），以儒生就試東平，兩中賦論第一。耶律楚材薦
爲河南課稅所長官兼廉訪使，有政績。在官十年，請老歸，博覽強記，作文
有新意，時有關西夫子〔註115〕之稱。有《還山遺稿》。他在金的名位甚高，中

〔註114〕〔明〕馮從吾：《元儒考略》（北京：商務印書館，2005 年），卷一，頁7。
〔註115〕〈魯齋學案〉卷九十：梓材謹案：先生爲姚牧庵妻父，牧庵序先生文集云：「紫

試後，即居顯位。爲元初漢文化啓蒙做出貢獻，對後進的接引不少。事蹟見《元史》本傳〔註116〕。

2. 江漢學侶：王粹、郝經

據〈魯齋學案〉〔註117〕所載：

> 王粹，字子正，右北平人。楊中令當國，議所以傳繼道學之緒，必求人而爲之師，聚書以求其學。乃于燕都築院貯江、淮書，立周子祠，刻《太極圖》及《通書》、《西銘》等于壁，請雲夢趙復爲師儒，先生佐之，選俊秀之有識度者爲道學生。

雖未見與許衡交遊情形，但王粹於元太宗時，建太極書院，受聘講授儒學〔註118〕，與許衡或有所交流。

郝經（1223～1275），字伯常，澤州陵川（今山西陵川）人。被譽爲「元初理學名儒，文章事業彪炳宇宙」〔註119〕。其家世代業儒，六世祖曾受教於北宋理學家程顥，曾叔祖父郝震（號東軒）以程氏之學教授鄉里，祖父郝天挺之門又出過高足元好問。郝經承伊洛墜緒，從青年時代起，即立志「不學無用學，不讀非聖書，不爲憂患移，不爲利欲拘，不務邊幅事，不做章句儒」〔註120〕，主張學貴乎用。而他身爲元好問的學生，學術淵源應屬金源文化的一脈，但立身大節以傳統經學和伊洛理學爲主，「一以窮理盡性、修己治人爲本」〔註121〕，兼及諸史子集。可見其理學思想以淵源於二程之學，又受到宋元之際北傳的朱熹理學影響，故全祖望將之列入江漢學案之內。他是忽必烈身旁著名的政論家，還結合時事，發表一些有關正統和蒙漢華夷問題的見解，曾提出重要的政治命題：「今日能用士，而能行中國之道，則中

陽先生長先世父少師文獻公十有五年，交友間，少師獨畏而不敢字者，言必稱先生」。又云：「先生《鄖國世家》傳及平生嗜學，述作之富，與一世之士服爲『關西夫子』者，有遺山、江漢、西庵三先生之碑銘之集序言。」又《跋張夢卿所藏紫陽墨蹟》云：「嘗聞其幼時，文已奇古，歌『白水滿長干，紫陽閣底清風細』之句，遂號紫陽。初名煥，更爲奐，後受太宗簡文判誤「奐」爲「英」，不敢私更，始就名英云」。

〔註116〕《元史》，頁3621。
〔註117〕〈魯齋學案〉卷九十，頁136。
〔註118〕《元史》，頁3467。
〔註119〕《陵川文集》序文。
〔註120〕《陵川集》卷二十一〈志箴〉。
〔註121〕《郝文忠公文集》卷首。苟宗道：〈故翰林侍讀學士國信使郝公行狀〉。

國主也。」〔註122〕而且，他認爲一般儒臣對於吏治應該「以國朝之成法，按唐宋之典故，參遼金之遺制，設官分職，立政安民，成一王法。」〔註123〕而後元初釐定官制，大致是從此角度開始。曾隨忽必烈統師伐宋的郝經，獻取宋之策，並於中統元年（西元 1260 年）奉忽必烈之命，以翰林侍讀學士充大蒙古國國使，出使南宋，被南宋當局拘禁達十六年之久，始終不屈。至元十二年（西元 1275 年）始獲歸元，當年病卒。事蹟具《元史》本傳卷一百六十八。

以「辨天下之大事，立天下之大節，濟天下之大難」〔註124〕做爲奮鬥目標的郝經，雖與許衡並無明確交遊記錄，但兩人皆強調踐履篤實，而與許衡積極投身於元初社會變革的政治實踐可謂志同道合。如許衡於至元元年上的時務五事主張用漢法以立儒治的根本，與郝經在中統元年（西元 1260 年）八月上的〈立政議〉〔註125〕相爲表裡，可爲一例。

（五）江漢別傳：劉因

據《元儒考略》所載：

> 劉因，字夢吉，初名駰，字夢驥。保定容城（今屬河北）人。父述遷於性理之學。元中統初官左三部尚書，因天資絕人，日記千百言，弱冠閱古方冊，思得如古人者友之，作〈希聖解〉見志。國子司業硯彌堅教授真定，因從之游，初爲經學，究訓詁釋疏之說，輒嘆曰：「聖人精義殆不止此」，得周、程、張、邵朱呂之書，一見即曰：「我固謂當必有是也。」及評其學之所長，曰：「邵，至大也；周，至精也；程，至正也，朱子極其大，盡其精，而貫之以正也。」〔註126〕

觀《元史》本傳云：「（劉）因天資過人，三歲識書，日記千百言，過目即成

〔註122〕《郝文忠公文集》卷三十七〈與宋國兩淮制置使書〉。
〔註123〕《蒙兀兒史記》卷八十四〈郝經傳〉。
〔註124〕《陵川集》卷二十四〈上紫陽先生論學書〉。
〔註125〕參閱《元文類》卷十四，該文開端先請立綱紀禮義：「夫綱紀禮義者，天下之元氣也；文物典章者，天下之命脈也；非是則天下之器不能安……」爲儒治的根本；其次則歷敘歷代賢君，並提出蒙古立國不行漢法的弊害，此外，陳述歷來異族入主中原實行漢法的成效；文末則提書具體建議：「方今之勢，在於卓然有爲，斷之而已。去舊染，立新政，創法制，辨人才，綰結皇綱，藻飾王化，偃戈息馬，文致太平，陛下今日之事也……」
〔註126〕〔明〕馮從吾：《元儒考略》（北京：北京圖書館出版），知服齋叢書本，遼宋元傳記資料叢刊。卷二，頁 1。

誦，六歲能詩，七歲能屬文，落筆驚人。」如此早熟的他，十二歲便對許衡發問，亦非不可能。又云：「公卿過保定者眾，聞因者，往往來謁。」〔註127〕則許衡赴京途經保定，會見神童則未嘗不可能。不論如何，此事的真實與否並不重要，重要的是表明了許衡與劉因之間的不同的政治觀念，同時也揭櫫了許衡入京為蒙元政權服務是為許多漢族文人所不認可的史實。因此，作為研究許衡思想的史料仍具有特殊價值。據歐陽玄撰〈靜修像贊說〉：

微點之狂，而有沂上風雲之樂；資由之勇，而無北鄙鼓瑟之聲；於裕皇之仁，而見不可留之四皓；以世祖之略，而遇不能致之兩生。

〔註128〕

許衡創立魯齋學派，差不多同時劉因也創立自己的學派，稱為靜修學派。由於時代條件、個人遭遇和學術修養的不同，相異的學者所創立的思想體系，也具有不同的風格和內容。正如歐陽玄所言，將劉因與曾點、子由相比擬：點之狂、由之勇，皆是高明豁達一路，靜修的學問趨於深沉邁往，與許魯齋的謹篤自守不同。劉因有詩作〈蠹齋〉：「莫倚蠹愚遂自疏，保身須要畏刑書。頭邊既有儒冠在，誰為齋名赦得渠。」由於許衡，號魯齋。「魯」本取之於孔子魯人。劉因在這首詩中取魯之蠹意，諷刺意味可見一斑，從中可看出劉因本人文辭犀利、指斥淋漓的個性。劉因有安熙、蘇天爵等一傳和再傳弟子遞相授受，成為不同色彩的元代理學的重要學派。劉因「於趙江漢復而得周、程、張、邵、朱、呂之書」，因愛諸葛亮「靜以修身」之語，故將住室命名為「靜修」，主講靜修書院達二十餘年，對程朱之學推崇備至。蒙元統一全國之後，劉因不像許衡與元蒙積極合作，直至元世祖至元十九年（西元1282年）雖詔徵為右贊善大夫。未幾，以母疾辭歸。再詔徵，以疾固辭。著有《四書精要》、《靜修集》等。延祐年間卒，追封容城郡公，諡文靖。

　　經由史料的考證，瞭解許衡思想進路的形成：由於趙復的啟發，以及姚樞等友人切磋，對於學術交流與思想的精進助益極大。而且，趙係南方老儒，不能有聲氣之呼應；姚係名宦，不能專力於講學，因此無法在北方學術界立足；惟有許衡一出，才大開庭戶，使有元一代，尊崇儒學，程朱義理也定於一尊。

〔註127〕《元史》卷一百一十七，頁4007。
〔註128〕〈元文類〉卷十八。

三、仕隱抉擇

深受儒家思想影響的許衡，具有以道自任的強烈意識，尊信「士志於道」、「任重而道遠」（《論語》），「天下無道，以身殉道」、「窮不失義，達不離道」（《孟子·盡心上》）。關於許衡一生仕隱經過，《魯齋遺書》中有如下的記載：

> 甲寅，京兆宣撫使廉公奉潛藩命來徵。乙卯，授京兆提學，辭不受。中統元年五月，應召北上。二年五月授太子太保，力辭不受，改國子祭酒。九月以疾辭歸。三年九月應召北上。至元元年正月辭歸。二年十月應召北上，詔入省議事。四年正月辭歸。十一月應召北上。六年奉定官制。七年正月拜中書左丞，力辭不允。八年四月改集賢大學士，兼國子祭酒。十年七月以遷葬辭歸。十三年七月應召北上，脩授時曆。十五年三月授集賢大學士兼教領太史院事。十七年春曆成，八月辭歸。十八年三月薨，年七十三。皇慶二年，詔與宋儒周、程、張、邵、司馬、朱、張、呂九人，從祀夫子廟廷。〔註129〕

元初或仕或隱都是複雜的決定，在屈事異族與經世濟民兩難的抉擇中，更是考驗儒者的操守。大多數文人透過讀書、修身，主要目的是要建立一種穩固的「道德感」，並貫徹到日常生活的行動之中。按照儒家以德治國的理想，從君臣到百姓，都要以道德修養作爲自己的行爲規範，然後走向治國、平天下的道路。而且，社會責任的實現必須通過最高統治者君主才能如願。如耶律楚材說「澤民致主本予志」、「澤民濟世學英雄」〔註130〕、「行藏俯仰且隨時，被褐懷珠人未知」〔註131〕；郝經引史爲證，以此爲儒者合理的選擇：「伊尹五就湯，嚴陵不漢臣，所履元不殊，心跡孰與辨，濟時與全節，亦各適所願。」〔註132〕，他們所共同抒發的，是一種經世濟民的高尚情懷，且透露出某種因時處順的智慧，堅持行道而且因時乘勢的抉擇。蘇天爵歸納元初儒者的心態後，爲當時儒者提出辯解：

> 士君子之出處，有義存焉，審其時而後動，合乎禮而後應，是以屢召而不行者，非敢故存元也。蓋本諸道義之正，循於禮節之宜。自

〔註129〕《魯齋遺書》卷十三〈行實〉。
〔註130〕《湛然居是集》卷五〈感事〉。
〔註131〕《湛然居是集》卷二〈丁亥過沙井和耶律子春韻二首〉。
〔註132〕《陵川集》卷二〈寓興〉。

昔君子，進退出處之際，莫不皆然。〔註133〕

「仕」「隱」之間，蘊含複雜的因素，不能單以「仕」而責其「隱」，也不因「隱」而非其「仕」。許衡詩集中有兩首關於仕隱態度：其一是「去去迷途莫問津，來還唯恐不知眞，因時用舍固有命，與道卷舒宜在人。」〔註134〕、「身居畎畝思致君，身在朝廷思濟民，但期磊落忠信存，莫圖苟且功名新」〔註135〕、「干戈姿爛漫，無人救時屯。中原救失鹿，滄海變飛塵。」〔註136〕，皆可看出作者傷時憂世的現實情懷，對學問的追求並沒有讓他忘了周圍的社會現實。〔註137〕然而，許衡曾有書信表達立場：

> 老病侵尋，歸心急迫，思所以上請，未得其門也。週來相從，實望見教，不意復有引薦之言。聞之踧踖，且驚且懼。邸舍中，懇陳所以不可之故，至於再三。始蒙惠許，違別三數日，復慮他說間之，不終前惠，是用喋喋重陳。向來懇禱之意，嘗謂天下古今，一治一亂，治無常治，亂無常亂，亂之中有治焉，亂極而入於治，治極則入於亂，亂之終，治之始也，治之終，亂之始也，治亂相尋。〔註138〕

從「實望見教」，可知許衡原本以爲竇默能瞭解他不願出仕之心，沒想到竇默仍勸他爲官，故「且驚且懼」。而且，許衡看到歷史過程運動變化的必然性，這種一治一亂，治極而亂，亂極而治的歷史觀包含了相互對立、相互轉化。意即許衡的天命歷史觀與那些空洞虛誕，依靠天命神意、五行災祥進行說教的天命觀不同，他重在強調封建綱常秩序的合理性，此一合理性應以理學王道德治的政治目標來衡量治世或亂世的。

　　除了老疾之外，許衡隱退主因，應是「權臣屢毀漢法，諸生廩餼或不繼」〔註139〕。不過，許衡基本的態度是入世的，來去間依於「道」，奉行孔子《論語・泰伯》所言：「天下有道則見，無道則隱。邦有道，貧且賤焉，恥也；邦無道，富且貴焉，恥也。」、「邦有道則仕，邦無道則可卷而懷之。」（《論語・衛靈公》）。此外，可以《論語・微子篇》中所述及仕隱與行道的關係來進一

〔註133〕《滋溪文稿》卷三〈七聘堂記〉。

〔註134〕《魯齋遺書》卷十一〈和姚先生韻〉。

〔註135〕《魯齋遺書》卷十一〈訓子〉。

〔註136〕《魯齋遺書》卷十一〈訓子〉。

〔註137〕相關資料可見徐子方：〈與道共進退 —— 許衡及其心態〉，《南通師範學院學報》（哲學社會科學版），第17卷第1期，2001年3月。

〔註138〕《魯齋遺書》卷九〈與竇先生〉。

〔註139〕《元史》卷一百五十八〈許衡傳〉。

步探討許衡作爲：

> 微子去之，箕子爲之奴，比干諫而死。孔子曰：殷有三仁焉！柳下
> 惠爲士師，三黜，人曰：子未可以去乎？曰：直道而事人，焉往而
> 不三黜？枉道而事人，何必去父母之邦？

朱子註殷的三仁是行雖不同，而同出於至誠惻怛，但不背乎愛之理，而有以
全其心之德。柳下惠可謂和矣，然不能枉道之意，是不自失。孔、孟皆以「士
志於道」爲中心，要使道行，也應是士之職責，及平治天下，舍我其誰之義。
許衡以孔子爲標的，積極入世，細察可知，乃是一種急欲撥亂反正的態度，
爲了實現經世濟民的理想，必然地導致許衡對政治的參與，使自身能夠與政
治和君主產生密切的聯繫，達到「行道」的目的。有基於此，許衡曾對世祖
說過這樣的一段話：

> 孟子以責難於君謂之恭，陳善避邪謂之敬，孔子謂：「以道事君，不
> 可則止。」臣之所守，大意蓋如此也。〔註140〕

從中以明心志，由此可見其操守。因此，許衡心目中的賢臣形象乃是只求義
理的孔明：

> 不問利害，只求義理，孔明見得眞，當時只以復漢討賊爲當然。至
> 於成敗利鈍，非臣之明所能逆睹也。歸之天而已，只得如此做，便
> 是聖賢之心，常人必計其成敗利害也。〔註141〕

孔明以復漢討賊爲己任，鞠躬盡瘁，死而後已；只求義理的許衡，身處動亂
時期，在面對「士至於道」這個問題上，所遇到的矛盾更爲強烈，在如何實
現人生價值的考慮上更加複雜。但他以推動儒家學說爲念，不因外在困頓與
嘲諷而有所改變。

　　許衡認爲「孔子不通於時，只爲欲尊君父，當時魯三家、晉六卿、齊田
氏諸逼如此，孔子之道不能行也，故筆之於經。」〔註142〕，許衡認爲孔子之
道不能行，就在於諸侯的諸逼，元初時局亦然，在仕隱、進退、忠君守節與
順乎天命等課題上都面臨著更爲尖銳的考驗。在許衡的著作中基本上不提
忠，試探其因，元蒙統治集團入主中原而取代趙宋統治，若強調「忠」，無異
會把大批漢族知識份子和宋代遺下的精英推到自己的對立面。而他與世祖的

〔註140〕《元史》卷一百五十八〈許衡傳〉。
〔註141〕《魯齋遺書》卷一〈語錄上〉。
〔註142〕《魯齋遺書》卷二〈語錄下〉。

對話，也可視爲是孟子所謂「古之人未嘗不欲仕也，又惡不由其道。不由其道而往者，與鑽穴隙之類也。」（《孟子・滕文公》）的具體實現。所以儒家「得志，澤加於民；不得志，修身見於世」的理想，對許衡而言，不僅是一套理論，更是實踐的準則。因此，比起爲舊王朝犧牲生命的忠臣而言，許衡的做法或許具有更積極的歷史意義。

第二節　許衡著作介紹

　　許衡的著作經後人多次搜集編成，歐陽玄撰〈神道碑〉，稱「先生有《魯齋集》及《中庸語意》、門人記載《語錄》行於世」，實則死後二十餘年才有人爲之輯集。文獻記載最早收集許衡著述的爲元成宗大德九年（西元 1305 年）所載：「中齋蘇公來牧安成，既以先生《大學撮要》，鋟梓暇日，復出遺稿。」〔註143〕，主持其事的是「安成（河南汝南縣東南）縣尹蘇顯忠」，書前有楊學文序，次年（西元 1306 年）刻梓。此外，《天祿琳瑯書目續錄》稱「《魯齋遺書》一函兩冊：元許衡撰……書六卷，分奏議、雜著、書簡、詩章、樂府、編年歌括」，瞿鏞《鐵琴銅劍樓藏書目錄》踵其餘云：

> 此乃大德九年刻本，前有楊學文序，及大德元年贈諡詔、內翰王文秉贊，卷一奏議；卷二卷三無總目，自〈讀易私言〉至〈答丞相問〉、〈大學明明德〉凡五篇，皆論學之文；卷四雜著；卷五書簡；卷六詩章樂府、〈編年歌括〉。分卷與明刊本絕異，卷一後有題識二行，云右數段皆非全文，偶見別紙草稿，今附錄於此。是則《魯齋集》以此本爲最初。

卷一爲遺書；卷二爲奏議，含上時務書二首、爲君難六事、雜疏四首、對御；卷三爲說書，含直說大學要略、讀易私言、讀文獻公撰著說、論陰陽消長、小學大義、小大學或問、答丞相問、論大學明明德、論生來所稟、答或問不遷怒；卷四爲雜著，含拿仲叔二首、論子玉請復曹衛、辨說、高凝字說、王生名字說、吳氏傷寒、辨疑論序、祭鄒國公文、祭李生文炳文、留別譚彥清、呈丞相乞致仕狀、辭免京兆提學狀，並含與竇先生、與耶律惟重、與子師可、與子聲義之二執事、與仲晦仲一二首、與友人、與孫謙甫、與孫伯玉二首、與張仲謙二首、與廉宣撫五首、代李和叔與兄子書簡；卷五爲附錄，含贈榮

〔註143〕楊學文：《魯齋遺書・序》。

祿大夫司徒諡文正公制，大元敕賜故中書左丞集賢大學士國子祭酒贈正學垂憲佐運功臣代傅開府儀同三司追封魏國文正公許先生神道碑；卷六為元史本傳、國學事蹟、古今儒先議論。明憲宗成化七年（西元 1471 年），劉昌刻《中州名賢文表》對於是書有詳細敘述〔註144〕，此「錄本」得自懷慶守呂恕。劉昌以蘇顯忠本殘編斷簡，多所失遺，而錄本亦多缺誤，遂重加訂定為五卷，復以制詞神道碑為附錄一卷，其缺誤而無考者略去十之四，雖如是，劉昌仍尊舊本，無語錄、直解。〔註145〕

此外，明成化十年（西元 1474 年）懷慶府知府倪顒，在陝西學宮看到《遺書》六卷本的雕版，或多脫落，謀諸付梓，相關資料可見於《魯齋遺書》的舊序：

> 先生有《遺書》六卷，梓傳於世，其版在陝西學宮，邇來不復印行，想多脫落。成化辛卯（1471），顒承乏來守是郡，即拜謁於先生祠下，既而訪求遺書，先生六世孫邑庠生綸出示是書寫本，而字多訛舛；又訪於致仕西安府同知河內王君濟安，購得其刻本，適鳳翔府學致仕教授修武韓君俊在家，遂托其校正，俾寫、刻二本，參互考訂於其間，書頗可觀。又幸遇巡撫都堂楊公、提學憲副陳公作興中州文教，顒遂謀諸同寅，命工鏝梓，以廣其傳焉。

從劉昌及倪顒的說法，可推測元朝應有兩個本子，皆為殘缺的本子。至於明朝的本子主要是「高傑刊本」與「嘉靖本」：前者可見於國家圖書館，著錄謂：「《魯齋全書》七卷六冊，明郝綰編，明正德戊寅（十三年）河內知縣高傑刊本。」郝綰，衡七世孫壻，字亞卿，曾任四川按察司副使。綰輯未竟而卒，河內教諭宰廷俊繼成，何瑭有序，高傑刊行。該書初編輯時係郝綰受高傑囑託。《鐵琴銅劍樓藏書目錄》稱此書「較元刊本多性理一種，附錄一卷，其篇目已改元刊之舊，視嘉靖本較為近古。」

《四庫全書》所收明嘉靖四年《魯齋遺書》蕭鳴鳳汴梁刊本，此乃河南巡撫王霽齋提議重刊，讓蕭鳴鳳負責重校，又得友人應元忠在開封襄助，將

〔註144〕《中州名賢文表》：「《遺書》六卷。大德十年，安成縣尹蘇顯忠刻梓。當時已謂殘編斷簡，多所失遺，況昌所得者乃錄本，尤多缺誤。故重加訂定，為五卷，復以制詞。〈神道碑〉為附錄一卷。其缺誤之無考者並用，略去蓋十之四云。」

〔註145〕具體內容：卷一許文正公奏議、奏對；卷二許文正公雜著；卷三許文正公雜著、韻語、墓誌；卷四許文正公詩章詞調；卷六許文正公附錄。

舛誤一一糾正。不僅糾舛正訛，而且認為「全書」之謂欠妥，可能會有其他的佚文，因此更名為「遺書」。〔註146〕其中一部分是給學生上課的講稿，這些講稿都「詞求通俗，無所發明。」〔註147〕原北平圖書館有藏，今存臺北故宮博物院。在國家圖書館的善本書目中著錄：「《魯齋遺書》十卷（《遺書》八卷附錄二卷）三冊，蕭鳴鳳並自為序，復有題識」。〔註148〕

　　至於清乾隆五十五年（西元 1790 年）鐫刻的《許文正公遺書》，其內容是：卷首為像贊附、元朝詔誥、續考歲略；卷一為語錄上；卷二為語錄下；卷三為小學大義、大學要略、大學詩解、孝經直解、論大小學；卷四為大學直解；卷五為中庸直解、中庸說、孟子標題、四箴說；卷六為讀易私言、陰陽消長論、撰著說；卷七為奏疏；卷八為雜著；卷九為書狀；卷十為稽古千文、編年歌括、卷十一為古風、絕句、律詩、樂府；卷十二為授時曆經；卷末前為古槐重榮、國學事蹟、神道碑、元史本傳、塋堂圖、神祠圖；卷末後為名儒論贊、祭文、詩詞、記、序；附附錄後文三篇。日本《靜嘉堂文庫書目》著錄有《許文正公遺書》，係此刊本。另外，《魯齋心法》則為四庫本所無，然為日本元祿四年（西元 1691 年）和刻本，故特此一提。近年則有《許衡集》〔註149〕的出版，該書點校以《魯齋遺書》四庫全書本作為底本，並參以他書。以底本與校參本相互補全，並且輯錄各版本的序、跋，尚存疑義處亦能列出己見，置於注釋以為參考。

〔註146〕可從序文得知：「鳴鳳方校是書，適予友應內翰元忠奉使過汴，因得就正焉。元忠謂：舊本次第似有未當，乃重編如左。續得《心法》並《大學》、《中庸》直解，俱以增入。舊本舛訛甚多，當正。無疑者今即改正，有可疑者，不敢輕改，恐相去益遠也。舊本名《魯齋全書》。竊謂先生之書，當多散逸，未敢謂之全也，故更名遺書云。」
〔註147〕《四庫全書總目・集部・別集類・魯齋遺書》。
〔註148〕主要內容有：前二卷是〈語錄〉，第三卷為〈小學大義直說〉、〈大學要略〉、〈大學直解〉；第四卷分上、下卷，上卷等為〈中庸直解〉，下卷為〈讀易私言〉、〈讀文獻公撰著說及陰陽消長〉一篇；第五卷為奏疏；第六卷亦分上、下卷，上卷為雜著，下卷為書狀；第七第八卷為詩、樂府；附錄二卷，則像贊，誥敕之類及後人題識之文。
〔註149〕〔元〕許衡著、王成儒點校：《許衡集》（北京：東方出版社，2007 年）。

第三章　許衡對先秦儒道思想之評論

　　從元代學術的大動向來看，由於政局混亂，刀兵四起，大量的儒者流離四方，儒學的傳承早已見土崩瓦解之勢，學術思想傳承的工作大多停擺。儒士或亡於戰火，或委身黃寇，而士大夫則流徙四方，朝不保夕。〔註1〕因此，更遑論挺身傳播儒學，直至忽必烈獎掖儒學，大興儒家思想之後，北方的儒者才開始在政治上施展長才。而許有壬〈上都孔子廟記〉則說：「燕廟學汨於道流，奪而歸之儒」〔註2〕，此外，馬祖常〈大興府學孔子廟碑〉：「時城新刓於兵，學官攝於老氏之徒。迨世祖皇帝教命下，始正儒師，復學官，廟事孔子，歸儒垣四侵地，勒石具文，作新士子。」〔註3〕，由此可見國子學的由道歸儒，顯然發生。儒家原有經世濟民的熱情，理精義熟的儒者也常懷有闡道斯教的使命感，因此，經由儒學內部的自省轉化，學術思想正走向一個整合、深化的過程。

　　身處當時的許衡，其早年跟著北方的「落第老儒」學習儒家的「句讀訓解」，特別是通過這樣的學習方式接受了孔孟儒學，對孔、孟推崇備至，〔註4〕

〔註1〕 宋使徐霆於元太宗七年訪燕京時曾曰：「外有亡金之大夫，混於雜役，墮於屠沽，去爲黃冠，皆尚稱舊官。王宣撫家有推車數人，呼「運使」、呼「侍郎」。長春宮多有亡金朝士，既免跋焦、免賦役，又得衣食，最令人慘傷也！」詳見彭大雅撰《黑韃事略》（台北：藝文出版社，民國56年。）

〔註2〕 〔元〕許有壬：《至正集》卷四十四，台北：新文豐出版社，1985年，頁43上。

〔註3〕 〔元〕馬祖常：《石田文集》卷十，台北：臺灣商務印書館，1983年，頁1上。

〔註4〕 相關資料可見陳正夫《許衡評傳》，頁42～44。

自稱其齋曰魯，並具有接續堯舜周孔道統之功〔註5〕。此外，受程朱理學引孔說孟的影響，許衡繼志述事，曾對世祖之問而曰「學孔子」，也自言責善於君，乃宗孟子之教，從中可見許衡將儒家的教化傳遞給異族者的同時，也以維繫道統為己任〔註6〕。尊崇儒家之學、推崇朱熹的許衡，能致力推動儒學，致使儒學超越佛、道而代之，皇慶二年（西元 1313 年）遂詔令考試皆出自朱子所定四書出題，而詮釋亦以朱子《四書章句集注》為主，於是，以後數百年之文官考試不出朱學的界限。〔註7〕然而，值得注意的是，許衡雖繼承程朱理學，同時，常借程朱理學之說解釋某些觀念，甚至直以程朱著作興學教人，並以「捍儒學、斥道家」為其基本的學術態度，筆者對許衡經世的熱忱予以肯定，但並不能武斷地判定其學術思想皆全然複製朱子學說，他接受朱學時的雀躍，固然是來自經世的熱情，卻必然也有因受時代影響或事在發揚過程中發現若干說法有些出入。正如高達美（H.Gadamer）所說，「作為歷史對象的整個流傳物並不是像單個文本對於語文學家那種意義上的文本。」〔註8〕從哲學詮釋學（philosophical hermeneutics）的立場來看，「詮釋者必須恢復和發現的，不是作者的個性與世界觀，而是支配著文本的基本關注點，即文本力圖回答並不斷向它的解釋者提出的問題。假如這種把握住由文本提出的問題的過程，僅僅被想像為科學地提取出『本來的』問題，那它就不會導致一種真正的對話，只有當解釋者被主題推動著，在主題所指示的方向上作進一步的詢問時，才會出現真正的對話。」〔註9〕因此，相較於程、朱所處的時代，

〔註5〕 當時的北方儒學型態中，以為中國孔孟之教與儒學的基本精神，是中國民族生存的必要條件。而且，無論是治學、出仕，都是出於救世的動機。然而，孔孟與許衡的情況、境遇不盡相同。在政治上，孔孟並不順遂，許衡則為元最高統治者所重視；在學術上，孔孟建立自己的思想體系，許衡則主要為闡發他們與朱子的思想；教育上，孔孟學生學者型較多，仕朝較少，許衡則反之，學生學者型較少，進仕任丞相、御史的比比皆是。相關論述參見孫克寬：《元代漢文化之活動》（台北：中華書局，民國 57 年 9 月），頁 233～234；陳正夫、何植靖：《許衡評傳》（南京：南京大學出版社，民國 84 年），頁 317。
〔註6〕 詳見蕭啓慶：〈忽必烈潛邸舊侶考〉，《元代史新探》（台北：新文豐出版社，民國 72 年）。
〔註7〕 相關資料可參見陳榮捷：〈朱門之特色及其意義〉，收於氏著：《朱子門人》（台北：台灣學生書局，民國 71 年），頁 1～27。
〔註8〕 高達美著，洪漢鼎譯：〈在現象學與辯證法之間〉，收入《真理與方法》（上海：上海人民出版社，1999 年），下冊，頁 650。
〔註9〕 戴維·E·林格（David E.Linge）：〈編者導言〉，收入林格編，高達美著，夏鎮平譯：《哲學解釋學》（上海·上海人民出版社，1994 年），頁 12。

身處元代異族統治下的許衡，是在怎樣的時代背景及歷史脈絡下進行其思想闡釋？對先秦儒道的評論，許衡所著重的焦點為何？是否公允而恰當？

　　首先，爬梳許衡著作中提到孔孟學說的部分，除分敘孔、孟外，並依天人思想以及工夫論的脈絡進行討論。就理論脈絡來看，先必須著手的是人及宇宙萬物的普遍、共同的本質的探討，然而，人和萬物既同源於道，意即稟受一個天理，必有相當程度的同質性，因此，最終目的乃在闡明天道、人道彼此溝通的可能。最後，進一步討論工夫論，藉由工夫的下學與上達之間達到天人合一。此外，對天人和諧的追求實乃許衡理學體系建構的基本原則，他奉孔孟為宗，在繼承前儒的基礎上，透過經典的詮釋，也成為其思想內涵的來源。許衡處於群體持續形成的歷史、文化與溝通脈絡之中，憑個人理解而契入著作中的意義載體，因而使文化造成轉化（Transformation）與發生（Geschehen），而能在當時的時代環境下，再造學術思想的新格局。〔註10〕

　　其次，對「道家思想」的範疇界定在先秦時老子、莊子、列子三人，主要是由於許衡在其著作中所談，僅涉及上述三人，又以對老子的批評為主，附以莊子，至於列子則僅備一格而已。此外，除了上述的道家人物外，兩漢時的道家思想代表便是雜揉君術的黃老之學，但許衡多從史實上資料分析評論，並未對其思想內容加以探討。再者，黃老之學雖承自老子，然實則融合陰陽、法、儒、墨等各家說法，與先秦老莊思想並不相類，故此處暫不討論。筆者欲藉由許衡對先秦道家思想的詮釋進路，以探索許衡對於儒、道間，甚或正統與異端間的基本態度，以求得知以下兩點：其一，試圖釐清身為儒者的許衡，對先秦道家思想是抱持著怎樣的態度；其二，透顯出元代之際的儒道間的關係，並且說明理學又是如何得以發展。

　　基於上述所言，筆者以為許衡對道家思想的批評，確實與時代環境的體認有關。而許衡早年出入釋道的經歷，也使他對此二家學說的了解尤其深入：

　　　　亂後先生隱居於魏，時竇默子聲以針術得名累被，出入經傳，泛濫釋老，下至醫藥、卜筮，諸子百家、兵刑、貨殖、水利、算數之類，

〔註10〕許衡詮釋朱學所追求的並非主體的一種行動，而是歷史轉化與文化體現，所以具有人間對話、歷史溝通、群體了解等因素。詮釋者本身與歷史之間進行兼有「體會」與「了解」兩個層面的對話，同時也讓詮釋者本身培養其道德意識與文化意識，也就是同時完成個人的生存與社群的生存。（相關資料可參看宋灝：〈普遍理解與個人理解——以現代詮釋學看程朱詮釋學〉，收於《理解、詮釋與儒家傳統》，台北：中央研究院文哲所，2010年），頁117～118。

靡不研精。〔註11〕

因此，當許衡面對「異端」時，如何堅守儒家傳統思想，企求移風易俗，當
是重要的課題。在文中「要思考的問題」是：許衡在朱子的影響下，對先秦
道家思想有何認知？是否能扣緊思想理論的核心，進行本質上的批判？或是
站在維護儒家的立場上積極評判道家？換句話說，文中不僅重在還原儒道諸
子的面貌，以及許衡對其的相應詮釋而已，同時也強調朱子的先秦儒道觀。
因此，透過許衡對儒道思想的理解，以明許衡在元代學術氛圍下，對於儒道
思想詮釋之基本態度。

第一節　對孔孟思想的評論

一、對孔子的評論

（一）法自然之運，因一定之理

　　吾國傳統思想家以爲人之所以爲人，必然具有「人」之本質。自先秦以
來的儒學皆認爲此一構成「人」本質的來源是「天命」。天命爲天所獨寄者，
由此接通天與人的內在關聯，形成「天人合一」的思維模式。〔註12〕誠如熊
十力之言：

　　　　天有其理，而充之自人。不有人充之，則理亦虛矣。天有其德，而
　　　　體之自人。不有人體之，則德不流矣。然則，天若不有人，其理虛，
　　　　其德不流，是天猶未能成其爲天也。〔註13〕

〔註11〕《魯齋全書・考歲略》。
〔註12〕楊慧傑在《天人關係論》一書中，將先秦諸子加上〈中庸〉、〈易傳〉的天人
　　　　思想歸納爲「天人感應」、「天人合德」、「因任自然」與「天生人成」四類型，
　　　　並認爲前三類都可以統攝在「天人合一」的模式底下，爲「中國人生共相之
　　　　最高理想所在。」然而，劉師又銘認爲從體論層面來討論天人的「存在關係」，
　　　　認爲荀子的天人思想同樣以「天人之合」爲主軸，只是在此主軸下，同時提
　　　　醒了「明於天人之分」的思想，目的在「否認天對人可以有過度的、全面的
　　　　或神蹟式的作用和相關性」，換言之，荀子的天人論仍然不離「天人合一」的
　　　　思想脈絡。（楊慧傑：《天人關係論》，台北：水牛出版社，1989年，頁193～
　　　　194；劉又銘：〈合中有分——荀子、董仲舒天人關係論新詮〉，台北大學：
　　　　第二屆「中國文哲之當代詮釋：文本、對話與詮釋」學術研討會，2005年10
　　　　月，頁5。）
〔註13〕熊十力：《原儒》（台北：史地教育出版社，1974年），頁126～127。

熊十力以人爲主，反觀天道宇宙萬物之中，唯人能充實並體認、體現天理。換言之，在宇宙之中，天理固然流行不已，但身處經驗界的萬事萬象，唯有人具備承載天理的德化之功。天理天德欲彰顯於經驗世界，係賴人的體認與實踐方能使之全幅朗現。因爲形上天道契入必須透由道德主體的實踐來論證〔註14〕，這也展現了「體用一貫」與「天道性命相貫通」的儒學精神。因此，理學家思想與先秦儒家不同之處，在於理學家思想乃是透過宇宙本體論之建立，構和天人，後言道德乃天道，實踐道德即實踐天道，由天道理序論證道德之合理性與必然性，爲理學家之特色。而且，理學家有關政治的形上思維，就統治階層而言，增強了其政權的合法性，也鞏固了社會倫理的上下關係，因此，儒家常被認爲是傳統封建統治的擁護者。然而理學家原無此意，程朱有關天理與道統諸說，甚至本有限制治權的用意〔註15〕，許衡同許多儒者一樣，對傳統政體下的統治者仍多期待，絕非無意識地擁護傳統威權，這是必須先澄清的部分。至於在宋明理學發展的過程中，北宋程顥可說是第一個明確提出「理」爲自然現象形上依據的學者，並且他認爲這是他獨自體認到的惟一眞理，甚至是超乎學術流派傳承的體會，因此，他說：「吾學雖有所受，天理二字卻是自家體貼出來。」〔註16〕做爲宇宙根源義的理，與事物之理的關係十分密切。「理」的存在就其普遍性而言，未必依物而生，故其超然性的意義十分明確，所以朱子說：「若在理上看，則雖未有物，而已有物之理，然亦但有其理而已，未嘗實有是物也。」〔註17〕，理先於物而存在，又能掌握萬物，且爲萬物生成變化的規範，故能成爲宇宙萬物的形上依據，因此，理不但是宇宙的根源，也同時具有超然性和普遍性的特色。另外，在天與理

〔註14〕如同牟宗三所說：「天道高高在上，有超越的意義。天道貫注於人身上之時，又內在於人而爲人的性，這時天道又是內在的（Immanent）。因此，我們可以康德喜用的字眼，說天道一方面是超越的（Transcendent），另一方面又是內在的。」（見牟宗三：《中國哲學的特質》，台北：臺灣學生書局，1974年，頁26。）這種內在又超越的思想內涵，實與宋儒天道性命之學有關。因此，天道性命之學，不僅重視超越面相的普遍性、絕對性，也一樣重視內在面相的具體性。（參考林啓屏：《儒家思想中的具體性思維》，台北：臺灣學生書局，2004年，序論。）是故天與人之間的緊密關係實難分割，本論文僅能盡量避免天人交纏情形的發生，而無法割裂清楚。

〔註15〕相關討論可參考狄百瑞著、施寄錦譯：〈元代新儒家正統思想的興起〉（上），收於《思與言》第21卷第1期，民國72年。

〔註16〕《二程集》卷十二〈河南程氏外書〉。

〔註17〕《朱文公文集》卷四十六〈答劉叔文〉。

之間，許衡認爲「有則一時有，本無先後」，既不是天出於理，也不是理出於天，而是天與理不分先後。有則一時有，存在之有是同時產生的，天的存在與理的存在是完全同時的事情。有天即有理，有理即有天。理寓於天中，天中有是理。正如理與物一般，「事物必有理，未有無理之物。兩件不可離，無物則理何所寓。」在許衡看來，理與天、理與物之間，完全是一以貫之的，同時作爲存在之有，它們是不分先後的。人們應當在日常事物當中，粗中見精，小中見大。「雖淺近事物，亦必有形而上者，但學者能得聖神功用之妙，以觀萬事萬物之理可也，則形而下者事爲之間，皆粗跡而不可廢。」就理在物中而言，許衡還是與朱熹一致。許衡認爲：「天下事物，雖是萬有不齊，然就一件件上觀看，莫不有個當然的道理。」以道爲獨立的存在，由道生理，理既出，則與天地萬物同時爲有，理當然也寓於天地萬物當中，理物爲一，理物不可分爲兩件。許衡又說：「人能盡這實理，不但可以成就得自家，別人因我而感發興起，也都盡這個實理。是即所以成物以成己。言之心德純全，私欲淨盡，這便是仁以成物；言之知識高明，周於萬物，這便是知。」〔註18〕這樣的說法恰與宋儒「理一分殊」相合，皆描述「理」與萬事萬物的涵攝關係。

天理的創造與奧妙之處，對精神生命提供了安定的力量，也透顯出人的價值。許衡認爲人主觀的可與天默契爲一，透過自我修養，可以贊天地之化育，與天地爲參，從而獲得自我價值的彰顯。但朱子在《太極解義·附辨》中則將此觀念用於自然現象的解讀上：

> 萬物之生，同一太極者也。而謂其各具，則亦有可疑者。然一物之中，天理完具，不相假借，不相陵奪，此統之所以有宗，會之所以有元，是安得不曰各具一太極哉！

上文闡述「統體一太極，物物一太極」，強調「理一」的部分，落實在具體事物上，即所謂「一實萬分，萬一各正，便是理一分殊處」〔註19〕「人」、「天」、「理」的合一，就是期許人們要依循天道法則，做爲立身處世的法則，「氣」也是闡述「天人關係」的重要媒介。許衡把物與理相即不離視爲物與理二者皆同，物即是理。其次，他把事物的規律問題（理）從事物中獨立出來。由此看出許衡的宇宙演化序列：第一階段獨立的本原——道進於太極；第二階

〔註18〕《魯齋遺書》卷五〈中庸直解〉。
〔註19〕《朱子語類》卷九十四。

段太極之理顯現爲太極之氣，分爲陰陽，判爲天地；第三階段，天地產生萬物和人，人爲萬物之靈，承天履地。對於孔子的天人思想，許衡曾引子思之言曰：

> 帝王之道，惟堯舜爲極，至孔子則近宗其道。帝王之法，惟文王爲備，孔子則近守其法。天運有四時之不同，孔子則法其自然之運。水土有四方之所宜，孔子則因其一定之理。〔註20〕

儒家的天，宗教色彩較淡。唐君毅曾以「天道」這個中國哲學觀念，分析以下四種意義：

> （一）天道指上帝之道，如《尙書》中之天，即多指上帝。如「天討有罪」、「天命有德」；
> （二）天道指一般所謂感覺所對之自然宇宙之道；
> （三）天道指天地萬物或自然宇宙萬物之所依，或所由以生以變化，或所依據之共同的究極原理，此究極原理乃可在天地萬物，自然宇宙之上之先自己存在者；
> （四）天道指全體普遍之道。〔註21〕

孔子觀念中的天是人生行爲的最高指導原則，而許衡言論恰與《荀子・解蔽》中的一段文字相呼應：「聖也者，盡倫者也；王也者，盡制者也；兩盡者，足以爲天下極矣。」堯慈舜孝，故宗其道，盡其倫；文王事功，故守其法，盡其制，孔子則能兼具二者，故爲聖人。此外，孔子雖罕言天道性命，然而，對於自然往來運行卻有所效法，並落實於人倫思想中。許衡亦有類似的觀念，以道德意義的「天」爲基礎，擴充其內在的道德意涵：

> 道者何？父子也，君臣也，夫婦也，長幼也，朋友也。此天之性也，人之道也。〔註22〕

> 大而君臣父子，小而鹽米細事，總謂之文；以其可以日用常行，又謂之道。文也，義也，道也，只是一般。〔註23〕

許衡認爲，在太極之先存在著「道」，「道」乃是獨立存在，「道」生太極，進而有「理」，有「理」即有「天地」。許衡在〈稽古千文〉中講：「道生太極，

〔註20〕《魯齋遺書》卷五〈中庸直解〉。
〔註21〕唐君毅：《唐君毅全集》（上冊）（台北：臺灣學生書局，1985 年），頁 95～96。
〔註22〕《許魯齋集・小學大義》。
〔註23〕《魯齋遺書》卷一〈語錄上〉。

函三爲一，一氣既分，天地定位。」許衡所言的「太極」即「元氣」，他認爲「道」在「太極」之前，太極是由道產生的，太極是內涵三種要素的一個混沌，混沌判爲陰陽二氣，形成天在上、地在下，由於天地有造化生育的功能，進而生成萬物。許衡提出「太極之前，此道獨立」的命題，與朱子太極是最高本體不合。不過，這樣的觀點可能是許衡早期受到王弼《周易注》的影響，待思想成熟之後的表述方可看出更多朱熹的影響。許衡的道，不僅是宇宙的本原，尤其具有倫理道德的涵義〔註24〕。或許受朱子以倫理道德的原則講述「理一分殊」的影響：

> 問：去歲聞先生曰，只是一個道理，其分不同，所謂分者，莫只是理一而其用不同？如君之仁、臣之敬、子之孝、父之慈、與國人交之信之類是也？曰：如這片板，只是一個道理，這一路子恁地去，那一路子恁地去；如一所屋，只是一個道理，有廳有堂；……如陰陽，〈西銘〉言理一分殊，亦是如此。〔註25〕

君臣父子國人是儒家倫理秩序中的定位，故〈西銘〉中的「理」就是維繫倫理綱常的主要本源。朱熹將「理」提到很高的地位，甚至做爲聖人傳承的心法：

> 古者聖帝明主之學，必將格物致知以極夫事物之變，使事物之過乎前者，義理所存，纖維畢照，瞭然乎心目之間，不容毫髮之隱，則自然意誠心正。……蓋「格物致知」者，堯舜所謂「精一」也；「正心誠意」者，堯舜所謂「執中」也。自古聖人口授心傳而見乎行事者，惟此而已。〔註26〕

許衡對此有言曰：

> 人而不能明人之倫理，則尊卑上下、輕重厚薄淆亂，而不可統理。其甚者，至於父不父、子不子、君不君、臣不臣、夫婦、長幼、朋友，各不居其夫婦、長幼、朋友之分，豈止淆亂而不可統理，將見禍亂相尋，淪於禽獸而後已。〔註27〕

許衡重視人受天之理而具有道德理性的傾向，若以金末元初的亂局而言，改

〔註24〕 參考張立文：〈元代道的思想〉，收於《中國哲學範疇精粹叢書 —— 道》（台北：漢興書局，1994年）。

〔註25〕 《朱子語類》卷六。

〔註26〕 《朱文公文集》卷十一〈壬午封事〉。

〔註27〕 《魯齋遺書》卷三〈小學大義〉。

朝換代所呈現的君庸臣昏、政出無狀，民不聊生、骨肉相殘的慘狀，再加上
蒙古人燒殺劫掠的政策，許衡宣示儒家人倫大義，有其時代意義。而且，若
能遵循自然法則，人與人之間就沒有衝突，而能和睦相處。此外，對父母而
言，許衡的要求是：

> 事親，大節目是養體、養志、致愛、致敬。四事中，致愛、致敬尤
> 急。所以孝只是愛親、敬親兩事耳。天子之孝，推愛敬之心以及天
> 下，亦惟此二事爲能。刑於四海，固結人心，舍此則法術矣！其效
> 與聖人不相似。父母在，不遠遊，爲子者恃血氣，何所不往，但父
> 母思念之心宜深，體當以父母之心爲心。〔註28〕

先秦儒家指點道德之事是從日常生活爲例，少見西方概念分析式的論辯，這
是因爲中國傳統思想重實用，不同於西方哲學以概念分析見長，但仍可由政
治社會的詮釋進路中，發掘思想的明確意義。如孔子慣從當下提點行仁之
方，孟子論四端以日常生活爲例，許衡也有同樣觀點。他認爲「道」要不離
日用常行之事，體現日常生活的鹽米細事，此乃對空談心性的道學弊端加以
針砭。又言：

> 天下有道，行有枝葉；天下無道，辭有枝葉，愚謂有道則人皆脩行，
> 無道則行實既不克，必脩飾言辭，聖人所謂巧言鮮仁者歟。〔註29〕

此則揭示了道與仁的關係，就孔子思想本身來說，其核心是仁，天人之學、
人倫之德、教育之方、政治之論，皆圍繞著「仁」這一核心展開。綜上，可
知許衡把人倫道德做爲道的內容，而與孔子「仁」的觀念相連繫。此外，許
衡以「聖人」稱呼孔子，乃將其視爲最高的道德理性典範。而針對「巧言令
色」，許衡則有如下批評：

> 巧言令色，人欲勝、天理滅矣！人但當脩心自理，不問與他合與不
> 合，果能自修，天下皆能合，若只以巧言令色求合，則其所合者可
> 知矣！〔註30〕

「巧言」勢必動聽，方可稱「巧」；「令色」勢必好看，方可稱「令」，這種
空談浮言，心口不一的態度是崇尚質樸的儒家所反對的。如朱熹注：「致飾
於外，務以悅人，則人欲肆而本心之德亡矣。聖人辭不迫切，專言鮮，則絕

〔註28〕《魯齋遺書》卷一〈語錄上〉。
〔註29〕《魯齋遺書》卷二〈語錄下〉。
〔註30〕《魯齋遺書》卷一〈語錄上〉。

無可知，學者所當深戒也。」〔註 31〕可見用語之嚴屬。孔子有言曰：「我欲仁，斯仁至矣」，至於「巧言令色」則是一種假仁、不誠，裝模做樣、別有目的、不合宜的，是爲了滿足某種欲望所表現出來的行爲，形成「人欲勝天理滅」的結果。如許衡所處時代中的王文統〔註 32〕、阿合馬〔註 33〕等人皆是，前者陽尊姚樞、竇默、許衡三人爲太子太師、太傅、太保，實則使之遠離皇帝以免阻撓；後者則舉薦許衡爲正二品的中書左丞，名爲尊奉，實需承擔行政瑣事。因此，許衡意欲人們修心自理，求與天合，實則理學家所倡「天理勝而人欲滅」的主張，亦能克制爲惡的可能，發揮本心的眞善，進而與天爲一，亦爲「人文精神」的再現。

（二）人心猶印板，修身在正心

由於外在超越的天是由人來證成，而人的眞實性又必須由心來保證。因此，以心證天的模式便無可避免地成爲儒學的主要特色之一。〔註 34〕先秦孔

〔註31〕 朱熹：《論語集注》卷一〈學而篇〉，《四書章句集注》，頁 48。

〔註32〕 王文統，《元史》本傳載益都人，然王惲《中堂事記》則有異說：「平章政事王文統，字以道，大定府人。」是以李□ 的謀士、岳父的身份入金蓮川幕府，後來位居宰輔，一帆風順，主要是靠劉秉忠、張易等人的推薦，商挺、廉希憲、王惲也讚賞他的才幹。然漢士之間，立場未必一致，儒學正統集團就極力抨擊王文統。而且，王文統所主張的實用路線對反功利的儒臣來說可是離經叛道的行爲。竇默亦言：「然平治天下，必用正人端士，唇吻小人，一時功利之說，必不能定立國家基本，爲子孫久遠之計。然賣利獻勤、乞憐取寵者，使不得行其志，斯可矣！若夫鉤鉅揣摩，以利害驚動人主之意者，無他，意在擯斥諸賢，獨執政柄耳！惟陛下察之。」（《元史》卷一百五十八〈竇默傳〉）或許是因當時北方士大夫有派系界限：山東與懷孟不大調和，所以竇默面折王文統，許衡、張文謙也受王文統排擠。可參看孫克寬：〈元初儒學〉，收於氏著：《元代漢文化之活動》（台北：臺灣中華書局，民國 57 年），頁 124。

〔註33〕 阿合馬，回回人。中統三年（西元 1262 年），王文統被誅，阿合馬主政，極力排擠漢官，並欲以回回法取代漢法，許衡與之抗爭。《考歲略》記載：「阿合馬欲以其子典兵柄，先生以爲不可。謂『國家事權，兵、民、財三者而已。父位尚書省，典民與財，而子又典兵，太重。』上曰：『卿慮阿合馬反側邪？』先生曰：『此反側之道也，古者奸邪，未有不如此者。』」此外，《元史・許衡傳》亦載許衡「從幸上京，乃論阿合馬專權罔上，蠹政害民若干事」，並提醒忽必烈「用人，天子之大柄也。臣下泛論其賢否則可，若授之以位，則當斷其宸衷，不可使臣下有市恩之漸也。」

〔註34〕 由於「人」是中國哲學的核心，又其問題集中地體現在「心性」的範疇裡。理學的重要特點就是對儒家「心性」學說重新解釋並加以發揮，通過「形而上」學的建立，使「心性」提昇到「本體」的高度，以確立人存在於天地間的價值。道德的本心與道德創造之性能爲理學家講學的重點，牟宗三稱之爲

孟心性之說的發展，乃順應人文精神的潮流，並不憑藉外在的天命或人格神
力的賦予，是故，直探道德理性的價值根源外，亦能上侔天道，贊天地之化
育。〈神道碑〉稱許衡「其修己也，以存心養性爲要。」〔註35〕許衡面對時代
的挑戰，必須援引孔孟傳統儒家「心性論」的深度，以便能適應元代的環境
需求。緣此之故，儒學發展至此，內聖之學的討論也成爲不得不爾的發展，
除了是形而上的依據外，亦是下貫至個體實踐的重要部分。《大學》的修養次
第工夫，也在這個思維體系中得以闡揚。許衡亦言曰：

> 聖人之心，固天地之心也。然其處事接物，必以禮義制之，初不問
> 彼之天命何如也。若以孔子之不與者，遽爲天之所厭，則其說反似
> 過高，而有難充其類者。如不見趙簡子，而趙氏之世方興；請討陳
> 恒，而陳氏之族方盛。若以趙氏、田氏爲不義，則可也；若遽以天
> 厭言之，則有礙矣。田橫若不死而仕漢，則酈商必無可友之義；曾
> 子出妻所適之人，曾皙必無受贄之禮。應事接物，恐止以己義制之，
> 不必要彼以天之厭不厭也。今日所見若此，未知何如？〔註36〕

孔子主張由內豁醒道德心性的自覺能力，再外求與天道接榫，進而達到天人
交融的境界。許衡強調人應堅守上天所賦予的明覺理性，而不需全然受制於
客觀命運的安排，此亦突顯人的地位與價值。而且，將聖人境界以「聖人之
心，固天地之心」加以詮解，則可見其將原本是形而下的「心」，提升爲一虛
靈明覺的能力，而有天人合一的表現，乃合於孔子思想。而且，許衡認爲人
能自覺實踐道德工夫，自然能上侔天道，贊天地之化育。如《元史·許衡列
傳》中記載，金元興二年（西元1233年）蒙古兵臨新鄭縣，時兵荒馬亂，而
許衡「嘗暑中過河陽，渴甚，道有梨，眾爭取啖之，衡獨危坐樹下自若。或
問之，曰：『非其有而取之，不可也。』人曰：『世亂，此無主』曰：『梨無主，
吾心獨無主乎？』」許衡因「吾心有主」而不摘梨，在外界物欲的誘惑下仍秉
持著見利思義的道德信念。後人有詩贊曰：「許衡方渴時，不食道旁梨。一梨
食細微，不義寧勿爲。」因此，其所稱「吾之心正，天地之心亦正」，則是指

「心性之學」。他認爲「心性之學」可涵攝「性即理也」與「本心即性」的義
理。相關論述可參考牟宗三：《心體與性體》第一部綜論第一章〈宋明儒學之
課題〉（台北：中正書局，1986年），頁1～61。
〔註35〕《魯齋遺書》卷末〈神道碑〉，頁十一上。
〔註36〕《魯齋遺書》卷八〈論語所否者〉。

人心虛靈不昧，藉由其自覺匡正善惡得失的理性與積極的能動性，將「心」與天之「理」，天所命之「性」合而為一，所謂「心也、性也、天也，一理也，如何？先生曰：便是一以貫之。」〔註37〕「一以貫之」是指一理貫通萬物，三者的貫通為一，是指人經由自覺的道德修養工夫，積極實現自我，因而同天地造化。他肯定心具眾理，所以「故上帝降衷，人得之以為心，心形雖小，中間蘊藏天地萬物之理，所謂性也，所謂明德也，虛靈明覺神妙不測，與天地一般」〔註38〕，「性」乃天之所賦予的本質，「心」能明德，就是基於這樣的本質所做的自覺。而且「道是日常事物當行之理，皆性之德，而具於心。」〔註39〕。他又認為「性」是「心」的本體，所以他說：「性者，心之體。」〔註40〕，這兩個觀點，雖亦能從朱熹的言論中找出類似的看法，但值得注意的是，許衡一面說明心具眾理，性為心之本體，似乎暗示心與性、理兩者不同，且許衡並未說過「心即是理」，他的說辭主要是強調三者的一致性。在生活中，「心之所存者理一，身之所行者分殊。」〔註41〕，天理存在於心中，為宇宙萬物之本體，亦心具理，非心即理；一理散為萬殊，亦體現為人身之所行，可見理一分殊與躬行踐履的關係密切。又如以下這段文字：

> 燕王嘗從容語恂以守心之道。恂曰：嘗聞許衡言，人心猶印板。然板本不差，雖摹千萬紙，皆不差；本既差矣，摹之於紙無不差者。
> 〔註42〕

《元史》卷一百六十四：「王恂，字敬甫……癸丑，秉忠薦之世祖，召見於六盤山，命輔導裕宗，為太子伴讀。……初，中書左丞許衡集唐、虞以來嘉言善政，為書以進。世祖嘗令恂講解，且命太子受業焉。……每侍左右，必發明三綱五常為學之道，及歷代治忽興亡之所以然。」此傳又說他深明算術，助許衡改定歷法，由此可知兩人關係。「人心猶印板」，指人心已修煉到某種不受外在事物影響的地步，故不偏不倚，無過不及。此外，許衡對於「正心」意義也特別強調：

〔註37〕《魯齋遺書》卷一〈語錄上〉。
〔註38〕《魯齋遺書》卷三〈論明明德〉。
〔註39〕《魯齋遺書》卷五〈中庸直解〉。
〔註40〕《魯齋遺書》卷二〈語錄下〉。
〔註41〕《魯齋遺書》卷二〈語錄下〉。
〔註42〕《魯齋遺書》卷十三〈至元書〉。

　　孔子道脩身在正心，這的是〈大學〉裏一箇好法度，能正心便能脩
　　身，能脩身便能齊家，能齊家便能治國，能治國便能平天下，那誠
　　意、格物、致知都從這上頭做根腳來。大概看來，這個當於正心上
　　一步一步行著去，一心正呵，一身正，一家正，一國正，這的便是
　　平天下的體例。〔註43〕

　　經文所言脩身在正心者，爲何？蓋惱怒、畏怕、歡喜、愁慮這四件，
　　是人心裏發出來的情，人人都有，但當察個道理上，不當惱怒卻去
　　惱怒，則惱怒便偏了：不當畏怕，卻去畏怕，則畏怕便偏了；不當
　　歡喜卻去歡喜，則歡喜便偏了；不當愁慮卻去愁慮，則愁慮便偏了，
　　這四件偏了，心便不正，如何能脩得自家的身子。〔註44〕

心的正與不正，取決於是否有所偏執，以及舉止之間是否能合其正道。從〈時
務五事〉可窺一斑：「必如古者《大學》之道，以修身爲本。凡一事之來，一
言之發，必求其所以然與其所當然，不牽於愛，不避於憎，不因於喜，不激
於怒，虛心端意，熟思而審處之，雖有不中者，蓋鮮矣。」〔註45〕若是人心
皆得其正，則各安其位，社會井然有序，這也正是內聖外王的最高理想。許
衡的另一段文字，也呼應這個看法：「凡人心既正了，身又脩得正，在一家之
中，爲父者慈，爲子者孝，一日在朝廷爲官，決忠於君，在家兄弟和睦，在
外與人做伴當老實，心裡慈愛，覷著百姓，恰似覷著家裡孩兒，每一般只要
教百姓快活，便是自己快活一般。」〔註46〕這同時也反映出許衡的學術訴求，
在陳述政治理想、治國方略的同時，亦需兼顧元廷諸帝重視實利的想法。

（三）由「知」「行」體現「學」

　　通常，在儒家思想體系中，知行問題的討論主要是道德知識與道德踐履
的關係問題。在本文中，「行」不是泛指一切行爲，而是指對既有知識的實行。
由於這些問題中經常涉及到生活上的實踐，因而放在工夫論的範疇中討論。
儒家的知行觀，從最早《尚書‧說命中》的所謂「知之非艱，行之惟艱」一
語開始，經先秦孔子的「生知、學知、困知」，孟子的「良知、良能」說，及
荀子的以「行」爲要，認爲「學至於行而止」〈儒效〉的思想發展，至於兩宋

〔註43〕　《魯齋遺書》卷三〈直說大學要略〉。
〔註44〕　《魯齋遺書》卷四〈大學直解〉。
〔註45〕　《魯齋遺書》卷七〈時務五事〉。
〔註46〕　《魯齋遺書》卷三〈直說大學要略〉。

以來，二程進一步深化，系統地論證了知行的先後、難易、輕重等問題。再加上《大學》被廣泛地討論，知行問題便成為非常重要的討論課題。許衡的相關說解如下：

> 二程以格物致知為學，朱子亦然，此所以度越諸子。《大學》，孔氏之遺書也，其要在此。凡行之所以不力，只為知之不真，果能知行之，安有不力者乎！博學之、審問之、慎思之、明辨之，只是要箇知得真，然後道篤行之一句。〔註47〕

由此可知，許衡認為程朱之所以能繼承孔學，超越諸子，乃因格物致知理念的闡發。又，此處的真知力行觀念，實則受程朱的影響。依許衡之意，「真知」意指透過「博學之、審問之、慎思之、明辨之」的學習過程所獲得的知識；「力行」乃是意味由真知所掌握的「道」所付諸實踐的作為而言。就許衡所處的環境下，「真知力行」可謂儒家思想與實踐相結合的時代產物。因此，許衡對格物致知的理解，並非只停留在某種求知的方法與知識的獲得，而是在人能盡理的前提下，擺脫單純集中於認知的探討，因而能在傳統儒家經世思想的主宰下，與知行問題銜接：

> 聖人教人，只是兩字，從學而時習為始，便只是說知與行兩字。不惑、知命、耳順是個知字，只是精粗淺深之別耳！耳順是並無逆於心者，到此則何思何慮？不思而得也，從心不踰矩，則不勉而中。
> 〔註48〕

儒家聖人強調的課題一向是倫理道德，然而，此處許衡卻說只是知與行兩字。實則藉由這樣的論點，強調道德修養工夫中「真知力行」的重要性，亦即表示倫理道德的價值標準應建立在知、行二者的省察之上。許衡所言的省察，意即抓住內心剛剛萌動的念頭，特別的是，他舉孔子在《論語》中揭示的「不惑」、「知命」、「耳順」、「從心所欲不逾矩」等生命歷程為例，作為知行關係的具體實現。許衡亦有言：

> 愛之，能勿勞乎？忠焉，能勿誨乎？忠與愛當如此乃可。世間只兩事，知與行而已。〔註49〕

〔註47〕《魯齋遺書》卷一〈語錄上〉。
〔註48〕《魯齋遺書》卷一〈語錄上〉。
〔註49〕《魯齋遺書》卷二〈語錄下〉。

實則，此乃承繼朱子「大抵學問只有兩途，致知力行而已。」〔註50〕的思想，
也可看出許衡再次強調思考與踐履的重要性。他充份地將理念化爲行動，而
在生活的各層面中開展、顯現。此外，在《論語・雍也》有言曰：「有顏回者
好學，不遷怒，不貳過。」對此，許衡則道：「問不遷怒。曰：是聖人境界之
事也。如何便到得？且自忿思難爲始。」〔註51〕既有道德的知識後，更要學
習如何達到這樣的行爲。因此，所謂的聖人境界是如何進行，如何開始？皆
重在工夫。許衡尚有言曰：

> 閱子史必須有所折衷，六經、《語》、《孟》乃子史之折衷也。譬如
> 法家之有律令、格式，賞功罰罪合於律令、格式者爲當，不合於律
> 令、格式者爲不當。諸子百家之言，合於六經、《語》、《孟》者爲
> 是，不合於六經、《語》、《孟》者爲非，以此夷考古之人而去取之，
> 鮮有失矣！〔註52〕

在此則中，許衡主張以六經、《語》、《孟》爲子史之權衡，實乃朱子道問學之
精神體現，講究學問的探究與實踐，此外，對以往學說的判教，也可視爲不
拘於章句訓詁，而能以道論學的實踐工夫。而從孔子思想來看，乃主張經由
「知」、「行」體現「學」。如《論語・學而》有言：「弟子入則孝，出則弟，
謹而信，泛愛眾，而親仁。行有餘力，則以學文。」因此，對於專意學文之
徒，許衡有如下的批評：

> 今將一世精力，專意於文，鋪敘轉換，極其工巧，則其於所當文者，
> 闕漏多矣。今者能文之士，道堯、舜、周、孔、曾、孟之言，如出
> 諸其口，由之以責其實，則霄壞矣。……德性中發出，不期文而自
> 文，所謂出言有章。止在於事物之間。其節文詳備，後人極力爲之，
> 有所不及。可知無聖人之心，爲聖人之事，不能也。〔註53〕

由上可知，文人若專意爲文，只徒雕琢聖人言語，而未根柢於德性，則本末
倒置。許衡亦有言曰：

> 文之一字，後世目詞章爲文。殊不知，天地人物文理粲然不可亂也。
> 孔子稱斯文也，豈詞章而已矣。三代聖人立言垂訓，皆扶持斯文者
> 也。君臣父子五教，人文之大者也，下至事物皆有文。人有事不順

〔註50〕見《朱文公文集》卷四十八〈答呂子約〉。
〔註51〕《魯齋遺書》卷二〈語錄下〉。
〔註52〕《魯齋遺書》卷一〈語錄上〉。
〔註53〕《魯齋遺書》卷一〈語錄上〉。

者，曰錯了，既曰錯，是文理差舛故也。既文理差舛，則事不成矣。
〔註54〕

許衡把斯文當做一種累積的傳統加以維繫，順應了事物的自然秩序，接續了上古的文化遺產。要特別注意的是，金末元初，南方流行強調心性的理學，北方學術則偏重文藝，當時學者多表面服膺孔孟之道，卻常陽奉陰違〔註55〕，許衡見此，故有上述言論。

（四）見機而作，積極入世

在元代理學環境中，許衡具有其特殊的代表意義，而後人常以他出仕元廷、屢召屢辭而非之，但是，他能在異族統治的時代裡，用儒家思想說服蒙元統治者，足以證明儒學的包容性以及許衡之成就，是故薛文清讚曰：

> 許魯齋自謂學孔子觀其去就、從容眞仕，止久速之氣象也。魯齋召
> 之，未嘗不往，往則未嘗不辭，善學孔子者也。〔註56〕

一般說來，理學家關注於「內聖之學」〔註57〕的建立，對實際政治似乎抱著一種可即可離的意態。儒家一向信奉反求諸己，外王不能實現主要還是應歸咎於內聖尚未完全；雖說內聖與外王可以很容易從邏輯上「一以貫之」，但是，儒學並非純思辨的產物，意義要能全幅展現，則必須放置在生活實踐的歷史脈絡之中。就許衡在元代的政治地位而言，其實是舉足輕重的，他具有濃厚的儒家理想主義思想的傾向，因此，秉於經世致用的理念，並投身於學術和教育工作，追求「道」在政治上的實現就成為許衡一生的志業。他曾有言：

> 問：膽欲大而心欲小，智欲圓而行欲方。曰：膽欲大者，勇於義也。
> 心欲小者，是事謹慎也。智欲圓者，知者樂水，如水之周流無凝滯。
> 齊人歸女樂，膰肉不至。孔子行見幾而作是也。行欲方者，如君子

〔註54〕《魯齋遺書》卷二〈語錄下〉。

〔註55〕金季尊信儒家思想，並以科舉取士，本以經術、詩賦並行，後專重詩賦，金朝國君亦投入詩賦的創作行列中，導致尚詩作賦的學術風氣。對於當時風氣，金人劉祈《歸潛志・辨亡》中有言曰：「當路者惟知迎合其意，謹守簿書而已，爲將者但知奉承近侍，以偷榮幸寵，無效死之心。」

〔註56〕《薛文清讀書錄》卷十四。

〔註57〕所謂「內聖」即內在於個人本身，自覺地作聖賢工夫以發展完全其德性人格。因此，「內聖之學」又稱爲「成德之教」，「成德」的眞實底蘊是在於個人生命中取得一個無限而圓滿的意義。相關論述可參考牟宗三：《心體與性體》第一部綜論第一章〈宋明儒學之課題〉（台北：中正書局，1986年），頁1～61。

止于仁，臣止於敬，父止於慈，子止於孝，各得其所。〔註58〕

據《論語‧微子》所載：「齊人歸女樂，季桓子受之，三日不朝，孔子行。」
由於與魯爲鄰的齊國，深恐魯國重用孔子將不利於齊，因此以女樂迷惑魯君，
破壞孔子爲政。季桓子引魯君往觀，定公果然爲女樂所迷，以致連續三日不
理朝政。此外，魯國郊祭，卻不依禮將祭畢的膰肉分送大夫，孔子即知已無
法在魯國行道，便辭官去魯。在此處，許衡稱孔子「見幾而作」，意指看到事
情發生前的細微跡象，即能有所回應，正突顯君子能有先見之明。此外，孔
子在《論語》中對君子賦予「德性」的定義，是理想人格的化身，也是實現
政治理想的依靠，君子具有完善豐富的人格內涵，是道德典範。除了代表德
性的高尚外，更有積極入世，聖人王者的風範，是教化的推行者，而與政治
有著高度的關聯。此外，許衡曰：

> 孔子不通於時，只爲欲尊君父。當時，魯三家、晉六卿、齊田氏，
> 僭逼如此，孔子之道不能行也，故筆之於經。或曰：「六卿之徒陵僭
> 如此，後嗣如何有國，享數世何也？」曰：「在二氏說便別，在吾道
> 只得言理。《易》曰：『小人而乘君子之器，盜斯奪之矣。上慢下暴，
> 盜斯伐之矣。』當時禮法廢壞，上下如此，故小人乘時奪取之，君子
> 不得也。」〔註59〕

孔子欲實現政治抱負，然卻「斥乎齊，逐乎宋、衛，困於陳、蔡之間」〔註60〕，
無法爲君行道、一展治世長才。而就〈繫辭上‧第八章〉所言：「負且乘，致
寇至。負也者，小人之事也。乘也者，君子之器也。小人而乘君子之器，盜
思奪之矣。上慢下暴，盜思伐之矣。慢藏誨盜，冶容誨淫。」所謂「負」者，
指以背荷物之人，意味身分低賤；「乘」者，出門乘坐馬車之人，意味身分高
貴。此段指出若是小人居高位，則身分與地位無法相配，位尊但德薄，謀大
但知小，任重但力小，則早晚定會有人乘機來奪取他的位子。基於此，許衡
認爲孔子之道不能行，其實在於諸侯的逼迫，這實乃許衡針對元初時局的有
感而發。身處元朝的許衡亦受朝中大臣壓迫，是故，對孔子的遭遇更是心有
戚戚然。對於治國問題，許衡舉孔子之言加以闡發：

> 孔子曰：「政寬則民慢，慢則糾之以猛。猛則民殘，殘則施之以寬，

〔註58〕《魯齋遺書》卷二〈語錄下〉。

〔註59〕《魯齋遺書》卷二〈語錄下〉。

〔註60〕《史記‧孔子世家》，台北：文史哲出版社，1997年10月再版。

寬以濟猛；猛以濟寬，政是以和。」斯不易之常道也。〔註61〕

政之寬猛相濟，亦填補了道統與治統間的空隙。而且，由此可知，孔子的言行皆爲許衡立身處世的準則。在元朝的政治環境下，許衡的言論乃因實際政治運作而發。

二、對孟子的評論

（一）性之善惡

儒家論人性早見於《論語·陽貨》：「性相近也，習相遠也」，有關心性的內涵，常因學派立場相異，而造成切入角度及偏重層面的不同。諸如孟子主性善，荀子則言「人之性惡，其善者僞也」，又如揚雄的善惡混、韓愈的性三品之說，皆本著對心性的不同理解，而提出見解。然而，若能求事之所在，則理方能得當。就「性」而言，許衡批評當時文士常馳騁文筆，有如下評論：

> 凡立論必求事之所在，理果如何？不當馳騁文筆，如程氏文字捏合
> 抑揚，且如論性，說孟子卻繳得荀子道性惡，又繳得楊子道善惡混，
> 又繳出性分三品之說。如此等文字，皆文士馳騁筆端，如策士說客，
> 不求眞是，只要以利害惑人，若果眞見是非之所在，只當主張孟子，
> 不當說許多相繳之語。〔註62〕

其實，在討論人性論的課題時，不免提及以上幾位，但由上述引文中，許衡認爲在論性時，只要說孟子即可，不必牽扯出荀子、揚雄等人的性論，由此可看出許衡宗孟思想。其實，宋儒對人性論問題也多所關注，如周敦頤的《周子全書》卷一〈太極圖說〉所言：「惟人也，得其秀而最靈，形即生矣，神發知矣，五性感動而善惡分，萬事出矣。聖人定之以中正仁義而主靜，立人極焉」，就是強調人受天之理而有某種道德理性的自然傾向，這種傾向，就是張載《正蒙·誠明》說的：「惡盡去則善因以成，故曰繼之者善、成之者性也」，所繼者爲何？其實就是「天理」，也是二程所說的：「有道有理，天人一也，更不分別」〔註63〕，天人共有的部分，而且人稟受此天理之初，沒有階級高低之分，故「性即是理，理則自堯舜至於塗人，一也。」〔註64〕朱子則將伊

〔註61〕《魯齋遺書》卷一〈語錄上〉。
〔註62〕《魯齋遺書》卷一〈語錄上〉。
〔註63〕《二程集·河南程氏遺書》卷二。
〔註64〕《二程集·河南程氏遺書》卷十八。

川「性即理」與橫渠「心統性情」當作思想之綱領。〔註65〕因此，「性是太極渾然之體，本不可以名字言」〔註66〕。朱熹曾說：

> 性者，人之所得於天之理也；生者，人之所得於天之氣也。性，形而上者也；氣，形之下者也。人物之生，莫不有是性，亦莫不有是氣。然以氣言之，則知覺運動人與物若不異也；以理言之，則仁義禮智之稟，豈物之所得而全哉？此人之性所以無不善，而爲萬物之靈也。〔註67〕

此處的「性」源於「理」而來，是人之所以無不善的原因；「氣」是人與物同，由之產生不循理而有爲惡的可能。在朱熹的思想體系中，「氣」是一個和「理」相對待的哲學範疇，它的含義一是指宇宙萬物生成的基礎，構成萬物的物質材料；一是指形成人物之別，賢、愚之殊的內在因素，即氣質之性。而在陸九淵的思想體系裡，雖然也大談氣質之性的問題，以爲其人性論尋求客觀根據。但是在他的概念中，「氣質」只是一個生理、心理意義上的問題，它的哲學價值是作爲「心蔽」的外界原因之一而已。他說：「人亦有善有惡，天亦有善有惡，豈可以善皆歸之天，惡皆歸之人？」至於以許衡而言，他專主孟子道性善，但性既是善，性中有何以爲惡？許衡以氣加以解釋，即所謂「爲惡者氣，爲善者是性」，許衡從「氣稟」和「物欲」對造成人性不善的因素做分析。許衡認爲「心」因爲蘊藏天地萬物之理，就被稱爲「性」，也因而具有「明德」和「虛靈明覺神妙不測」的能力。「心」之所以能與性理合一，必與性理兩者的內涵有某種相容性。如果心具此明德明覺能力，那麼，這樣的能力與心蘊藏天地萬物之理的關係爲何？心蘊藏天地萬理是隱而不發的，經此明覺能力發動後，得以彰顯；還是心蘊藏天地萬理原已如此，昭然若揭，明覺能力使之推向至善的地位呢？答案顯然是後者。「性」在許衡的觀念中，是「理」降於人的純善本質，指人所受的天賦之理，故「天生人物，既與之氣以成形，必賦之理以爲性，便是天命令他一般。所以說天命之謂性。」〔註68〕，性就是理的化身，先天地存在於人物之中，這樣的說法

〔註65〕朱子認爲伊川之「性即理」乃「直自孔子後，惟是伊川說得盡。」見朱熹撰、黎靖德編：《朱子語類》（台北：文津出版社，1986年），卷九十三，頁2360。

〔註66〕〈答陳器之〉。

〔註67〕《論孟集注》卷十一。

〔註68〕《魯齋遺書》卷五〈中庸直解〉。

來自朱子所說：「性只是理，萬物之總名。此理亦只是天地間公共之理，稟得來後便爲我所有。」〔註69〕，實繼承二程性即理的看法〔註70〕，將天人關係透過天賦之理的轉換，使兩者立於某種共同的基礎上，才有合一的契機。而且，「凡物之生，必有此理而後有是形，無理則無形。」天生人物，必有理、有氣，缺一不可。言理必兼氣，可見由天道至人性的詮釋路數。因此，許衡認爲「凡言性者便有命，凡言命者便有性」〔註71〕，天人合一的意義就在此處得以彰顯。此外，許衡亦適度運用張載「合虛與氣，有性之名，虛是本然之性，氣是氣稟之性」〔註72〕，不過，張載的「虛」是太虛之氣，即處於本然狀態的氣，「氣」則是陰陽二氣。許衡有時將陰陽二氣與天地相提並論，直接稱爲「天道二氣」。他說：「天道二氣，此一氣消縮，彼一氣便發達。此一氣來，彼一氣必往，無俱往並發之理。」陰陽二氣的消長變化便是天道。許衡的天道觀念有二：其一，理與物相即不離，同時存在，無有先後；其二，理是本原，有理然後有物。因此，許衡將「理一分殊」解釋成爲「理一氣殊」：「性者即形而上者，謂之道，理一是也；氣者即形而下者，謂之氣，分殊是也。」〔註73〕許衡對此加以發揮，肯定《中庸》其始言一理，中間發見爲萬事，其末又復歸一理。他說：「這一書始初說性命源於天，只一個理；到中間卻散爲萬事。如達道達德、九經三重之類，無所不備；及至末章推到上天之載，無聲無臭，又只是一理。」〔註74〕雖有道德九經三重等道德科目的不同，匯歸於一，仍回到「理」的最後根源處。在此意義下，「天人合一」的契機就在於這徹上徹下的「理」之中。許衡把「氣」解釋爲本然之性時，這裡的「虛」乃是指「理」，已非張載原意，而是與朱熹「虛只是說理」相同。此外，透過道德修養，可使心不受外在誘惑，進而經由心所天賦具有的明覺本質，回歸到性的純然至善境界。而且，許衡重視人性修養問題，方法也不脫朱子範疇。主要內容有三：持敬、存養、省察，這種道德踐履有助於儒家綱常名教的維繫，是建立穩定秩序所必需的，這在元初社會條件下是具

〔註69〕《朱子語類》卷一百一十七。
〔註70〕程頤以理爲性，《遺書》卷十八：「性即是理，理則自堯、舜至於塗人，一也。」
〔註71〕《魯齋遺書》卷一〈語錄上〉。
〔註72〕《魯齋遺書》卷二〈語錄下〉。
〔註73〕《魯齋遺書》卷二〈語錄下〉。
〔註74〕《魯齋遺書》卷五〈中庸直解〉，此說法乃與程顥相同。程顥：「《中庸》始言一理，中散爲萬殊，末附爲一」，可見本體之理體在萬事萬物中，是萬物之所以存在的根據。

有特殊意義的。進行許衡心性論的考察，不僅可以檢討他與朱陸的關係，也可看出他學術思想系統的價值。

（二）「盡心」與「知性」

《孟子‧盡心》中談到：「盡其心者，知其性也；知其性則知天矣。」孟子的心性思想體現爲一種次第關係，在表述上，盡其心便可養性、事天。心者，思慮之官，應萬事、悟眾理，皆是心的作用；性者，乃是心之所具。若能「存心」，以操而不捨的態度應之，即所謂「養性」，便可順而不害。存心所以養性，養性亦即所謂存心，性既爲天所賦，則存心養性即可以事天。因此，人之修養乃是盡心知性、事天履事的事業。許衡對此有如下說解：

> 孟子曰：「存其心養其性，所以事天也。」又曰：「事孰爲大？事親爲大；守孰爲大？守身爲大。」此孝子仁人之心也，人當知所本，當知所尊敬。〔註75〕

> 盡其心者，知其性也，知其性則知天矣。在《大學》所謂物格知至也。是知到十分善處也，存其心、養其性，所以事天也。在《大學》所謂意誠心正是也。行到十分善處也，存謂操而不捨，養謂順而不害，事謂奉承而不違也，常存養其德性，而發爲惻隱、羞惡、是非、辭讓之情，不使少有私意變遷，夫如是乃所以事天也，或夭或壽，一聽天之所爲，不敢有二心，此則盡心知性之功，至修身以俟之，則事天以終身，此之謂立命也。〔註76〕

許衡有關「心」的意義，乃是強調其作用義，而非本體義，「心」雖有知覺「理」的能力，但如何能掌握「理」的涵義並付諸實行，就有賴於「心」的作用。《語錄》卷二：「釋氏有所謂如意寶珠……反身而誠，樂莫大焉。」許衡明確指出，人的德性如佛學所謂「如意寶珠」一樣，就在心中，明心便能見性，存心便能識天理。只要在心中眞積力久，存心以養理，就能無不如意，從心所欲不踰矩了。又，許衡說：「人心本體，至靈至虛，莫不有個自然知識。」〔註77〕，依程朱，人心的本體是「理」，它是自然的法則，人若要掌握這個自然法則，便必須透過「即物窮理」的工夫，對知識加以積累而匯通。與朱熹天理範疇

〔註75〕《魯齋遺書》卷二〈語錄下〉。
〔註76〕《魯齋遺書》卷二〈語錄下〉。
〔註77〕《魯齋遺書》卷四〈大學直解〉。

的細微差異在於，許衡開始強調心對天地萬物之理的蘊藏功能：「故曰立天下之大本，於天地之化育，陰陽屈伸，形色變化，皆默契於心，渾融而無間，故曰知天地之化育。這經綸大經、立大本、知化育三件事，都從聖人心上發出來。」〔註78〕「渾融而無間」是指天人之間默契爲一的狀態，聖人是儒家道德的最高典範，在朱熹看來，心是人的知覺認識能力，是人的行爲主宰；然而在陸九淵看來，心是人的倫理本能，是人的本質所在。他說：「精神自作主宰，萬物皆備於我，有何欠缺，當惻隱時自然惻隱，當羞惡時自然羞惡，當寬裕溫柔時自然寬裕溫柔，當發強剛毅時自然發強剛毅。」基於此，陸九淵反對朱熹關於人心與道心的區分，以爲人心道心只是從不同方面描述心的性質和狀態，如果強將二者對立起來，則分明是「裂天人爲二」，從理論上也很難說得通。因此，〈語錄下〉中所謂「盡心」、「知性」、「知天」、「事天」、「立命」是理學家藉由人性論的反省，結合天人合一的思想所建構出的思想體系。許衡將此觀念加以落實，強調「事天」是儒家傳統思想的終極關懷，應知其本、知所尊敬，此乃將天理的意識作爲倫理價值的根源，透過道德理性的自覺，上應天道，人之修養上合於天，建構出渾然一體的進程，這也體現了天人合一的思想。而且，其中已不關乎道德的自信而已，而是人生於世的責任，以及儒者應有的道德自覺。然而，值得注意的是，許衡在心性的認知方面，強調的是由「知性」而「盡心」：

> 知其性，是物格；盡其心，是知至也。先知其性，然後能盡心，非盡其心，而後知其性。〔註79〕

這與孟子「盡心」「知性」的路數迥然不同。許衡認爲，倘若格物未到盡處，亦即知性未盡，亦即理有未窮，最終心也未盡。看來能否盡心，完全是依知性爲前提，這不但是許衡與孟子的不同，也是許衡與陸九淵心學大不相同的地方。許衡的理學思想，主要是延續朱子學的方向，以朱爲主；就心而論，對理、心、性、天作出統一的解釋，以「心有知」去識「物之理」，總存在著陸九淵的心學理論，又以「知性」而「盡心」，顯示著與孟子的不同。綜合許衡的哲學思想，把他的理學範圍在「朱主陸輔」之間，既是許衡理學的特點，也代表著元朝理學的基本方向。

〔註78〕《魯齋遺書》卷五〈中庸直解〉。
〔註79〕《魯齋遺書》卷二〈語錄下〉。

三、儒家工夫論

在討論完孔、孟人生的價值、意義等問題後，則需要落實於生活的實踐中，是以有工夫論的提出。從人存有者的角度，經由修養的程序，一步步地朝著聖賢目標前進。這種自我修養的工夫一向為儒家思想所強調主張，而且，道德實踐必得透過無窮盡的工夫修養才能獲致無限而圓滿的安頓。茲分為「克己復禮」、「仁義問題」、「知行一事」、「外王思想」四部分加以說明：

（一）克己復禮

《論語・顏淵》：「顏淵問仁，子曰：『克己復禮為仁。一日克己復禮，天下歸仁焉。為仁由己，而由人乎哉？』顏淵問：『請問其目。』曰：『非禮勿視，非禮勿聽，非禮勿言，非禮勿動。』顏淵曰：『回雖不敏，請事斯語。』」孔子對「仁」的界定，主要有二：其一為寬厚愛人的德性，其一為〈顏淵篇〉的以仁律己。朱子對此有如下注語：「故為仁者，必有以勝私欲而復於禮，則事皆天理，而本心之德復全於我矣」〔註80〕引天理人欲為說，克己復禮遂成為全心德、應天理的工夫。許衡對此曾有以下言論：

> 問：「學者當學顏子，入聖人為近有用力處，學得不錯，須是學顏
> 子。」曰：「從自己身上用力，克己復禮是矣。」〔註81〕

許衡曾自言「志伊尹之志，學顏子之所學」〔註82〕，此言可上溯見於周濂溪、朱熹文集中，皆可見對顏淵的推崇。上述引文說明許衡的「克己復禮」是「做工夫」，必須「從自己身上用力」，因此強調親身體驗。這樣的觀念如朱熹所言：「克己復禮本非仁，需從克己復禮中尋究仁在何處，親切貼身體驗出來，不需向外處求。」〔註83〕此外，許衡又言：

> 君子存誠克己就義，始若甚難，終知甚易，可委者命，可憑者天，
> 人無率爾，事有偶然，舍苗不耘，助而揠之，固為有害，其害甚大。
> 既徵於色，又發於聲。天道無他，庸玉汝成。〔註84〕

> 問克己復禮，此一句有似閑邪存誠。先生曰：「也似。」〔註85〕

〔註80〕〔宋〕朱熹：《論語集注》卷六〈顏淵篇〉，《四書章句集注》，頁131。
〔註81〕《魯齋遺書》卷二〈語錄下〉。
〔註82〕《魯齋遺書》卷一〈語錄上〉，頁7。
〔註83〕〔宋〕朱熹：《朱子語類》卷二十，頁470。
〔註84〕《魯齋遺書》卷九〈與張左丞〉。
〔註85〕《魯齋遺書》卷二〈語錄下〉。

因此，克己復禮，意即用禮以約束自己，是一種工夫，歸仁則爲結果。若細分之，「克己」即克制自己的私欲，與「閑邪」主張防止邪念滋生同義；「復禮」則意即使言行舉止合乎禮節。本來是爲了復禮，然而其結果卻使手段高於目的，被孔子所發掘所強調的「仁」——人性心理原則，反而成了更本質的東西，人倫關係的行爲規範（禮）服從內的心理（仁），也由於強調內在的心理依據，也使「禮」實際從屬於「仁」。

由此可知，人固然要有道德本諸天生的自信，但也要有戒慎恐懼的自律。而且，值得注意的是，此處的「禮」非指禮俗，乃是重在情義的部份。與「存誠」中保存誠實之心有相同旨意，故能互爲比類。而且，原本舉止行動的規箴遂有去私欲，回歸人心的存養，彰顯天理流行的崇高目標。除此之外，顏淵爲儒家道德的代表，爲四科中的「德行」，許衡或有意以之爲努力標的，因而以此爲例。至於許衡解釋《中庸》的「誠者，天之道也；誠之者，人之道也」時說：

> 誠是眞實無妄之謂，天賦與人的道理，無一些人爲，這便是天之道也。誠之者未能眞實無妄，要用力到那眞實無妄的地步，人是當得如此，這便是人之道也。〔註86〕

> 天下之物徹頭徹尾都是實理所爲，如草木春來發生，便爲物之始；秋來凋落，便爲物之終，故曰誠者物之終始。若就人心說，爲子不誠實孝親，便無父子之倫，爲弟不誠實敬兄，便無兄弟之倫，故曰不誠無物。故曰所貴者惟在誠實此心而已。故曰君子誠爲貴。〔註87〕

「誠實此心」是忠實的呈現良知本心無妄的一面，「誠」是天理的境界，此外，許衡舉子思之言解釋：

> 聖人至誠之功用，其博厚配地者，不待示見於人，自然章著，與地之品物流行一般。其高明配天者，不待動作自然變化，與天之雲行雨施一般。其博厚高明悠久無疆者也，不待有所施爲，自然成就，與天地成物，各正性命一般。吾誠功用之妙蓋如此。〔註88〕

> 反身而誠，是氣服於理，一切順理而行。氣亦是善，豈有損於其間？強恕而行，是氣未服順。理當西而氣於東，必勉強按服。必順於理，

〔註86〕《魯齋遺書》卷五〈中庸直解〉。
〔註87〕《魯齋遺書》卷五〈中庸直解〉。
〔註88〕《魯齋遺書》卷五〈中庸直解〉。

　　然後可也。〔註89〕

「反身而誠」是指修養自我而達到誠的境界，「氣服於理」則是就修養的過程而言，惟有氣服於理，方能完成反身而誠的理想。

（二）仁義問題

　　《論語・衛靈公》：「義以爲質，禮以行之。」由此可知，義是作爲禮的本質，禮用以行義，又「義者，宜也。」故「義」是否落實，端看仁的規範。由於元儒尚實用，因此，雖講仁義，實則落實於生活實踐中，是以將此歸於工夫論中討論。《魯齋遺書》中曾有記載：

> 陽貨以不仁不智劫聖人，聖人應得甚閒暇。若他人，或以卑遜取辱，
> 或以剛直取禍，或不能禦其勃然之勢，必不得停當。聖人則辭遜而
> 不卑，道存而不亢。或曰：「孟子遭此如何？」曰：「必露精神。」
> 〔註90〕

就以上的敘述來看，乃依層次展開。對於陽貨的不仁不智，有的人以退讓應之，有的人則因剛直而致禍，有的則發怒，然而，聖人卻是從容對之，亦即孟子所稱「孔子，聖之時也。」〔註91〕能夠拿捏分寸，不執一。就此，突顯出境界高低的不同，可見對孔子的推崇。此外，對於孟子遭此如何，許衡則以「必露精神」言之，乃指顯現「大丈夫精神」。孟子養一股正氣，不爲邪氣所侵擾，全仗集義而行。由自身之大氣磅礡凝成一股浩然之氣，因此，擁有廣大胸襟、意志高遠的孟子，暴力、威脅也不能挫折他的志氣。但從許衡對孔、孟的不同稱呼，一稱聖人，一稱孟子，以及對於兩人遇事態度的不同觀點，可知許衡對孔孟，實有至聖、亞聖之分，而嚮往孔子境界〔註92〕。認爲孔子是眞正的聖人，凸顯其成爲世俗理想人格的價值與地位；孟子則只有沛然正氣，文辭犀利，但做人處世卻不如孔子圓融。其實，從許衡作爲來看，其人身處朝代更替，異族入主，居爲客觀現實，則順應時勢，仕於元朝，維

〔註89〕　《魯齋遺書》卷二〈語錄下〉。
〔註90〕　《魯齋遺書》卷一〈語錄上〉。
〔註91〕　見《孟子・萬章下》。
〔註92〕　參考陳正夫、何植靖：《許衡評傳》（南京：南京大學出版社，民國 84 年），
　　　　　頁 126～127。書中提到許衡「對孔子的評價」，列有四點推崇之因：其一，宗
　　　　　堯舜之道，傳文王之道，道德廣厚高明；其二，法其自然，知天地之化育；
　　　　　其三，影響大，遍於日月所照；其四，爲群眾所擁護，凡有血氣而爲人類者，
　　　　　一一尊之爲君王。

繫儒學不墜，因此，不免遭人非議，然而，從他對孔子的高度推崇中，或許可視為「借他人酒杯，澆胸中塊壘。」而對孔子之道，許衡則以「仁義」兼之：

> 聖人之道，惟仁與義。仁，則物我兼該；義，則職業有分。體用參錯，莫可相離。故語仁而不及義，非仁也，其流必入於兼愛；語義而不及仁，非義也，其弊必至於為我。考〈西銘〉「理一分殊」之說，尤為著明，四、五年來，孰此為是？用是心以揆昔者人亡人得之說，故卒難領會。近又推而論之，似終有不可行者。且弓之為物，細物耳。雖曰人亡人得而勿求，其失未甚顯也。使楚子忘其失，人亦曰人亡人得而勿問，則已不可也。況桀紂所失之天下，即湯武所得之天下，使曰人亡人得而勿恤，則是淫暴之惡未可非，而天命之斷未足懼也。其可乎哉！竊謂楚於亡弓之初，當趣令求之，求之不得，當自反，曰：「我蒞事不敬也，委政非人也，往者既不可追矣。繼自今日兢兢焉，業業焉，任賢使能，俾無再失，則庶乎！」古人改過，不吝克勤小物之義，今乃舍此，不務以能忘為貴，則是既失於外而遂遺其內也。職業不守，而以溥博自居，無乃近為兼愛之說歟！〔註93〕

此段以《孔子家語》中的「亡弓」〔註94〕闡發仁義的關係，亦有孟子「居仁由義」的脈絡，內懷仁愛之心，行事遵循義理。重點在於讚揚儒家任賢使能，並說明道家坐忘、墨家兼愛：道家講齊物逍遙，故能坐忘；墨家視人如己，是能兼愛；儒家則愛有等差，由己而人，由人而物，而與任賢相合。若是自居為廣大周備，則與兼愛無異。此外，許衡亦有言曰：

> 孔子道一家仁，一國興仁，如堯帝舜帝行仁，天下皆行仁，桀王紂
> 王不行仁德，政事暴虐，待教天下行仁，百姓怎生行得仁？〔註95〕

在此，許衡以孔子之言為出發點，意欲元代君主應以蒼生為念，以仁義為懷，而能施行仁政。《周易・乾卦・文言》曾說元亨利貞代表著仁禮義正四德，君子能行四德便可大吉。許衡巧妙地抓住了元與仁相配並稱的關節點，用以闡述行仁政便得治世的思想。《魯齋遺書・語錄上》：「仁為四德之長，元者善之

〔註93〕《魯齋全書》卷八〈家語亡弓〉。
〔註94〕參考〔清〕陳士珂：《孔子家語疏證》（台北：臺灣商務印書館，民國57年）。
〔註95〕《魯齋遺書》卷三〈大學要略〉。

長。前人訓元為廣大直是有理。心胸不廣大，安能愛敬？安能教思無窮。容
保民無疆？仁與元俱包四德，而俱列並稱，所謂合之不渾，離之不散。元者
四德之長，故兼亨、利、貞；仁者五常之長，故兼義、禮、智、信。」由此
可看到，許衡煞費苦心地尋繹經典，一再強調「仁」與「元」的密切關係，
絕非一般的解經說義，而是意在暗喻：元朝仁政，是早在聖賢經典中就有了
定數的。〔註96〕在《元文類‧經世大典序錄》也可看到蒙古人順天承運的相
關論述：

> 聖祖之生，受命自天。肇基朔土，龍備虎躍，豪傑之附。歷艱難而
> 志愈厲，處高遠而氣彌昌。神明協符，以聖繼聖。至我太祖皇帝而
> 大命彰、大號著、大位正矣。於是東征西伐，莫敢不庭。大王小侯，
> 稽首奉命。而聖子神孫，德日以隆、業日以聖。靈旗所向，如草偃
> 風。至於世祖皇帝，天經地緯，聖武神文，無敵於天下矣……〔註97〕

同時，許衡並不流於經典說教，而是以歷史角度，闡明了為君治國推行仁政
的重要。對於元朝穩定統治秩序，推動多民族統一國家向前發展，具有重要
意義。因此元人蘇天爵說：「昔我世祖皇帝既定天下，淳崇文化……而文正之
有功於聖世，蓋有所不可及焉。」〔註98〕從中也可看出許衡以天命解決仕元
問題，並說明從夷的合理性。

　　許衡目前留下來的文獻中，多為針對《六經》或程朱先儒之說，或摘錄、
或引申、或補充，也因此《魯齋遺書》中說他「《中庸說》、《語錄》等書，乃
雜出於眾手，非完書也。」〔註99〕而且，許衡的思想可以說是對先秦儒家的
轉變，看似能夠調適而上遂，得先秦之真緒，實質上乃是另立典範，以反映
時代需求。

第二節　對先秦道家思想的評論

　　元初時局混亂，北方長期異族入主，儒學受到挑戰，再者，蒙古初起之
際，雖以薩滿信仰為主，但統治階級的宗教政策仍相當寬鬆，草原內諸教並

〔註96〕相關資料可參考周少川：《元代史學思想研究》（北京：社會科學文獻出版社，
　　　　2001年），頁17～18。
〔註97〕〔元〕蘇天爵：《元文類》（台北：世界書局，民國51年）。
〔註98〕〔元〕蘇天爵：《滋溪文稿‧卷五‧伊洛淵源錄序》。
〔註99〕《魯齋遺書》，頁88。

存，對境內的佛教、道教、基督教、伊斯蘭教等都能兼收並蓄〔註100〕，又由於邱處機〔註101〕與成吉思汗的密切關係，道教在元初更獲得了優越於其他各派的有利條件，全真道發展到了鼎盛階段〔註102〕。據《元史・釋老》所載，王重陽之弟子邱處機奉成吉思汗詔率弟子北上後，成吉思汗尊他為神仙，使之在朝野中身價頓增，成為北方道教的風雲人物〔註103〕，全真道聲勢愈隆，由是「玄風大振，化洽諸方，學徒所在，隨立宮觀，往古來今，未有如何之盛也。」〔註104〕，「山林城市，廬舍相望，什百為偶，甲乙相授，牢不可破」〔註105〕因此，釋道之風，遠勝儒家思想。窩闊台汗時期，最初的國子學〔註106〕

〔註100〕 關於蒙人的宗教信仰，可參見札奇斯欽：《蒙古文化與社會》（台北：台灣商務印書館，民國81年）；胡其德：〈蒙古碑刻文獻所見統治者的宗教觀念與政策〉、鄭素春：〈元代全真教主與朝廷的關係〉，兩文收入《蒙古元史研討會論文集》（台北：中華民國讀書會發展學會，民國88年）。

〔註101〕 相關資料可參考〈元邱處機年譜〉、〈成吉思汗信任邱處機這件事對於保全中原傳統文化的貢獻〉，收於姚從吾：《東北史論叢》下冊，頁214～276。

〔註102〕 全真道興起於金代，是北方最大的道教宗派，其創始人為陝西咸陽人王喆，自號重陽子。他發現道家的清靜無為、佛家的禪定、儒家的真實無妄等思想有相近之處，於是提出儒釋道三教同源論。關於金元之際全真教的歷史，可參看陳垣：《南宋初河北新道教考》，1962年，頁1～80。

〔註103〕 王重陽（1112～1170），原名中孚，字允卿，後易名德威，字世雄，入道後改名喆，字知明，號重陽子。從其受教弟子甚多，凡宗其道者，皆號全真道士。重陽君化行山東、功果圓滿，於大定九年西歸，至汴梁病，次年正月仙去。歸葬故里劉蔣村。至元代全真教大行於天下，元世祖忽必烈於至元元年（西元1269年）封全真教祖師王重陽為「重陽全真開化真君」。其弟子邱處機，登州棲霞人，自號長春子。兒時，有相者謂其異日當為神仙宗伯。年十九，為全真學於寧海之崑崙山，「重陽一見處機，大器之。金、宋之季，據遣使來召，不赴。」詳參《元史・釋老》卷二百二，頁4524～4526。

〔註104〕 姚志真：《雲山集》卷七，〈終南山樓雲觀碑〉。

〔註105〕 〔金〕元好問：《遺山先生文集》卷三十五〈紫微觀記〉（上海：商務印書館，四部叢刊集部），據烏程蔣氏密韻樓藏明弘治戊午刊本影印。

〔註106〕 國子學是中國歷代培植貴冑子弟的機構，有時獨立存在，有時與太學兼行。這兩個機構不僅負有教育的任務，也具有重大的政治意義。然而，蒙古國子學的宗旨則顯然不同，帶有強烈的「家產制度」（patrimonialism）色彩。政府是皇室家務機構的延伸，而官員則視為黃金氏族（AltanUrugh）的家臣，世代相襲，用人最重根腳，官貴子弟在皇家衛隊——怯薛（Kesig）中歷練後，便可出任官職，原不必經由學校。因此，國子學的意義，不在於貴遊子弟登用資格的養成。它是蒙古汗廷為適應新的政治情勢，而企圖涵化蒙漢菁英的第一所教育機構。相關論述可參看蕭啟慶：〈大蒙古國的國子學——兼論蒙漢菁英涵化的濫觴與儒道勢的消長〉，《蒙元史新研》（台北：允晨出版社，民國83年），頁88。

甚至由道士主持，〔註107〕一直到至元八年（西元 1271 年）許衡奉命主持國子學，才將國子學的掌控權從道士手中奪回，即便如此，儒者與道士的爭奪權並未立即停止。據蕭啓慶研究，「衍聖公特權恢復有賴於釋、道二家扶持一事反映出大蒙古時代儒家勢力遠弱於釋、道。蒙古人對宗教爲國祈福及羈縻人心之作用本有認識，故界予釋、道二教特權甚早」〔註108〕、「大蒙古時代衍聖公府之恢復可說是中央及地方漢人官員（包括漢化契丹人）及釋、道二教相互合作，殫心戮力的結果。衍聖公府及諸聖子孫原是中國傳統文化之象徵。在傳統文化面臨空前危機時，各種漢人勢力破除畛域，共同予以維繫，甚爲自然。」〔註109〕此外，隨著道教的發展與繁榮，作爲本教經典的《老子》，也自然會受到高度重視〔註110〕。身爲一介儒士的許衡，在面臨這樣的情況，則對道家思想有如下的批評：

一、對老子的評論

儒家和道家，都是中國文化的重要組成部分。許衡站在鞏固和維護封建治道的立場，持的是尊儒非道的態度，而且，《魯齋全書·通鑑》稱許衡「凡喪祭一遵古制，不用佛老」〔註111〕，雖說在元代，居統治地位的是儒家思想，但道家思想仍有影響。在許衡眼中，儒家的道德仁義之說，乃是經世濟民的惟一良方，正由於儒學以正道公心爲準，發爲仁義道德之舉，故能正大光明。而許衡評論老子最具體的如下所述：

〔註107〕關於大蒙古國國子學的主持人與職責區分，〈蛇兒年聖旨〉：「教陳時可提領選揀好秀才二名管勾。並見看守夫子廟道人馮志亨，及約量揀選好秀才二，通儒道人二名，分作四牌子教者。」，收於《析津志輯佚》，頁 197～198。

〔註108〕蕭啓慶：〈大蒙古國時代衍聖公復爵考實〉，《蒙元史新研》（台北：允晨出版社，民國 83 年），頁 60。

〔註109〕蕭啓慶：〈大蒙古國時代衍聖公復爵考實〉，《蒙元史新研》（台北：允晨出版社，民國 83 年），頁 61。

〔註110〕宋元其實是道教發展的興旺繁榮時期，此乃與帝王們的崇道政策密切相關，然而，帝王們推崇道教，固然有嚮慕神仙、追求長生不死之願望，但並非完全出於對宗教的虔誠，而主要是想借道教的力量以鞏固王朝的統治。道教與政治的結合，反映了道教的文化觀念、政治功能與封建統治階層利益的一致性，它們之間存在著互相利用的關係，此時期可謂是道教政治化。相關資料可參見劉固盛：《宋元老學研究》（成都：巴蜀書社，2001 年 8 月），頁 19～25。蕭啓慶：〈元代的宿衛制度〉，《元代史新探》（台北，1983 年），頁 59～111。

〔註111〕《魯齋全書》，頁 59。

> 老氏言道德仁義禮智，與吾儒全別，故其爲教大異。多隱伏退縮，
> 不肯光明正大做得去。吾道大公至正，以天下公道大義行之，故其
> 法度森然，明以示人。雖然三代以前人，忠厚篤實，必不如老氏所
> 說。老氏，衰世之書也。其流必變詐刻薄，知老氏之所長，復知老
> 氏之所短，可也。後世澆薄，不如三代篤實，或可以老氏濟之，如
> 文帝子房之所爲是也。〔註112〕

張良奉行黃老之術，諳知君王南面之術，深知劉邦打天下急需人才，這一特
殊歷史階段，或多或少允許屬下的澆薄行爲，然而一旦天下建立、政權穩定，
則劉邦已從沛公躍爲天子，因此張良抱持「功遂身退，天之道也」的思想，
表示「始臣起下邳，與上會留，此天以臣授陛下。陛下用臣計，幸而時中，
臣願封留足矣，不敢當三萬戶。」〔註113〕張良始終遵從道家「知其雄，守其
雌」〔註114〕，力辭不受。其人「不自伐故有功，不自矜故長」〔註115〕，可看
出柔中帶剛、棉裡透針的個性。是故得以離開權勢鬥爭，及相互傾軋的是非
漩渦。這是許衡以張良爲例對老子學說的批評，其要點有二：

（一）道德仁義禮智，與吾儒全別

許衡站在「吾儒」的立場對道家進行批判，他指出，道家所講的「道德
仁義禮智」與儒家「全別」。他比較二者，認爲儒家之道「大公至正」，道家
則是「爲教大異」。《老子‧第三十八章》曰：「上德不德，是以有德；下德
不失德，是以無德……故失道而後德，失德而後仁，失仁而後義，失義而後
禮。夫禮者忠信之薄而亂之首。前識者道之華，而愚之始。」老子認爲人文
社會的仁義道德都是桎梏，所以予以否定。憨山大師則爲其說解：

> 此言世降道衰，失眞愈遠，教人當返其本也。所言道，乃萬物之本。
> 德乃成物之功。……道無眞僞，而德有眞有僞矣，此世數淳薄之辨
> 也。德又下衰，……於是始有仁義之名，……此又下衰，仁義之下，
> 則禮爲上矣。禮則但以虛名爲尚，不復知有仁義，……此所以爲忠
> 信之薄，而亂之首也。故其德下衰，至此已極，聖人亦無可爲天下
> 之具矣。故失道而後德，失德而後仁。失仁而後義，失義而後禮。

〔註112〕《魯齋遺書》卷一〈語錄上〉。
〔註113〕《史記‧留侯世家》。
〔註114〕《老子‧道經》第二十八章。
〔註115〕《老子‧道經》第二十三章。

故禮乃忠信之薄，為亂之首也。所以愈流愈下者，乃用智之過也。

〔註116〕

但朱熹曾對老子思想進行批評：「老子說：『失道而後德。』他都不識，分做兩箇物事，便將道做一箇空無底事看。吾儒說只是一箇物事，以其古今公共是這一箇，不著人身上說，謂之道。德，是全得此道於己。他說：『失道而後德，失德而後仁，失仁而後義。』若離了仁義，便是無道理了，又更如何是道。」〔註117〕又曰：「大凡老子之言，與聖人之言全相入不得也。雖有相似處，亦須有毫釐之差，況此本不相似耶？」〔註118〕大抵來說，老子被視為異端，而受到抨擊，是由於其思想與儒家之言有許多根本上的差異。許衡承繼朱子說法，而指出老子與儒家所論是不同的：

老子以道德仁義皆失，然後至於禮，禮為忠信之薄而亂之首。又謂以智治國，國之賊，不以智治國，國之福。孟子曰：「智之實知，斯二者弗去是也。」又謂禹之行水，行其所無事，非老氏所見之智也。孟子開口便說仁義，蓋不可須臾離也。道指鴻荒之世，又謂上德不德，皆所見之異，不必概舉。〔註119〕

老子以「道」為宇宙萬物之本源，而「禮」之起源，又為失道愈遠所致，故「禮」為「道之華」、「亂之首」，莊子亦有類似觀點：

顏回曰：「回益矣。」仲尼曰：「何謂也？」曰：「回忘禮樂矣！」曰：「可矣，猶未也。」他日復見，曰：「回益矣。」曰：「何謂也？」曰：「回忘仁義矣。」曰：「可矣，猶未也。」他日復見，曰：「回益矣！」曰：「何謂也？」曰：「回坐忘矣。」仲尼蹴然曰：「何謂坐忘？」顏回曰：「墮肢體，黜聰明，離形去知，同於大通，此謂坐忘。」仲尼曰：「同則無好也，化則無常也。而果其賢乎！丘也請從而後也。」

〔註120〕

莊子之人生觀，在存其真我，不為形役。故莊子教人忘仁義棄禮樂，唯忘仁義禮樂，始能達到坐忘之境界，而隨心所欲，適性而為，遊於大道，與道相

〔註116〕《老子道德經憨山解》。
〔註117〕《朱子語類》卷十三（北京：中華書局，1999年），頁232。
〔註118〕《朱熹集》卷三十三〈答張敬夫〉（成都：四川教育出版社，1996年），頁1389。
〔註119〕《魯齋遺書》卷一〈語錄上〉。
〔註120〕《莊子・大宗師》。

輔而行，此其勉人心懷道德以處世，物物而不物於物也。然而，如此一來，理學家以爲割裂形上形下，使道喪失了實踐的特性，也使人文社會中的道德規範失去了天道的依據。許衡有言：

> 五常，性也，天命之性。性分中之所固有，君臣、父子、夫婦、長幼、朋友，所行之道也。率性之道，職分之所當爲。〔註121〕

是故，許衡對「道德仁義禮智」的觀念意涵一一釐清，而期能與老子等道家學說劃清界線。如談到「德」：

> 「德不孤，必有鄰。」處事接物，只要於德性上發出，不要氣血爲主。既是德性上發出，則無不善，此既善則彼善亦應，無所往而非善，德不孤矣。一有不善於血氣上發出，則彼亦動其血氣以不善相應，淪胥於凶禍而不悟也。未有我爲善而彼以不善報之也，感應之理如此。〔註122〕

> 貴德德乃顯，尚力力爲優，二者各有時，天運非人謀。舉世皆好義，貧賤固可羞，天下方事強，聲譽將何求？〔註123〕

如談到「仁義」：

> 仁爲四德之長，元者善之長。前人訓元爲廣大，直是有理。心胸不廣大，安能愛敬？安能教思無窮，容保民無疆？仁與元，俱包四德，而俱列並稱，所謂「合之不渾，離之不散」。仁者，性之至而愛之理也。愛者，情之發而仁之用也。公者，人之所以爲仁之道也。元者，天之所以爲仁之至也。仁者，人心之所固有，而私或蔽之以陷於不仁，故仁者必克己。克己則公，公則仁，仁則愛。未至於仁，則愛不可以充體，若夫知覺則仁之用，而仁者之所兼也。元者，四德之長，故兼亨利貞。仁者，五常之長，故兼義禮智信。此仁者所以必有知覺，不可便以知覺名仁也。〔註124〕

> 爲人君止於仁，天地之心，仁而已矣。麟鳳，爲羽毛鱗介之長。中國、夷狄、君子、小人，俱要得所。隋煬遼東還，見市人尚眾而訝，此豈君人者邪？故樂殺人者，不可得志於天下。〔註125〕

〔註121〕《魯齋遺書》卷一〈語錄上〉。
〔註122〕《魯齋遺書》卷二〈語錄下〉。
〔註123〕《魯齋遺書》卷十一〈讀東門行〉。
〔註124〕《魯齋遺書》卷一〈語錄上〉。
〔註125〕《魯齋遺書》卷二〈語錄下〉。

仁義本人心所固有，吾人若論非禮犯義，是自暴也，行為不能居仁由義，是自棄也。自暴自棄，而舍此仁宅義路，放失本心，不求安身者，則不可能與之共言共事，如此，豈不哀哉？故孟子曰：「仁，人心也；義，人路也。舍其路而弗由，放其心而不知求，哀哉！」（《孟子‧告子上》）又如〈萬章〉：「夫義，路也；禮，門也。惟君子能由是路，出入是門也。」然而，莊子學派抨擊仁義，因當時仁義已成為強制人心的規範，因此莊子學派認為仁義成為殘害生命、戕傷人性：

> 孔子見老聃而語仁義。老聃曰：「夫播糠眯目，則天地四方易位矣；蚊蝱嘈膚，則通昔不寐矣。夫仁義憯然乃憤吾心，亂莫大焉。吾子使天下無失其朴，吾子亦放風而動，總德而立矣！又奚傑然若負建鼓而求亡子者邪！夫鵠不日浴而白，烏不日黔而黑。黑白之朴，不足以為辯；名譽之觀，不足以為廣。泉涸，魚相與處於陸，相呴以溼，相濡以沫，不若相忘於江湖！」〔註126〕

道家人物，一聽談仁說義便不舒適，是仁義對人性的紛擾，可說是到無以復加的地步了。由此可知，儒家則言居仁由義，道家卻講忘仁棄義，而有根本的不同。又如談到「禮樂」：

> 橫渠教人以禮，使學者有所據守，程氏教人窮理居敬。然橫渠之教人，亦使知禮之所以然，乃可禮。豈可忽邪？制之於外，以資其內，外面文理都布擺得，是一切整暇心身，安得不泰然，若無所見，如嗤木札相似，卻是為禮所窖束，知與行，二者當並進。〔註127〕

> 夫子哂子路為國以禮，其言不讓，大抵禮不是強生出來束縛人，只是天理合有底，行將去。後世所謂禮，近於法，束縛禁忌，教人安行不得，非聖人所謂禮也。子路不因人情之所固有，便要硬做將去，堯舜之治天下，因人情而已，非有所作為也。三代以後，人材多是硬做，如孔明尚不免，聖人不如此。〔註128〕

《論語‧先進篇》中，曾晳對於孔子哂之感到困惑，便提出疑問，孔子回答：「為國以禮，其言不讓，是故哂之。」因為孔子認為治理國家靠的是「禮」，可是子路卻不夠謙讓，所以為夫子所笑。孔子除了笑子路不知禮法，也笑他

〔註126〕《外篇‧天道》。
〔註127〕《魯齋遺書》卷二〈語錄下〉。
〔註128〕《魯齋遺書》卷二〈語錄下〉。

無自知之明。《禮記‧禮運篇》:「是故夫禮,必本於天,殽於地,列於鬼神,達於喪祭射御冠昏朝聘。故聖人以禮示之,故天下國家可得而正也。」禮必須根據天道自然演變的法則,仿效土地各治其宜的原理,符合對鬼神誠敬心理要求,表現在喪禮等儀節上,天下國家就可有條理得納入正軌。許衡也同樣有這樣的共識,在此處有意發揮先秦儒學「以禮治國」的思想精義,在抽象的道德觀念之外,再加上具體而又有約束力量的「禮」,當作一般人生活行為的準則,以及社會上群眾秩序的依據。又如以下所載:

> 魯齋許氏曰:「凡天倫如父子、兄弟、夫婦、長幼,禮應如法,不可妄意增損。簡易者略之,細密者過之,皆非也。禮者,人事之儀則,天理之節文。聖人之於儀則節文,乃所以當然者,不可易也。」
> 又曰:「禮只是箇敬之節文,不可令人後來有悔心,亦不可使己有悔心。故曰:『己辭者,猶可受,己與者,不可奪,饋獻亦然。』」〔註129〕

> 聖人感人心,天下和平。聖人和順,積於中,發之為禮樂,禮樂之本在是。古人所以作樂,寓情性、風化於其中,非為鐘鼓之鏗鏘也。〈小雅〉盡廢,四夷交侵,禮壞樂崩,不能固結人心,人心無所係屬。元氣虛隙,邪氣乘之以入。三百篇,古樂章也,與後世樂章大異,尤以見古人敦本業、厚人倫,念念在是,未嘗流於邪僻也。傷人倫之廢,哀刑政之苛,禮樂廢故也。〔註130〕

許衡申論儒家的道德仁義之說,乃是經世濟民的唯一要件,從中也可看出許衡所追求的是傳統儒家期望通過道德仁義而實現治國平天下的理想目標,這樣的處世哲學具有相當積極的入世精神,在元代社會無疑有提升道德修養的積極意義。這是儒家的思想特色,同時也是異於道家老子之處。

(二) 隱伏退縮,其流變詐刻薄

許衡認為,正由於儒家以正道公心為準,發為道德仁義之舉,所以才正大光明,而非老氏隱伏退縮的小道可與之比擬。此外,許衡以為《老子》為衰世之書,並言「其流變詐刻薄」,此言論應受朱子影響,《朱子語類》中論及〈老、莊、列子〉有如下批評:

〔註129〕《魯齋遺書》卷一〈語錄上〉。
〔註130〕《魯齋遺書》卷一〈語錄上〉。

儒教自開闢以來，二帝三王述天理，順人心，治世教民，厚典庸禮
之道；後世聖賢遂著書立言，以示後世。及世之衰亂，方外之世厭
一世之紛挐，畏一身之禍害，耽空寂以求全身於亂世而已。及老子
倡其端，而列禦寇、莊周、楊朱之徒和之。孟子嘗譬之以爲無父無
君，比之禽獸。然其言易入，其教易行，當漢之初，時君世主皆信
其說，而民亦化之。雖以蕭何、曹參、汲黯、太史談輩亦皆主之，
以爲眞足以先於六經，治世者不可以莫之尚也。及後漢以來，米賊
張陵、海島寇謙之之徒，遂爲盜賊。曹操以兵取陽平，陵之孫魯即
納降款，可見其虛謬不足稽矣。〔註131〕

此段話可謂是朱熹對道家由老、莊以迄道教整個發展的概述。朱熹認爲道家
起於亂世，是由老子倡其端，列禦寇、莊周、楊朱之徒附和之。而以亂世中
保全其身爲主要目的。也用以對比儒家治世教民的宏大實理。至於漢代，道
家發展成具有宗教色彩的道教，朱熹對此的批判尤其強烈。

　　實則，從程、朱以來，對老子的批評多著墨於「權詐之術」。老子云：「將
欲翕之，必固張之。將欲弱之，必固強之。將欲廢之，必固興之。將欲奪之，
必固與之。」〔註132〕又云：「古之善爲道者，非以明民，將以愚之。」〔註133〕
程頤評之曰：「與奪翕張，固有此理。老子說著便不是。」〔註134〕又云：「與
之之意乃在乎取之，張之意乃在乎翕之，權詐之術也。」〔註135〕是以程子
云：「老子語道德而雜權詐，本末舛矣。」〔註136〕有問老子書若何，程頤答之
曰：「老子書其言自不相入處如冰炭。其初意欲談道之極玄妙處，後來確入做
權詐者上去。」以程頤觀之，申韓之術與秦之獨裁，均由此出。〔註137〕如程
子所言：「老子語道德而雜權詐，本末舛矣。」〔註138〕朱子更進一步，以爲老
子權詐之訓，不特產出法家之申韓，而又實施於漢之張良。所謂：「子房之學，

〔註131〕《朱子語類》卷八，頁 2993。
〔註132〕《老子》第三十六章。
〔註133〕《老子》第六十五章。
〔註134〕《遺書》卷七，頁二上。
〔註135〕《二程集》卷一〈河南程氏粹言卷第一〉，頁 9。
〔註136〕《二程集》卷一〈河南程氏粹言卷第一〉，頁 8。
〔註137〕見陳榮捷：《朱學論集》（台北：臺灣學生書局，77 年 4 月增訂再版），頁
　　　　102。
〔註138〕《二程集》，〈河南程氏粹言卷第一〉，頁 180。

出於黃老。」〔註139〕其所以出於老子者，乃基於以下原因：

> 老子之學，只要退步柔伏，不與你爭。……讓你在高處，他只要在
> 卑下處。……只是他放出無狀來，便不可當。如曰：「以正治國，
> 以奇用兵，以無事取天下」〔註140〕他取天下便是用此道。如子房
> 之術，全是如此。嶢關之戰，啗秦將以利，與之連和了，即回兵殺
> 之。〔註141〕項羽約和已講解了，即勸高祖追之。漢家始終治天下，
> 全是得此術〔註142〕。

朱子又云：「老子心最毒，其所以不與人爭者乃所以深爭之也。其設心措意，
都是如此。閑時他只是如此柔伏，遇著那剛強底人，他便是如此待你。張子
房亦是如此。」〔註143〕深受程、朱理學影響的許衡，也不免對老子評以「機
詐」之語。而且，從許衡的其他文章中可看出他以「德」、「詐」分論君子、
小人，在此也透顯其人將「吾儒」視爲君子，「老子」則爲小人之徒：

> 論君子者必以德，論小人者必以詐。以德度德，則君子之優劣見焉；
> 以詐較詐，則小人之勝負分焉。德也，詐也，雖有善惡之殊，然各
> 就其中間論之，則未始不以深造者爲得也。〔註144〕

> 世人懷智挾詐而欲事之善，豈有此理？必盡去人僞，忠厚純一，然
> 後可善其事。至於死生禍福，則一歸之天命而已。人謀孔臧，亦可
> 以保天命；人能攝生，亦可以保神氣。自暴自棄，而有凶禍，皆自
> 取之也。〔註145〕

〔註139〕程子評老子，只謂其權詐，朱子卻進而比張良於老子，程子則未嘗如此，
反贊張良爲「亦是箇儒者，進退間極有道理。……觀良心只是爲天下，且
與成就卻事。後來與赤松子遊，只是箇不肯事高祖如此。」（《遺書》卷十
九，頁十二上。）朱子則以老子爲自私，爲不肯做，程子只評老子之教，
朱子則詆其人格，大概程子居洛陽，佛教爲盛，閩南則道教興隆，固朱子
態度不同。見陳榮捷：〈評老子〉，《朱子新探索》，頁419。《語類》卷一三
六，頁5192。

〔註140〕《老子》第五十七章。

〔註141〕《史記》卷五十五，「留侯世家」云，「沛公欲以兵二萬人擊秦嶢下軍。良說
曰：『秦兵尚彊，未可輕。……易動以利。……持重寶啗秦將。』秦將果叛。
欲連和，俱西襲咸陽，沛公欲聽之。良曰：『此獨其將欲叛耳。恐士卒不從。
不從必危，不如因其解擊之。』沛公乃引兵擊秦軍，大破之。」

〔註142〕《語類》卷一百二十五，頁4801。

〔註143〕《語類》卷一百三十七，頁5206。

〔註144〕《魯齋全書》卷八〈子玉請復曹衛〉。

〔註145〕《魯齋遺書‧魯齋心法》。

儒家之教，不肯行一不義，則其攻擊權術，固是自然。然謂老子以詐爲訓，
則殊非公平之論。〔註146〕當時學者吳澄曾曰：

> 老子言「反者道之動」，又說「玄德深矣、遠矣，與物反矣」。其道
> 大抵與世俗之見相反，故借此數者相反之事爲譬，而歸於柔勝剛，
> 弱勝強之旨。孫、吳、申、韓之徒，用其權術陷人於死而不知，論
> 者皆以爲原於老氏之意，遂謂天下誰敢受老子之學者哉？是亦立言
> 之弊。故「邦之利器，不可以示人」，老子已自言之矣。〔註147〕

更何況，《老子・第十章》：「載營魄抱一，能無離乎？專氣致柔，能如嬰兒
乎？」可見老子認爲嬰兒無後天虛僞、變詐、權謀、機心，其演變至權詐之
術，全因機心作祟之故。雖說許衡認爲老子其流變詐，但卻對後世作爲或以
老氏濟之，不加反對，也可見其人身處異族統治的元代，爲了社稷之福、人
民之利，確實可依老子入世之學。而在《朱子語類・老氏》嘗論《老子》云：

> 問：「谷神不死。」曰：「谷之虛也，聲達焉，則響應之，乃神化之
> 自然也。『是謂玄牝』。玄，妙也；牝，是有所受而能生物者也。至
> 妙之理，有生生之意焉，程子所取老氏之說也。」〔註148〕

朱熹將「谷神」與「生生」之理合論，並言此乃程頤取諸老子者。尊崇程頤
的朱熹，又言程頤思想有取法老子之處，故可推言朱熹或對老子某些觀念表
達認同。職是之故，許衡對道家思想的認知，除了來自其所身處之時代氛圍，
令其在現實與理想間掙扎，而有欲寄於道家思想外，或可依此推亦有本自朱
熹對道家思想之理解而來。然而，若是針對許衡對老子學說的批評再探討的
話，會發現其中有失公允之處：

其一，以「道德」而言。《論語》講「君君、臣臣、父父、子子」，這種
倫理的規範即「道」，遵守此規範而往外擴充的行爲變是「德」；至於老子的
「道」乃指自然之道，與儒家不同。如《老子・第五十九章》：「治人，事天，
莫若嗇。夫唯嗇，是謂早服。早服謂之重積德。重積德則無不克。無不克則
莫知其極。莫知其極，可以有國。有國之母，可以長久。是謂深根固柢、長
生久視之道。」老子通過逐層遞進的推導，說明以「嗇」修身養性，能達到

〔註146〕見陳榮捷：《朱學論集》（台北：臺灣學生書局，民國77年4月增訂再版），
　　　　頁104。
〔註147〕吳澄《道德眞經註》（台北：藝文印書館，民國54年）。
〔註148〕《朱子語類》卷一百二十五。

「深根固柢長生久視之道」。又如「人法天、天法地、地法道、道法自然。」可見眞正的道是遵守宇宙運行的規範。此外，老子所說的「德」是本眞，是「道」的體現，故《老子‧第二十一章》謂：「孔德之容，惟道是從」。因此，儒道兩家所言道德本質並不相同。

其二，以「仁」而言。《老子‧第五章》：「天地不仁，以萬物爲芻狗，聖人不仁，以百姓爲芻狗。」，王弼《老子註》對此解釋：「天地任自然，無爲無造，萬物自相治理，故不仁也。仁者，必造化施化，有恩有爲」，因爲天地並沒有自己立定一個仁愛萬物的主觀的天心而生萬物。只是自然而生，自然而有，自然而歸於還滅。是故，「聖人不仁」則指聖人取法天地之自然無爲，所謂「不仁」是超越仁的層次而自然無爲，不是否定仁而流於不人道。因此，老子的「不仁」其實等同於儒家的「仁」。

其三，以「禮樂」而言，從上述可看出老子所反對的是禮俗，與《論語‧陽貨》中所言的「禮云禮云，玉帛云乎哉？樂云樂云，鐘鼓云乎哉？」主張不謀而合。雖說六藝之教，禮樂居首，但一個人如不先立識仁之本，只講求玉帛鐘鼓等禮俗，便失去了禮眞正的意義。

許衡的詮釋爲其背後的儒家脈絡所決定，因而陷入外部的闡釋，不能眞正就老子解老子，故有批評性的字眼出現，對老子學說有所誤解，而有失公允。在劉因的〈退齋記〉中，則對許衡進行嘲諷，認爲他是以「老氏之進退」，「以術欺世」。〔註149〕對此，許衡的〈病起〉中頗能表達他的態度：

> 花透香風入短檻，草抽新綠倚柴荊。正憂多病作身累，且喜幽居見物情。花爲可觀遭夭折，草因無用得欣榮。世間巧拙都相半，不許區區智力爭。〔註150〕

此處正可看出他對老子之學較爲寬容的態度，同時也透露顯出他對莊子學說中「無用」精神的嚮往〔註151〕。世俗之人往往以實用爲權衡價值的標準，與

〔註149〕相關資料可參見張帆：《〈退齋記〉與許衡、劉因的出處進退——元代儒士境遇、心態之一斑》。在外界輿論的壓力下，許衡的心態顯得悲涼，他曾對其子說：「我平生虛名所累，竟不能辭官，死後愼勿請諡、立碑，必不可也，但書「許某之墓」四字，使子孫識其處足也。」（見蘇天爵：《元朝名臣事略》卷八〈左丞許文正公〉，北京：中華書局，1996年。）

〔註150〕《魯齋遺書》卷十一。

〔註151〕《莊子‧外物》：「惠子謂莊子曰：『子言無用。』莊子曰：『知無用而始可與言用矣。天地非不廣且大也，人之所用容足耳。然則廁足而墊之至黃泉，人

莊子生當亂世境遇相似的許衡，覺察處於異族統治下的社會，「無用」於人實有「用」於己。於是，他以形體上的無用來追求不為外物所累，因而時有融合儒道思想之因由。

二、對莊子的評論

《荀子‧解蔽》：「莊子蔽於天而不知人。」傳統儒者認為莊子著重在個人修養方面，卻顯得自私。楊倞注：「天謂無為自然之道，莊子但推治亂於天，而不知在人也。」可證，正是因為關注現實人生與超越世俗生活之旨趣上的「賢人」與「智者」的對立，所以在人生的態度上才存在著入世的積極有為與出世的清靜無為的差異。是故，許衡為學強調義理與工夫皆重，則視莊子為偏於一隅，自不免有所批評：

> 莊子好將來大見趨，及義理粗淺處，徹說得不知大小無邊際，緘縢得深密，教人窺測不著，讀此等書，便須大著眼目與看破，休教被他瞞了、引了。〔註152〕

然而，必須說明的是在許衡著作中並未對莊子有太多著墨，但基本上仍承襲宋儒朱熹所言，以下則分列兩點說明：

（一）不知大小，窺測不著

莊子因其出世思想，故其書講大處，多有寓言，道理玄妙，講究詭辯，又文字宏肆、超脫達觀，故令人窺測不著，如《朱子語類》所言：

> 莊周是箇大秀才，他都理會得，只是不把做事。觀其第四篇〈人間世〉及〈漁父篇〉以後，多是說孔子與諸人語，只是不肯學孔子，所謂「知者過之」者也。如說「《易》以道陰陽，《春秋》以道名分等語，後來人如何下得！它直是似快刀利斧批截將去，字字有著落。公晦曰：「莊子較之老子，較平帖些。」曰：「老子極勞攘，莊子得些，只也乖。莊子跌蕩。老子收斂，齊腳斂手；莊子卻將許多道理掀翻說，不拘繩墨。」〔註153〕

尚有用乎？』惠子曰：『無用。』莊子曰：『然則無用之為用也亦明矣。』」由此可知，莊子思想中的無用，是以形體上的無用追求不為外物所累。同時，天生萬物，必有其用，故莊子不拘泥於有用無用間，而無肯專為。

〔註152〕《魯齋遺書》卷一〈語錄上〉。
〔註153〕《朱子語類》卷一百二十五，北京：中華書局，1999年，頁2989。

先生曰：「天其運乎，地其處乎，日月其爭於所乎。孰主張是？孰綱
維是？孰居無事而推行是？意者，其有機緘而不得已邪？意者，其
運轉不能自止邪？雲者爲雨乎？雨者爲雲乎？孰能施是孰居？無事
淫樂而勸是？」莊子這數語甚好，是他見得，方說到此。其才高。
如《莊子・天下》篇言「《詩》以道志，《書》以道事，《禮》以道行，
《樂》以道和，《易》以道陰陽，《春秋》以道名分」，若見不分曉，
焉敢如此道！要之，他病，我雖理會得，只是不做。」又曰：「《莊》、
《老》二書解注者甚多，竟無一人說得他本義出，只據他臆說。某
若拈出，便別，只是不欲得。」〔註154〕

朱熹曾爲文肯定《莊子》之說，並言當今注《老》、《莊》者雖多，但卻無人
能通達莊子本義，唯有他能理解《莊子》，只是不欲言而已。由朱熹自信之語，
可之其對道家思想應有深入研究。許衡雖未如朱熹般特別指明《莊子》中哪
些篇章不拘繩墨，但卻認爲莊子的義理是「不知大小」且「無邊際」。這也突
顯儒、道兩家學術思想上的根本不同，莊子所講的大小之辯，乃是指出世俗
標準的相對性，以及其中的侷限所在，因此，運用北冥有魚的故事，提出小
知不如大知、小年不如大年等顛覆儒家傳統學說的思想脈絡，然而，對許衡
而言，則認爲這一類的詭辯將使人窺測不著，既不能「窺」，則無法知其學說
底蘊；又無法「測」，即其思想脈絡也無從推之，故不被儒家思想所接受。

（二）大著眼目，休教瞞引

此外，許衡也提醒，若要讀《莊子》則須「大著眼目」，而不要被該書瞞
了、引了。這主要是針對《莊子》本身文字特色而批評，雖說從不同的思考
角度切入，則對同一文本，則有相異的評論出現。〔註155〕但值得注意的是，

〔註154〕《朱子語類》卷一百二十五，北京：中華書局，1999 年。
〔註155〕如明人陸樹芝即對莊子極力讚揚：「莊子，諸子之冠也，其言異於六經，而亦
不同於諸子。六經如日月之麗天矣，諸子猶爝火乎幽暗中可以自見也。若夫
稱瑞於冬春之交，而晶瑩皎潔，不染點塵，別具寒香者，雪也，唯莊子似之，
顧其書奧衍磅礴。自晉唐來，解者無慮數十家，率皆支離隔膜，雖一二卓識
之士，時有特見而所得者尚未什一，固未能通體了澈也。博採者是非□陳，
妄庸者任臆猜混，於句解段落往往失之，竟使千古奇文盡如夢魘，又安望其
揭全書之大旨，識厥功之甚偉哉！」見〔明〕陸樹芝：《莊子雪・序》（台北：
藝文印書館），嚴靈峰無求備齋莊子集成續編，第三十四冊，據清嘉慶四年刊
本影印。

許衡除了是站在儒家正統思想而進行批評外，其實也跟當時元儒「重實用」的治學態度有關。對他來說，莊子之書玄妙之言甚多，而少關注於人世的現象，是故，就需要積極作爲的許衡而言，儒家思想的經世濟民則顯得更爲實用。所以，對於儒家思想，許衡尊崇備至，在給兒子師可的信中可見：

> 《小學》、《四書》，吾敬信如神明。自汝孩提，便令講習，望於此有得。他書雖不治，無憾也。今殆十五年矣，尚未成誦，問其旨意，亦不曉知，此吾所以深憂也。高凝〔註156〕來，聞汝肯自勉勵，勝於前日，我心甚喜，未識其果然乎？韓遵道今在此，言論意趣多出《小學》、《四書》，其〈注語或問〉，與〈先正格言〉誦之，甚熟。至累數萬言，猶未竭，此亦篤實自強，故能爾。我生平長處，在信此數書，其短處，在虛聲牽制，以有今日。〔註157〕

由此可知，對於道家的書，許衡提出要「大著眼目與看破，休教被他瞞了引了」，對於儒家的書，他卻「敬信如神明」，並宣稱他平生長處就是「信此數書」，他的尊儒非道思想，可說是昭然若揭了。儒家和道家，雖然它們的歷史作用不完全一樣，但當深入考察儒道理想各自的內涵及其流變趨勢之後發現，兩者的層次效應從橫向並列關係的比較中，對立是顯而易見的；從縱向流變聯繫的觀照中，二者的統一與融合又提供了良性發展的契機，何況，道家在中國文化的發展中也起過積極的作用，因此，許衡這樣的評論難免不夠公允，卻也在相當程度上反映時代的動向。除了老子、莊子外，許衡有一詩作，表達對列子境界的嚮往：

> 眇眇微軀一指如，豈勝炎暑拍寰區；當年列子容攀學，夜半因風上碧虛。〔註158〕

關於列子，朱熹曾說：

> 老子說他一箇道理甚積密。老子之後有列子，亦未甚至大段不好。說列子是鄭穆公時人，然穆公在孔子前，而列子中說孔子，則不是鄭穆公時人，乃鄭頃公時人也。列子後有莊子，莊子模仿列子，殊無道理。爲他是戰國時人，便有縱橫氣象，其文大段豪偉。〔註159〕

〔註156〕四庫本、萬曆本爲「高疑」；正德本、正誼堂本爲「高凝」。然據《魯齋全書》及《宋元學案》皆作「高凝」，此處則據而改之。
〔註157〕《魯齋遺書》卷九。
〔註158〕《魯齋心法‧大暑登東城》。
〔註159〕《朱子語類》（八）卷一百二十六，北京：中華書局，1999年，頁3008。

朱熹並曾比較莊、列二書:「《莊子》全寫《列子》,又變得峻奇。《列子》語溫純,柳子厚嘗稱之。」〔註160〕而在《莊子・逍遙遊》有言:「列子御風而行,泠然善也,旬有五日而後反。」能憑空飛翔,尚有待於風,並非真能逍遙遊。《爾雅・釋詁》邢昺〈疏〉引《尸子・廣澤篇》及《呂氏春秋・不二篇》也說「列子貴虛」,顯現列子擺脫人世的貴賤、名利的種種羈絆,任其自然。〔註161〕至於許衡詩作中為何以列子為一理想人物?其中是否與其儒學思想相牴觸?或許可以做如下的推測:所謂「詩以言志」,依此觀點來看許衡此詩,可發現與其文章重在說理呈現出不同的面貌。在大暑之際,許衡所面臨的不僅是外在的天氣變化,其實也蘊含了當時身處異族統治下的心境,若能憑風而去,則不亦快哉!

　　許衡在時代氛圍下,積極確立儒家正統,取之於先秦孔孟者,內聖固有,還是外王的部分居多,觀其進退仕隱,或犯顏直諫,或擘畫獻策可知。然而,他又必須對道家思想多所涉獵認知,任何時代的任何學派、學說,都只可能選擇真理的某一特性,即文化大弧上的一個片段,做為其主攻的研究方向,在各自思想體系臻於完善的不斷流動中,必然引發其形變,從而與相鄰學派產生交流與碰撞,使學派之間互相吸收。檢視了許衡對道家的評論後,可以發現他對先秦道家思想的態度,並非是進行本質上的批判,而是站在維護儒家的立場上看道家。而且,許衡對道家思想並非全然的否定。由於儒家的政治訴求原是回到三代聖王的清平之治,然而當世卻又是一個禮壞樂崩的時代,回首古聖先王的良風善政以為楷模固然重要,卻很難解決紊亂時局的道德危機,因此,許衡提出「於澆薄之世,可以老氏濟之」的論點。此外,還有對莊子無用之說的比擬,以及列子御風而行的企盼。只是,在這些部份中,都是消極的同意,並非積極的推崇。許衡以儒為本而論道家思想之立場與宋代大儒朱熹頗為相近,朱熹其說亦涵有《老》、《莊》之言,乃居於儒家思想本位以論道家,以道家之說補充儒家義理。然再進一步地檢視,對於道家思想的評論中,許衡顯然對老子的批評比較嚴厲,莊子則比較和緩,這是許衡對道家思想的特殊之處。而且,像許衡這樣身處異族統治政權下的漢人儒者,其所謂儒學思想不免有溢出傳統儒家思維之處,再者,難免會有表面與內在

〔註160〕《朱子語類》(八)卷一百二十五,北京:中華書局,1999年,頁2991。
〔註161〕相關資料參見楊伯峻:《列子集釋》(北京:中華書局,1996年2月),書中附有考訂及序錄匯編。

的矛盾與衝突。換言之，許衡以一寄身於異族政權之人，其思想表面上提倡孔孟、程朱之儒學，而內在卻也有道家思想中逍遙於物外之思，這可視為元代學者的另一面向。儒、道思想對於他的仕隱態度也有一定影響。其實，儒、道間的爭論是不可共量性（incommensurability）〔註162〕。儒道兩家是中國本土文化中影響最大的兩個派別，兩家思想特色雖異，但致思方向相同，都注重追究生命的本源與究竟，以及致力於生命的存在方式與超越路向，由此形成各自內含豐富的生命觀。兩家的主張原即有根本性的差異，然而，透過本文的爬梳，可知許衡對先秦儒道的評論除了受程朱理學影響外，確實亦有其獨特思辨之處。

〔註162〕例如只有一組科學問題，一個研究那些問題的研究世界，以及一組解題的標準。那麼典範之間的競爭也許可以藉著計算每一個典範所解決的問題的數量這一方法來解決。但是，事實上，這些條件從未完全湊攏過。不同典範的提倡者之間總有誤解存在，沒有一方會承認其他一方在論證中所需要的非經驗假設，此稱為「不可共量性」（incommensurability）。相關論述見孔恩（Thomas S. Kuhn）著、程樹德譯：《科學革命的結構》（台北：遠流出版社，1994年），頁203。

第四章　許衡推動朱學官學化的歷程

　　金朝的統治迅速地走向衰落，而在金天興二年（西元 1234 年）為蒙古所滅，當時，許衡二十五歲。從金天興二年（西元 1234 年）至元世祖至元十八年（西元 1281 年）逝世的四十七年，許衡是在蒙古貴族統治的元朝度過，並且成為元朝統治集團出謀劃策的重要人物，他一生的活動，同蒙古貴族統治的元朝有密切的聯繫。因此，在探討許衡所作的學術貢獻以前，首先，必須先了解外在環境可能帶來的種種效應。官學化固然有其獨立之價值，然而深究其內涵，必溯及許衡之功。藉由此範疇的討論，可以了解許衡推動程朱理學官學化是在怎樣的一個時代氛圍下進行著，也可以知道，許衡的思想不只是為維護現實秩序所需要，而且是在歷史的脈動下，以經世的熱忱，致力於理學的推動。此乃包含著某種對現實的批判，並透過一種理想的積極建構方式來完成。清代學者黃百家有言：

> 自石晉燕、雲十六州之割，北方之為異域也久矣，雖有宋儒迭出，
> 聲教不通。自趙復以南冠之囚，吾道入北。而姚樞、竇默、許衡、
> 劉因之徒，得聞程、朱之學以廣其傳，由是北方之學蔚起。〔註1〕

然而，傳播程朱理學的許衡，是在怎樣的時代背景下有志於此？當時的政治環境、學術風氣、教育制度又對他的志業有何影響？此外，許衡又是如何推動程朱理學官學化？若是在宋代興起並發展的理學不能挽救宋朝滅亡的命運，那麼，又為何要選擇程朱理學？而就歷史脈絡來看，元代的理學官學化是否延續南宋？二者內容及推動又有何不同？凡此，皆是本章所欲解決的問

〔註1〕《宋元學案・魯齋學案》。

題。職是之故，筆者欲探討以上課題，藉以釐清許衡推動朱學官學化的歷程。然而，這樣的結果並非一蹴可幾，乃是經過發軔、發展，終至完成，以下則分別就其歷程述之：

第一節　發軔期

在討論元代理學的官學化時，則不得不先提起南宋理學的官學化。其實，理學作爲一種社會思潮，在它剛出現時並沒有受到統治階級的重視，甚至一度還受到禁錮，直到宋理宗的扶植和表彰，才使理學受到重視，而後正式取得官學地位。〔註2〕主因在於慶元黨禁〔註3〕的十餘年後，情勢發生了很大的變化，絕大多數理學家息交絕游，而以斯文爲己任，把弘揚理學作爲首要任務。道不變，故只有廢興而不喪，禮樂制度本道而立爲文，貴知世變而知文可變，但因革損益皆必有文，否則文喪則掃地。如眞德秀、魏了翁諸人爲挽救危機，提出了「開闢正學」〔註4〕，以理學來代替漢唐儒學，希冀將理學定爲一尊，並以理學的三綱五常爲標準，整頓人心，而達到鞏固南宋統治政權

〔註2〕參見《宋史》卷四十五〈理宗本紀〉：「雖然，宋嘉定以來，正邪貿亂，國是靡定，自帝繼統，首黜王安石孔廟從祀，升濂、洛九儒，表章朱熹《四書》，丕變士習，視前朝奸黨之碑、僞學之禁，豈不大有逕庭也哉！身當季運，弗獲大效，後世有以理學復古帝王之治者，考論匡直輔翼之功，實自帝始焉。廟號曰理，其殆庶乎！」此外，官學地位的確定可見明儒宋濂《元史》（北京：中華書局，1995年）卷八十一，頁2018～2020。

〔註3〕「慶元」爲南宋寧宗的年號，「學禁」是指政治迫害。慶元元年（西元1195年）到六年（西元1200年）這段時間，宋代道學受到政治權威的壓迫，《宋元學案》爲此特列〈慶元黨禁〉。參見黃宗羲等：《宋元學案》下冊（台北：世界書局，1962年），頁1781、1805、1818。

〔註4〕眞德秀於慶元五年（西元1200年）登進士第，嘉定元年（西元1208年）遷博士，權侫胄侂冑時已被誅，眞氏有言：「侂冑自知不爲清議所貸，至誠憂國之士則名以好異，於是忠良之士斥，而正論不聞；正心誠意之學則詆以好名，於是僞學之論興，而正道不行。」（《宋史》卷四百三十七）因此，在《宋史‧眞德秀傳》評述：「自侂冑立僞學之名以錮善類，凡近世大儒之書，皆顯禁以絕之。德秀晚出，獨慨然以斯文自任，講習而服行之。黨禁既開，而正學遂明於天下後世，多其力也。」魏了翁則言：「願敷求碩儒，丕闡正學，圖爲久安長治之計。」可見重振解禁之後的理學氣象是他政治和學術實踐的主要取向。嘉定四年（西元1212年）魏了翁上疏奏請設祠以大力襃揚理學人物：「上疏乞與周敦頤、張載、程顥、程頤錫爵定謚，視學者趣向，朝論韙之，如其請。」（《宋史》卷四百三十七）在魏、眞二人的倡導下，「諸儒之祠布滿郡國，而諸儒之書，家藏人誦。」（《魏鶴山集》卷四十八）。

的目的。同時，眞德秀、魏了翁等人以在朝的顯要職位，倡尊理學，正適應
了穩定政局，加強思想統治的需要。可惜的是，終宋之世，朱學未受重視。
狄百瑞曾對此有以下評論：

> 西元 1230 年，宋室固然重新恢復了朱學的地位，但這樣做只不過爲
> 了挽救朝廷令譽。除虛榮外，並不能提高朱學甚或朝廷的威望。有
> 宋理宗在位之初，雖曾將朱子與其他新儒家從祀於孔廟之內，定期
> 祭奠，並曾提倡科舉、獎勵學術，卻因後來終日不理朝政而終致亡
> 國。至於宋室將朱學訂爲科舉取士的標準，似屬確立朱學正統地位
> 的必要措施。但此類促使朱學制度化的辦法，在朝廷日益衰落的情
> 況下，不過虛有其表，徒具形式，對朱學本身毫無裨益。〔註5〕

朱熹（1130～1200）生前曾受到激烈的攻擊，他的學說甚至遭到查禁，到南宋
寧宗嘉定二年（西元 1209 年）十二月，朝廷贊揚朱熹「集諸儒之粹」，「有功
於斯文」，稱其爲「孟子以來不多有」的儒學大師，以朱熹爲代表的新儒學派
得到了統治者的認可。而直至他死後數十年的宋理宗時代（西元 1225～1264
年），才受到特殊的尊崇。此外，宋寧宗於嘉定十三年（西元 1220 年）諡周
敦頤爲元公，程顥爲純公，程頤爲正公，使三人的學術地位得到了官方的正
式承認。這在理學發展史上是一個重大的轉折點，並爲理學成爲南宋後期的
官方統治哲學，被歷代封建王朝所尊崇，起了先導作用。然而，雖然南宋後
期理學已經從邊緣走向中心，在理宗以後逐漸得到官方的認可，可是，畢竟
沒有成爲制度。意即程朱理學的知識與科舉仕進的前途之間，還沒有形成制
度化的連接，所以基本上它還是一種自由的知識和思想，信仰者只能由自己
的理解來保證自己對這種知識思想的信服，反之，這種知識與思想則在這種
自由心情的支持下，擁有轉變和超越的可能性。在元初鼎革之際，當時的環
境對朱學的發展毫無助益，在民族矛盾的時空環境下使許衡擔負重責，努力
推動理學，使元朝統治者得以接受，也令人發現歷史出乎邏輯的意料，這種
來自漢族文明的知識和思想，沒有在宋代完成它與漢族政治權力的結合，卻
在異族入主中國以後的元代，完成了它的制度化過程。〔註6〕

〔註5〕狄百瑞著、施寄錦譯：〈元代新儒家正統思想的興起〉（上），《思與言》第 21
　　　卷第 1 期，1983 年，頁 43。
〔註6〕葛兆光認爲儘管在南宋後期理學已經從邊緣走向中心，在理宗之後逐漸得到
　　　官方的認可，但畢竟沒有形成制度。因此，在程朱理學的知識與仕途科舉之
　　　間，還是一種自由的知識和思想，信仰者只能由自己的理解來保證自己對這

第二節　發展期

　　朱子官學化的完成有其歷程，固然與時代氛圍及學術風氣有關，但從元世祖的舉措中，確實可看出許衡的推動之功。

一、行漢法

　　在成吉思汗之前，未統一的蒙古各個部落，大多臣屬於金朝，每年向金朝納貢。無論是金人的《大金國志》，還是宋人的《建炎以來朝野雜記》、《兩朝綱目備要》，都有成為成吉思汗之前的鐵木眞的入貢記錄。〔註7〕受漢化程度很深的女眞人影響，蒙古人也逐步走向漢化。因而蒙古王朝和後來的元朝效法中原王朝的種種施策，也是極為自然的。元初政局混亂、社會動盪，本是改朝換代的普遍現象，草原時期的大蒙古國成立之初，基本國策乃是「內北地而外中國」〔註8〕。因此，成吉思汗建國之理想與蒙古勢力之發展是相配合的，但軍事勝利所帶來的迅速擴張，相應也帶來治理的問題，而此問題實不足以配合新造成的局面，因此，蒙古民族建國之念頭隨著武力得以實現時，治國理念卻不及配合，因而造成西域法與漢法的更替及搖擺。早在蒙古憲宗蒙哥汗時期（1251～1259），忽必烈受任管理漠南漢地軍國庶事時，就聚集了一批儒臣之士。漢臣劉秉忠在 1250 年向忽必烈上萬言書，提出忠告：「治亂之道繫乎天而由乎人，以馬上取天下而不可以馬上治。」

　　元初儒臣耶律楚材則認為「時天下新定，未有號令，所在長吏，皆得自專生殺，少有忤意，則刀鋸隨之，至有權室被戮褫裸不遺者，而彼州此郡，動輒興兵相攻。公首以爲言，皆禁絕之」，且提出「長吏專理民事，萬戶府總

　　　　種知識思想的信服，直至元代才完成制度化。相關資料可參見葛兆光：《中國思想史》第二卷（上海：復旦大學出版社，2001 年 12 月），頁 282。

〔註7〕「方金國盛時，韃靼歲時入貢，衛王既立，韃靼主忒沒眞史稱成吉思皇帝。」（宇文懋昭撰：《大金國志》卷二十二，台北：商務印書館，頁 157）；「今忒沒貞乃黑韃靼也，與白韃靼皆臣屬於金，每歲其王自至金界貢場，親行進奉，金人亦量行答賜，不使入其境也。」（〔宋〕李心傳：《建炎以來朝野雜記》卷十九，北京：中華書局），頁 849。

〔註8〕元末明初學者葉子奇曾言：「元朝自混一以來，大抵皆內北國而外中國，內北人而外南人。以致深壁固拒，曲爲防護，自以爲得親疏之道，是以王澤之施。少及於南，滲漉之恩，悉歸於北。」（〈草木子〉，《四庫全書珍本》，台北：台灣商務印書館，民國 63 年）。

軍政，課稅所掌錢穀，各不相統攝，遂爲定制。」〔註9〕至元三年（西元 1266 年），許衡上〈時務五事〉，史載他與世祖的互動：

> 上疏陳五事：曰立國規摹，曰中書大要，曰爲君難，曰農桑學校，
> 曰愼微。累數千百言，讀奏未徹，上久聽，微有倦色，先生即歛卷
> 求退，上肅然正襟危坐，先生乃再讀，讀訖，上嘉納之。〔註10〕

奏中許衡提出「北方之有中夏者，必行漢法，乃可長久」的論點。他說：「考之前代，北方之有中夏者，必行漢法，乃可長久。故後魏、遼、金歷年最多，他不能者，皆亂亡相繼，史冊具載，昭然可考，使國家而居朔漠，則無爭論此也。今日之治，非此悉宜？」以歷史教訓闡述了儒學治理中原的不可替代性。當時忽必烈與阿里不哥領導的蒙古本位派的鬥爭中，蒙古人對於漢文化採取懷疑態度。忽必烈沒有採取科舉制度，元朝採用漢制度不如金代徹底。〔註11〕許衡盱衡客觀情勢，深思如何因應時局，凸顯儒學傳統。雖說思想的發展具有其內在的邏輯與規律，但同時也受到極其複雜的各方面因素的綜合作用與潛在影響。從宏觀視野來看，元代思想實已超越思想史的狹隘範圍，而是在對社會文化領域的參與下，形成特殊的結合性。從而在特定社會心理條件下對當時的統治者產生影響與滲透。由於儒家的現實是建立在理想基礎上的，這使儒家理想與現實的關係顯得十分複雜。因此，許衡在面對現實時，既有理想化又有批判性。許衡的躬行踐履，本不是拘於道德修養工夫，他的主張甚至在一定程度上突破了程朱理學言義不言利的思想界限，與程子見樹木思修橋便感罪過的規範大相逕庭，這無疑是因爲許衡是在元亡金以後接受理學思想，並在宋元鼎革時期開始建立自己的思想體系。重視行道，力圖使理學發揮承續中原諸夏文化傳統的社會功能的他，在其理學思想中，表現出經世致用的特點。許衡有言證明夷夏交替的必然性：

> 大抵只是陰陽剛柔相勝，前人謂如兩人角力相抵，彼勝則此負，此
> 勝則彼負，但勝者不能止於其分，必過其分然後止，負者必極甚然
> 後復，各不得其分，所以相報復，到今不已。如中國與夷狄，中國
> 勝，窮兵四野，臣服戎夷，戎夷勝，必潰裂中原，極其慘酷。〔註12〕

〔註 9〕 《元朝名臣事略》卷五〈中書耶律文正王〉。
〔註 10〕 《魯齋遺書》卷十三〈神道碑〉。
〔註 11〕 陶晉生：《宋遼金元史新編》（台北：稻鄉出版社，民國 94 年 11 月），再版。
〔註 12〕 《魯齋遺書》卷二〈語錄下〉。

胡漢對立的關係，不只如歐陽脩所說：「自古夷狄之於中國，有道未必服，無道未必不來。」〔註13〕甚且有入侵中原，佔領中國，而建立其政權或王朝。外族及其政權的建立與實際政治情況、文化關係可說是密切相關的。如孔子所言：「微管仲，吾其披髮左衽矣！」這種文化的危機意識，是屬於中國的，是因革損益的正統文化所面臨的危機。許衡無非是要用漢族中央集權制的政治模式規範元朝政權，將其納入儒家政治的軌道，使中原傳統文化得以延續。「華夷千載亦皆人」這一新的夷夏觀念以及行漢化的政治主張，促使許衡跨越了種族的畛域，與元朝統一者建立政治合作關係，以光暢民族文化之慧命為職志。他所說的行漢法就是要恢復儒治，即孟子的王道。他認為「嘗謂中國之俗，必土著有恆產，使安其居，樂其俗。土田種樹，父子兄弟，嬉嬉於田里，不知有利欲之可趨也。民志一定，則治道可行矣。孟子說王道，便說明君制民之產，使足以仰事俯畜，其旨深矣。」〔註14〕所謂「君制民之產，使足以仰事俯畜」，這只是王道的表現形式，其根本在於使民志一定。而要實現民志一定，則關鍵在於得天下心。因此，為政者應該具備仁德，正是「為人君止於仁，天地之心，仁而矣。」他還認為「仁者必克己，克己則公，公則仁，仁則愛。」〔註15〕因此，許衡所理解的王道，就是儒家傳統的仁治思想，以下則分點介紹：

（一）經筵講學

經筵講學，始於唐代，盛於兩宋，元初仍然常見儒臣與世組對話的紀錄，如：「既至，首以三綱五常為言，上曰：何為三綱五常？公一一言之，上曰：人道之端，無大於此。失此，則不名為人，且無以立於世矣。公又言：帝王之學，貴正心誠意，心既正，則朝廷遠近莫敢不正。自是敬待加禮，不令暫去左右。」〔註16〕、「國初嘗求儒者於兵間，已有問道考治之意。世祖之在潛藩也，監收亡金諸儒學士，及一時豪傑知經術者，而顧問焉。論定大業，厥有成憲。在位三十餘年，凡大政令，大謀議，諸儒老人，得以經術進言者，可考而知也。」〔註17〕可看出開經筵所收之成效。如《元史》卷一百六十：

〔註13〕歐陽脩：《五代史記》卷七十二〈四夷附錄序〉（台北：藝文出版社），頁1。
〔註14〕《魯齋遺書》卷二〈語錄下〉。
〔註15〕《魯齋遺書》卷二〈語錄下〉。
〔註16〕見於《元朝名臣事略》卷八〈內翰竇文正公〉。
〔註17〕〔元〕蘇天爵：《元文類》卷四十一〈進講〉，頁5。

甲辰冬，世祖在藩邸，訪求遺逸之士，遣使聘鶚，及至，使者數輩
迎勞召對，世祖曰：「我雖未能即行汝言，安知異日不能行之耶？」
進講《孝經》、《書》、《易》，及齊家治國之道，古今事物之變，每
夜分乃罷。〔註18〕

又如王惲《中堂事記》記載：

六日丁酉，諸相會左丞張仲遷第，以決前議，大抵選官、薄稅、
平鈔法等事，論者頗交雜。王曰：何傷？取其長便者用焉。未刻
諸相入見，進大定政要，因大論政務於上前，聖鑒英明，多可其
奏。〔註19〕

至元二年（西元 1265 年），金末遺老、任職翰林院的王磐、徐世隆、王鶚等
進呈《大定治績》凡一百八十餘條。〔註20〕王恂、許衡等人任太子真金的老
師，向他講述遼、金帝王行事要略。〔註21〕許衡以身居廟堂的立場推廣教育
工作，藉經筵講習對帝王講學，當他面對政權更迭、外族問鼎的歷史局面，
乃採取了通變和合作的態度，建言獻策，參與廟堂，有效保證了中原地區思
想文化的穩定。許衡的《時務五議》，文字淺明，委曲周至，亦似經筵講稿。
不過，許衡的時務奏章，忽必烈是否採納付諸實施？今略舉例，或許能窺出
端倪：

初給京府州縣司官吏俸及職田（至元三年十一月）

安童奏內外官須用老成人，宜令儒臣姚樞等入省議事（至元四年三
月）

以許衡為國子祭酒（至元四年九月）

定品官子孫蔭敘格（至元四年十月）

立御史臺（至元五年七月）

敕二分（春分秋分）二至（夏至冬至）及聖誕節日祭星於司天臺（至
元五年十二月）

立國子學（至元六年七月）

〔註18〕《元史》卷一百六十〈王鶚列傳〉，頁 8。
〔註19〕〔元〕王惲：《秋澗集》卷八十一〈中堂事記〉，頁 1。
〔註20〕錢大昕：《補元史藝文志》卷二〈史類十有四‧故事〉。
〔註21〕《元史》卷一百一十五〈裕宗傳〉。

詔諸路勸課農桑（至元六年八月）

定朝儀服色（至元六年十月）

以上見《元史・世祖本紀》

許衡等奉旨議官制（至元六年）

以上見《國朝名臣事略》卷八之二。因此，元代朱子學說思潮靠著許衡的講習，因而延續光大。講之愈精，習之益熟，自能增強政權的文治力度。

（二）以儒道治國

在忽必烈即位以前便有心以儒道治國，對儒學的尊崇乃爲了鞏固統治，穩定社會。儒臣亦樂於爲之獻策：

> 上之在潛邸也，好訪問前代帝王事跡，聞唐文皇爲秦王時，廣延四方文學之士，講論治道，終致太平，喜而慕焉。……朝夕接見，問對非一，凡聖經所謂修身齊家、治國平天下之道，無不陳於前，上爲聳動。嘗諭公曰：「我今雖未能即行，安知他日不能行之耶！」
> 〔註22〕

行漢法不僅是一個概念，還是一個全面的政治改革運動。元初儒臣們的積極投入，使政治體制發生變動。如徐世隆曾言：「陛下帝中國，當行中國事，事之大者，首爲祭祀，祭必有廟，乞勅有司以時興建，從之。」〔註23〕，儒臣所建議的宗廟祭祀之禮，顯然是從中原漢地習俗而來。

此外，南宋理宗淳祐十二年（西元1252年）許衡向忽必烈提出「請世祖爲儒教大宗師，世祖悅而受之」〔註24〕，這是元代理學官學化的一個重要標誌，說明儒學的官學正統正逐步確立中。南宋理宗寶祐二年（西元1253年），他任命許衡爲京兆提學，廣設學校。即位後，他對儒學大師們尊禮有加。元世祖中統二年（西元 1261 年），授姚樞爲大司農，許衡爲國子祭酒，竇默爲待讀學士。由於「陸行宜車，水行宜舟」，所以許衡提倡三綱五常：

> 自古及今，天下國家惟有個三綱五常，君知君道、臣知臣道，則君臣各得其所矣！父知父道、子知子道，則父子各得其所矣！夫知夫道、婦知婦道，則夫婦各得其所矣！三者既正，則他事皆可爲之，

〔註22〕《元朝名臣事略》卷十二〈內翰王文康公〉。

〔註23〕《新元史》卷一百八十五〈徐世隆列傳〉。

〔註24〕《元史》卷一百六十三〈張德輝列傳〉，頁 3823～3825。儒教相關資料可參見李申：《中國儒教史》（下卷）（上海：人民出版社，2000 年 2 月），頁 545。

此或未正，則其變故不可測，知者又奚暇他爲也。〔註25〕

許衡的用意，就是要建立和諧的社會倫理秩序，人們因其所處的地位，行其所當行，故儒家學術思想以明人倫爲先。《孟子‧滕文公》：「使契爲司徒，教以人倫；父子有親，君臣有義，夫婦有別，長幼有序，朋友有信。」許衡也認爲建國君民當以「明人倫」爲先，所以不僅在政治上強調如此，也積極在教育上推行，他說：「學則三代共之，皆所以明人倫也。司徒之職，教以人倫而已，凡不本於人倫，皆非所以爲教。樹之君以立政，謹此教也；作之師以立教，教以此也。」

（三）建國號「大元」

當憲宗九年（西元 1259 年）忽必烈稱帝時，即建元中統，並接受了漢族建年號的方式來證明其合法性，「建元表歲，示人君萬世之傳，紀時書王，見天下一家之義」〔註26〕。至元八年（西元 1271 年）正式建立元朝時，更宣布建國號爲「元」，歷來對忽必烈以「大元」爲國號給予極高評價，說明他推行漢法的決心。《建國號詔》中寫道「建國號曰大元，蓋取《易經》乾元之義」〔註27〕。這樣，元世祖也就和漢族皇帝一樣，憑借著漢族的歷史與傳統，把知識權力、宗教權力和政治權力集於一身，確立了自己的合法性，同時也無異於承認了漢族文明的合理性。〔註28〕同時使元代在歷代中原王朝體系中佔一位置。

不過，忽必烈取「大元」並不表示他要將王朝漢化，因自從國號確立之後，儘管漢文文書中不再使用大蒙古國之名，但蒙古文書中則一直沒有廢除，兩種國號其實是一直並行。當然，在蒙文文獻中經常將兩種國號並稱。蒙古文獻比漢文文獻大度，加上「大元」一詞，可能是因蒙古統治者意識到早先的「大蒙古國」是包括諸王兀魯思在內的政治共同體的集團國號，而自己的

〔註25〕《魯齋遺書》卷一〈語錄上〉。
〔註26〕《元史》卷四〈世祖本紀一〉，頁 65。
〔註27〕《元史》卷七〈世祖本紀四〉，頁 138。
〔註28〕宮崎市定在《中國史》（岩波書店，1978 年，頁 424～425）裡指出，元世祖實際上是身兼二職的，一方面是蒙古的大汗，一方面是元帝國的皇帝，從蒙古人的角度看，儒教只是宗教的一種。學儒學的儒戶和道教的先生、佛教的和尚、天主教的也里可溫一樣，可以享受免除徭役以修道精進的權利，但是從中國的角度，他又重用許衡、趙孟頫，但這只是出於懷柔，決不是自己與儒教有共鳴，一旦離開政策的立場，他與普通蒙古人一樣，心裡喜愛的還是西藏流傳的喇嘛教。

王朝几大諸王兀魯思已經完全獨立，所以在「大蒙古國」前面要加一個限定詞。與雙重國號並行相適應，元朝也有兩種紀年方式。漢式年號的採用自忽必烈即位漠南那年開始，以後漢語的政府文獻都採用漢式的皇帝年號加干支紀年，但蒙語文獻乃至一些譯自蒙文政府文書的漢文文獻仍長期使用蒙古傳統的十二生肖紀年方法。王朝的多語言文字環境即使是平民百姓也是感受很深的。針對漢人的官方文件，時常用難懂的「硬譯」文體寫成。當時的漢人官吏應該很熟悉這樣的公文文書：「怎生」、「訶」〔註29〕、「那般者」。蒙古人進入中國以後，接受中國的儒學思想，以儒術緣飾政治，但在此制下的文化形態，始終是雙軌的，直至攻下中都，收用了契丹人耶律楚材，才慢慢認識中國文化。

二、推動教育

儒家一向致力於文化傳承，如《中庸》：「修道之謂教」、「自誠明，謂之性；自明誠，謂之教」；《孟子・滕文公上》：「飽食暖衣，逸居而無教，則近禽獸」；《荀子・修身》：「以善先人者謂之教」；程頤在《二程集・周易程氏傳》中認為「人之蘊蓄，由學而大，在多聞前古聖賢之言與行，考跡以觀其用，察言以求其心，識而得之，以畜成其德。」金末元初，兵災四起，人民轉徙四方，欲學無師，使儒學的教育推動面臨嚴重挑戰。史載當時關中百姓遭逢戰亂，人心思治，卻欲學無師，因此，聞許衡將任學官，「人莫不喜慶來學，郡縣皆建學校，民大化之。」〔註30〕而後忽必烈南征，許衡即棄官還鄉，「學者攀留不得，從送至臨潼而歸」，而後，京兆宣撫使廉希憲多次派使者相邀，「往返凡六七，不能強也。」〔註31〕而在許衡入仕元廷的過程中，曾任中書右丞與國子祭酒等職，這樣的經歷，對他在政治理論與實踐上〔註32〕，可以做到知行合一，也能使程朱理學發展成為當時的主流思想。許衡生當元初鼎革之際，在異族入主，時局動盪，教育日見頹圮之際，許衡發展教育當有其重大意義：

〔註29〕《廣雅・釋詁》：「訶，怒也」，「訶」俗作「呵」。《漢書・食貨志》：「結而弗呵乎」，顏注：「責怒也。」

〔註30〕《元史》卷一百五十八〈許衡列傳〉。

〔註31〕〔元〕蘇天爵：《國朝名臣事略》卷八〈左丞許文正公〉。

〔註32〕許衡為學重在實踐，其積極經世的努力，實受先秦孔孟影響：如孔子多從當下指點行仁，周遊列國；孟子從日常生活經驗談四端，轍環天下。

在元之時而有先生者出，雖志不得大行，然表章遺經，開倡絕學，使天下後世尚有所承藉，譬之窮冬沍寒春竟復生，其有功於彝教，何其偉歟！〔註33〕

世祖皇帝既定天下，惇從文化，首徵覃懷許文正公爲之輔相。文正之學，尊明孔孟之遺經，以及伊洛諸儒之訓傳，使夫道德之言衣被四海，故當時學術之正、人才之多，而文正之有功於聖世，蓋有所不可及焉！

逮仁廟臨御，肇興貢舉，網羅俊彥，其程試之法，表章六經，至於《論語》、《大學》、《中庸》、《孟子》，專以周程朱子之說爲主，定爲國是，而曲學異說悉罷黜之。是則列聖所以明道術以正人心，育賢材以興治化者，其功用顧不重且大歟！〔註34〕

由上可知，許衡爲忽必烈所徵，爲之輔相。遠紹孔孟、近承程朱。然而，程朱理學實現轉化的同時，尚面臨一個問題：如何將程朱理學的影響從南方擴展到元代政治中心所在地的北方地區，並爭取統治階層的認同？因此，在研究許衡在推動理學官學化的績效時，筆者深感教育使人啓蒙排昧，走向資質涵泳，這是儒家教育的人文化成特質。因此，以「教育成果」爲基礎，進一步申述其實際的現象與發展，方能連通一氣，深契許衡之旨。

征服民族與被征服民族間的文化關係，往往是雙行的「涵化」（acculturation），而不是單向的「同化」（assimilation）。〔註35〕蒙元朝廷一方面施行蒙古本位政策，另一方面爲減少低與漢人之間的隔閡，加強蒙古人統治漢地之能力，卻又必須倡導本族菁英掌握漢文化。金天興二年（西元1233 年），蒙廷在燕京設置國子學，招收蒙、漢官宦子弟爲學生，蒙古子弟學習漢語、漢文，而漢官子弟研習蒙古語文，可視爲蒙漢菁英涵化之濫觴。〔註36〕據《多桑蒙古史》載：「忽必烈曾受一種中國教育，深知文明功益，羨賞中國制度，保護學術文字，亞洲一切文明國家之學者皆列其朝。」〔註37〕因此，忽必烈即位之後，加強蒙古菁英子弟的漢文教育。在中央設國子

〔註33〕《許文正公遺書序》。
〔註34〕《滋溪文稿》卷五〈伊洛淵源錄序〉。
〔註35〕蕭啓慶：《蒙古史新研》（台北：允晨出版社，民國83 年），頁97。
〔註36〕參考蕭啓慶：〈大蒙古國的國子學——兼論蒙漢菁英涵化的濫觴與儒道勢力的消長〉，《勞貞一先生八秩榮慶論文集》（台北：商務印書館，1986 年）。
〔註37〕馮承鈞譯：《多桑蒙古史》（上冊）（台北：商務印書館，民國56 年），台三版。

學，用漢文化教育勛戚子弟，皇子所受皆爲蒙漢雙語教育，教授漢文者爲漢人名儒。〔註38〕令皇子及近臣子弟從漢儒讀書例證甚多：南宋理宗淳祐四年（西元 1244 年）即命闊闊（1223〜1262）等近臣子弟從學於金狀元王鶚（1190〜1273）〔註39〕；又曾命蒙古生十人從趙璧（1220〜1276）受儒書〔註40〕。以下二則資料可見教育成果：

> 竊見至元七年，朝廷立國子學，命許衡爲祭酒，遣朝右貴朝子弟令教授之。不滿五歲，諸生均能通情達理，彬彬然爲文學士。及其入仕，皆明敏通疏，果於從政，如子諒侍儀之正大，子金中丞之剛直，康提刑之仕優進學，弟親臣之明經行修，堅童、君永之議事機，子享待制之善書，學企、中客、省之、眞幹楊歷省臺，蔚爲國用，豈小補哉？〔註41〕

> 帝久欲開太學，會衡請罷益力，乃從其請，八年以爲集賢大學士，兼國子祭酒，親爲擇蒙古弟子俾教之。衡聞命，喜曰：「此吾事也。」國子子太僕未散，視聽專一，若置之善類中，涵養數年將必爲國用。』乃請徵其弟子……久之，諸生人人自得，尊師敬業，下至童子，亦知三綱五常爲生人之道。〔註42〕

由此可看出許衡興學的功績，也可知他培養政治人才的想法，恰與元朝君王所需不謀而合。甚至元世祖讓太子眞金〔註 43〕，以及蒙古大臣子弟均接受儒學教育。《元史》亦載世祖令侍臣之子不忽木（Buqumu,1255〜1300）向許衡學習儒學：

> 世祖嘗暮召我先人（不忽木）坐寢榻下陳說《四書》及古史治亂，至丙夜不寐。世祖喜曰：「朕所以令卿從許仲平（衡）學，正欲卿以嘉言入告朕耳，卿益加懃敬，以副朕意。」〔註44〕

由於許衡的努力，使以忽必烈爲首的蒙古貴族從認識到承認，也走上了提倡

〔註38〕 王風雷：〈元代的端木堂教育〉，《內蒙古大學學報》第二期（哲科版），1992年，頁 64〜69。

〔註39〕 《元史》卷一百三十四（北京：中華書局，1976 年），頁 3250。

〔註40〕 《元史》卷一百五十九（北京：中華書局，1976 年），頁 3747。

〔註41〕 《秋澗先生文集》卷九十九。

〔註42〕 《元史》卷一百五十八〈許衡列傳〉。

〔註43〕 蘇天爵：《元朝名臣事略》卷十一。

〔註44〕 《元史》卷一百四十三〈矍矍列傳〉。

以儒學爲主體的傳統文化。但做爲一個與中原文化隔絕的民族，認識儒學，絕不是一蹴可幾。在異族的統治之下，許衡面對理學基礎薄弱的君王與臣僚，選擇《四書》教授，爲元朝貴族進德修業奠下基礎。在教學時雖然「於《書》於《易》，尤多致力，然每學者請問，則必從事於《小學》，未嘗以此語也。」〔註45〕，《四庫全書總目‧四書經疑貫通提要》謂「有元一代，士猶篤志於研經」〔註46〕，清人柯劭忞亦肯定「元之儒者，服膺朱子之學；篤守謹信，言行相顧。……足以通《六經》之大義，傳孔孟之心法」〔註47〕。許衡以《小學》、《四書》爲教學的經典，終身躬行實踐，再者，於元朝皇帝、皇太子的侍講與子弟的教育，則以《小學》與《大學》爲主。其以《大學》三綱八目中的「正心」爲最重要的概念，而力說不輟。元儒既偏重於經世實務，因而較之形而上或上達之學，下學更爲重要。孔子曾教人「下學而上達」〔註48〕，朱子則致力於兩者之均衡兼顧。故朱子於修身與明倫關係外，而於微奧問題如理、氣、性、心、鬼、神、形而下、形而上、理一分殊，以及格物等等，其闡發亦不厭其詳。其以下達之教懸爲治學之主要鵠的者厥爲許衡，其人議論與著作，幾全部重在德性教養與人倫關係，其間固亦稍論格物窮理〔註49〕，形上形下〔註50〕，以及理一分殊〔註51〕之說，但主要旨趣則明確落實於下達之學。而且，許衡重視學生的個別差異，因材施教：

> 衡善教，其言煦煦，雖與童子語，如恐傷之。故所至，無貴賤賢不肖皆樂從之，隨其才昏明大小，皆有所得，可以爲世用。所去，人皆哭泣，不忍舍，服念其教如金科玉條，終身不敢忘。或未嘗及門，傳其餘緒，而折節力行爲名世者，往往有之。聽其言，雖武人俗世異端之徒，無不感悟者。〔註52〕

〔註45〕《魯齋遺書》卷十三〈考歲略〉。
〔註46〕〔清〕紀昀等纂：《四庫全書總目‧經部總敘》（北京：中華書局，1992 年 10月），卷三十六，頁 300。
〔註47〕見〔清〕柯劭忞（1878～1933）：《新元史‧儒林傳序》（北京：中國書店，1988年 8 月影印 1930 年定本），卷二百三十四；頁 905。
〔註48〕《論語‧憲問第十四》，第三十七章。
〔註49〕《魯齋遺書》一，語錄上，頁六上下，「窮理至於天下之物，必有所以然之故與其所當然之則，所謂理也」；卷二，語錄下，頁十六下，「知其性，是物格」。
〔註50〕同上，卷二，頁十二下，「性者即形而上者謂之道，氣者即形而下者謂之器。」
〔註51〕同上，卷二，頁十三上，「此說是理一也……此說分殊也」；卷二，頁十六上，「心之所以存者理一，身之所行者分殊」。
〔註52〕《元史》卷一百五十八〈許衡列傳〉。

先生嘗曰：「敬敷五教在寬，君子以教思無窮，容保民無疆，則是爲
教者，當以寬容存心也。今日學中，大體雖要嚴密，然就中節目須
且寬緩。」大概人品不一，有夙成者，有晚成者，有可成其大者，
有可成其小者。且一事有所長，必一事有所短，千萬不同，遽難以
強之也。《學記》自一年離經辨志，至九年知類通達，強立而不反，
其始終節次，幾多積累，必不可以苟且致之。故教人，不止各因其
材，又當使隨其學之所至而漸進也。蓋教人與用人正相反，用人當
用其所長，教人當教其所短。〔註53〕

他早歲便以教授童蒙爲業，學習之初，從學生的心上要求：「蓋人之良心本無
不善，由有生之後氣稟所拘，物欲所蔽，然後私意妄作，始有不善。聖人設
教，使養其良心之本善，去其私意之不善。其上者可以入聖，其次可以爲賢，
又其次者不失爲善人。」〔註54〕，其教育思想是實現他的學術理性所轉化而
來的。許衡在教學過程中主張寬鬆的教學方法，提出「教人當教其所短」，對
生員的管理相對鬆散。這與宋明形成鮮明的對比。宋代儒學在每年春秋舉行
考試，考中者還需學官面試才能入學。〔註55〕明代更爲嚴格，生員「於民間
俊秀及官員子弟選充」，地方官「必須躬親相視，人才俊秀，容貌整齊，年及
十五之上已讀《論》、《孟》、《四書》者方許入學。〔註56〕元代生員熱情不高，
元政府只能硬性規定免差儒戶有餘年閒少子弟的必須遣一名入學，地方官及
學官只是「就學試驗」。從學習內容上看，元代提倡學習朱子之學、提倡讀經，
但對生員學習非朱子之說也不限制，元代生員入佛、道、陰陽之門者甚多。
在官立學校教育中，則以朱子編纂的《小學》與《四書集注》作爲正式教材，
超拔於舉業詞章之陋習，對於保存、傳播、發展古代文化傳統有所貢獻，專
主程朱理學，卻忽視科學技術知識的傳授。此外，他還自著〈大學直解〉、〈中
庸直解〉、〈大學要略〉、〈編年歌括〉、〈稽古千字文〉，親自講授。

　　耳順之年的許衡編排〈編年歌括〉，以歌謠的形式鋪敘歷史，對歷史的觀
照是以宏觀視角和深邃認知爲基礎，詩史結合體現個人歷史觀。對歷史做一
整體編排，按朝代更替順序依次評論，囊括唐虞三代至金共二十七代的興衰

〔註53〕《魯齋遺書》卷十三〈國學事蹟〉。
〔註54〕《魯齋全書》卷四〈論陰陽消長〉。
〔註55〕崇禎《松江府志》卷二十三〈學政〉。
〔註56〕《國初學制》，嘉靖《湖廣圖經志書》卷一〈布政司文類〉。

成敗，描述和評價了元以前中國的歷史進程及其特徵注意節奏性與語言的通俗化。四庫館臣評云：「其〈編年歌括〉，尤不宜列入集內，一概刊行，非衡本意，然衡平生議論宗旨，亦頗賴此編，以存棄其蕪雜，取其精英，在讀者別擇之耳，其文章無意修辭，而自然明白醇正。」〔註57〕此論立基於學術，以爲〈編年歌括〉形式不合規範，因此不該輯入文集，但卻不否定其思想價值。更何況，〈編年歌括〉形式上更便於生童接受。主要體現在二方面：其一，句式整齊，多用韻語，容易誦讀、記憶；其二，大多篇幅短小，內容集中，便於在短時間內完成學習。許衡認爲：

> 五帝之禪，三代之繼，皆數然也。其間有如堯舜有子之不肖，變也！
> 堯舜能通之以揖遜，而不能使己之無丹朱；商均湯武，遇君之無道，
> 變也！湯武能通之以征伐，而不能使夏商之無桀紂；聖人遇變而通
> 之，亦惟達于自然之數，一毫之己私無與也。〔註58〕

在「唐虞」中，許衡對比堯舜「官天下」與夏的「家天下」，並說明此現象的發生乃因堯舜有子之不肖，而有禪讓制。最後，許衡則提出這些變遷都是符合自然之數。這在當時具有現實意義，也爲元朝統治者提供了歷史依據；蒙古滅宋、金，建立了疆域廣闊的大一統政權，元王朝同樣是符合變通之理的，具有正統地位：「天眷地顧，篤興我元，四海會同，本枝萬年。」〔註59〕由此可見許衡較開放的正統觀和民族觀，也可看出其思想意識並不狹隘。由於元朝是少數民族入主中原，故蒙古統治者對此議題特別敏感。不僅體現在治國施政的方略上，也反映在修史及史學意識上。許衡認爲正統與非正統的區分標準不是夷夏之別，而是政權是否合於數，因此，蒙古雖爲異族，但元朝則是合於自然之數的政權，當爲正統。而對於漢與鮮卑、匈奴混血家族建立和統治的李唐王朝，詩中也予以肯定：「李氏建極臨九有，紀年三百八十九，神堯太高中睿玄，肅代德順承其后，憲穆敬文並武宣，懿僖昭哀皆繼守，總來二十一稱尊，高后一朝爲武后。」從「建極」、「神堯」、「稱尊」可看出肯定意味。又如「周」：「秦人併王室」中的「併」字，表現出作者對於秦國統一天下是持認可態度的，他並不因秦曾爲周之屬國而以秦爲逆，他認爲「秦人滅周」，而非「秦滅六國」，始終以周王室爲天下之主。此外，花最多篇幅描

〔註57〕《四庫全書總目‧集部‧別集類》，卷一百六十六《魯齋遺書》。
〔註58〕《魯齋遺書‧語錄上》卷一。
〔註59〕許衡：〈稽千古文〉。

述的「周」有六百九十八字；最短的北齊，僅十六字，言簡意賅的文字表現出思想內容的高度概括性。如有唐一代，具體事件何止千萬，但許衡用史學家的眼光加以選擇，以極其精鍊的語言勾勒出大致進程，包括該朝代存在的時間、帝王以及代表事件，並且特別強調歷史真實性和客觀性。此可看出許衡對歷史的尊重，所述史事皆可核之於史書。此外，組詩還體現通俗的藝術特徵，這既反映了作者為教學需要而創作的目的，同時也代表元代文學世俗化的傾向。形式帶有一些民間歌謠的色彩，絕大部分是五七言詩，但還包括六首六言詩和一首四言詩以及排律，作品誦之如歌謠般通俗曉暢。六言詩如「西晉」：「西晉武惠懷愍，四葉五十二年，司馬乾綱解紐，五胡割據中原」；四言詩如「北齊」：「高齊五傳，年得四七，文宣昭成，后幼失國」；排律如「周」：「姬周三十有七王，歷年八百六十七，西都三百五十二，武成康昭穆共懿，孝夷之下屬宣幽，十有二朝居鎬邑，東都二十五相傳，五百一十五元日，平桓莊禧惠與襄，頃匡定簡靈景繼，悼敬元貞并定哀，思考威烈安夷烈，顯與愼靚及赧王，厥后秦人並王室」，所用語言簡約流暢，平直如話，幾近口語，讀來全無晦澀之感，且能兼顧音樂性與節奏性，因此便於理解與背誦，寓史於教，適應太學教學的需要。組詩還有一特點，即大量地運用數字、干支以及帝王廟號，並在不同詩中運用相同的字，如魏：「曹魏合五主」；陳：「陳氏合五朝」；秦：「三世都經四十霜」的霜字又見於東西魏中：「一十七霜元氏滅」。這些字於不同詩中重復使用使得詩歌更加通俗易懂，全無滯礙。語言平實且具有豐富的思想底蘊和深刻的審美內涵，寓理於情，寓情於史，針砭人物，評騭史實，非僅限於述史詠史，也演繹了人類社會發展哲理。

除了〈編年歌括〉以外，《四庫全書提要》稱〈大學直解〉、〈中庸直解〉皆課蒙書籍，詞求通俗，無所發明，蓋二書朱熹已竭心詮釋，許衡重視實踐，故務求通俗易懂。《表章碑記》說許衡：「故立身行己，立朝事君，及啓迪後進，莫不以朱子為依歸，學以躬行為急，而不徒事於言語之間；道以致用為先，而不徒極乎性命之奧。」〔註60〕由此可看出兩點：其一，許衡的思想學說屬於朱熹理學的範疇；其二，許衡為學，將章句訓詁一類的「言語文字」及竟幽探玄的性命之奧置於次要地位，視道德踐履和經邦致用為首務。並不追究「性命之奧」，崇實傾向，不言自明。正是因為這樣的問學態度，使許衡在授業時，將朱熹原旨作了些許變動，如《元史‧吳澄傳》所載：「先是，許

〔註60〕 《許魯齋集》，正誼堂全書本。

文正公衡為祭酒,始以朱子《小學》等書授弟子,久之,漸失其舊。」〔註61〕
許衡背離朱學為不自覺的行動,出發點仍在振興朱學,非著意破壞朱學。然
而,朱學在傳授過程中改變,確實與作為國子監祭酒的許衡有所關係。在〈大
學或問〉中,朱子闡明小學與大學的關係:「學之大小固有不同,然其為道則
一而已。是以方其幼也,不息之小學,則無以收其放心,養其德性,而為大
學之基本。及其長也,不進於大學,則無以察夫義理措諸事業,而收小學之
成功。」〔註62〕因此,教學上,許衡堅持以小學之學為入門功夫,在給兒子
師可的信中可見:

> 《小學》、《四書》,吾敬信如神明,自汝孩提,便令講習,望於此有
> 得,他書雖不治,無憾也。〔註63〕

上述文字可看出許衡對《小學》、《四書》的極為敬奉,甚至「他書雖不治,
無憾也」。此處應視為客觀理解,並非指許衡不習他書。然而,《小學》是一
部怎樣的著作呢?從許衡的〈小學大義〉中可窺一斑:

> 自秦始皇焚書以後,聖人經籍不全,無由可攷,古人為學之次第,
> 班孟堅《漢史》,雖說小學、大學規模大略,然亦不見其間節目之詳,
> 千有餘年,學者各以己意為學,其高者入於空虛,下者流於功利,
> 雖苦心極力博識多聞。要之不悖於古人者鮮矣。至唐韓文公始,引
> 〈大學節目〉,以為為治之序。及前宋伊洛諸先生,又表章〈大學〉
> 一篇,發明古者大學教人之法。近世新安朱文公,以孔門聖賢設教,
> 為學之遺意,參以〈曲禮〉、〈少儀〉、〈弟子職〉諸篇,輯為《小學》
> 之書四卷。其綱目則有三:曰立教、明倫、敬身。〔註64〕

許衡採用的《小學》教本乃是由朱熹編纂的《小學綱目》,用以童蒙教學,強
調立教、稽古等入門教育。今名《小學集註》,凡六卷。綱目有三,即「立教」、
「明倫」、「敬身」,輔以嘉言善行,使學者知所模仿學習。而且,朱子《小學》
重禮,以灑掃應對進退之節,愛親敬長隆師親友之道始,凡此皆為禮,由此
可修身至於治平。照朱子之意,禮樂其實就是天理之自然,節文和樂也是天
理之自然。禮樂等制度原為各朝廷必要措施,不論是妝點門面或真知教化,

〔註61〕《元史》卷一百七十一〈吳澄傳〉(北京:中華書局,1976年),頁4012。
〔註62〕朱熹:《四書或問·大學或問》卷一,頁1。
〔註63〕《魯齋遺書》卷九。
〔註64〕《魯齋遺書》卷三〈小學大義〉。

元代士人致力於漢法之行，自然要推行禮樂之文，而朱子以禮樂即合於天理，聖人先王之教化在此。此外，朱子以「敬」貫串小學、大學：

> 蓋吾聞之，「敬」之一字，聖學所以成始而成終者也。爲小學者，不由乎此，固無以涵養本原，而謹夫灑掃應對進退之節，與夫六藝之教。爲大學者，不由乎此，亦無以開發聰明，進德修業，而致夫明德新民之功也。是以程子發明格物之道，而必以是爲說焉。不幸過時而後學者，誠能用力於此，以進乎大，而不害兼補乎其小，則其所以進者，將不患於無本而不能自達矣。其或摧頹已甚，而不足以有所兼，則其所以顧其肌膚之會，筋骸之束，而養其良知良能之本者，亦可以得之於此，而不患其失之於前也。〔註65〕

成德之教有從小而大，即由小學而大學之次第，但都必須以敬爲關鍵之工夫。於小學階段，敬可涵養本源，謹於灑掃應對之節。至於大學階段，敬又可開發聰明，達明德新民之理想。正因這樣，學校施教切不可從高處、虛處著手，而須從踐履日常小事入手。蘇天爵云：

> 蓋文正之爲教也，先之小學以端其本，次之群經達諸用，勤之以灑掃應對以折其外，嚴之出入遊息以養其中，故勳伐世胄，變化氣質，周旋動靜，皆有可觀。〔註66〕

又如明儒賀欽所言：「竊慕許魯齋學朱文公，從灑掃應對，循循而進，爲務實爲己之學。在吾門者，幸相信從。」〔註67〕許衡注重修身，強調德性教養與人倫之關係，明確落實下達之學，以入德之門先於小學，而後繼之以四書。首重易知易行而普遍人間的日用之常，正是所謂「道是日用事物當行之理」（《魯齋遺書》卷五〈中庸直解〉），可見許衡從天理到人性的論述中，強調突顯人文精神的價值。因此，就其學術思想而言，盡在下達之學，對於精微義理似不欲有太多努力。這其實也是受到孔子、朱子主張下學而上達的影響，認爲應從淺近可行的下學開始。許衡認爲：

> 當其幼時，若不先習之於小學，則無以收其放心，養其德性。及其年長，若不進之於大學，則無以察夫義理措諸事業。先之以小學者，

〔註65〕 朱熹：〈大學或問〉，收於《四書或問》（上海：上海古籍出版社，2001 年），頁 2。

〔註66〕 蘇天爵：〈耶律文正公神道碑銘〉，收於《滋溪文稿》卷七（北京：中華書局，1997 年），頁 102。

〔註67〕 〔明〕賀欽：《醫閭先生集》（台北：新文豐出版社），1989 年，叢書集成續編。

所以立大學之基本，進之於大學者，所以收小學之成功也。〔註68〕

所以，「小學，教人自下事上之道，若子孝於父，臣忠於君等之類。大學，教人自上臨下之道，如敬天、修德、節用、愛民之類。上知所以臨下則下順，下之所以事上則上安。上安下順，此古昔治平之興，必本於小學、大學之教也。」〔註69〕因此，施教者引導學生從灑掃、進退、應對這些日常小事中，去體會和理解行為準則，從而治國平天下，這就是許衡的施教原則。由此可知，許衡認為盡心知性固然重要，但下學上達才是其人思想主軸。今存《語錄》二卷，凡二百餘條，亦多為小學、四書等作更明白的剖析其義而已。在〈中庸直解〉裡，他對義的解釋是「分別事理，使之各得其所」。至於「命」，應指天命。萬物皆本於陰陽，天有寒暑晝夜，物有生榮枯瘁，人有富貴貧賤以及死生修短禍福，此等皆本乎天，存其天理。許衡道出了事物的根本在於矛盾雙方的對待關係，「萬事皆本於陰陽」，即是說事物本於矛盾；而「無物不相依者」，等於指出了事物矛盾雙方的相互依賴，意即有相互依附方才構成事物。事物相互依賴、相互感應，並導致事物的消長變化，凡此皆根源於事物陰陽對待。更推而廣之，所謂君臣、父子、夫婦、長幼、朋友等五常，實即自然賦予的「名分」，明乎倫理之常，社會自然安定。

課餘，許衡則使學生練習禮儀，在科目和教法上也能設想周到，如蒙古國子學學習的內容是用蒙古文翻譯的《通鑑節要》等，待學有成效後，便出題試問，「觀其所對精通者，量授官職」〔註70〕所以，許衡所面對的不僅是一個培養人才的問題，也是一個政治問題。基於此，不忽木亦能善體君王之心，而且在至元十三年（西元1276年）上疏建議擴大國子學：

> 臣等向被聖恩，俾習儒學。欽惟聖恩，豈不以諸色人仕宦者常多，蒙
> 古人仕宦者尚少，而欲臣等曉識世務，以任陛下之使令乎？〔註71〕

此疏反映元廷自實用觀點激勵蒙人研習漢學，方能「曉識世務」，便於仕宦，如此，朝政才不致大都由色目人所把持。明代薛瑄則言：

> 魯齋學徒在當時為名臣則有之，得其傳者則未之聞也。程朱以外，
> 諸儒性理雜論尤當大著眼力，以辨其真是真非，不可執以為先儒

〔註68〕許衡：〈小學大義〉，《魯齋遺書》卷三，頁1。

〔註69〕許衡：〈小大學或問〉，《魯齋遺書》卷三。

〔註70〕〔明〕宋濂：《元史》卷八十一〈選舉志〉（北京：中華書局，1976年），頁2027。

〔註71〕《元史》卷一百三十〈不忽木傳〉。

成說，而悉從其言，魯齋謂其言有彌近理而大亂眞者，蓋謂是也。
〔註72〕

許衡深知，要想有效的推行儒學，必須得到統治者的支持，許衡倡導儒學便是以此爲重心。由此可知，許衡以一儒臣興學，負有教育蒙古貴冑子弟的重責大任，他的教育貢獻多是在官學的工作表現上，此外，這批人是代表未來政治權力的核心，因此，當是別有意義。後代儒者曾說：

> 魯齋許先生爲元一代大儒，遭逢世祖致身通顯，而其成己成物、用
> 夏變夷之功，自有不可泯者。〔註73〕

許衡雖然沒有得到忽必烈的高度信任，擔任中書左丞時間較短，其政治作爲受到限制。〈時務五事〉中，因爲是呈給忽必烈的時政奏疏，內容偏重元帝國的統治政策，而且忽必烈很難理解「道」爲何物。許衡就換作相對通俗直白的「漢法」一詞來表達，且許衡預料其中的困難性與長期性，故著手對蒙古國子生的儒學教育，將希望寄託在下一代。許衡有意識的進行學術傳播的工作，史載：

> 奏召舊弟子散居四方者……皆驛致館下爲伴讀，欲其夾輔匡弼，薰
> 陶浸潤而自得之也。或謂先生，何不博選時俊，而獨用其門生？曰：
> 「我但教人而已，非用人也，方以我之拙學教人，他人則否，未可
> 知也。」〔註74〕

教育造就弟子，是國家未來的希望；而學術文化則是形成一種力量，乃義理的呼聲。即便蒙古生的資質不如漢人，卻也一視同仁，不輕言放棄：

> 蒙古生質樸未散，視聽專一，苟置之好伍曹中，涵養之數年，將來
> 必能爲國家用。〔註75〕

由此可知，許衡培養學生的目的乃爲國家所用，這樣的教學，和朱子所謂「所以幸教天下之士，使之知所以修身、齊家、治國、平天下之道，而待朝廷之用也。」（《玉山講義》）是不謀而合的。後來，安童、不忽木等弟子果然不同程度地漢化或儒化，並在理學官學化中發揮不可替代的作用

前此，蒙哥汗時雖已設立國子學，但主持學務者常爲道士〔註76〕。而且，

〔註72〕《魯齋遺書》卷十四〈薛文清公讀書錄〉。
〔註73〕《魯齋遺書》卷十四〈清江彭綱題〉。
〔註74〕《魯齋遺書》卷十三〈國學事蹟〉。
〔註75〕《魯齋遺書》卷十三〈國學事蹟〉。
〔註76〕元初的國子學雖然誦讀四書五經，國子祭酒卻由道士李志常所擔任。儒者無

雖將漢族經典列為教材，但其教學內容仍以培養通譯人才為主。這一方面顯示蒙古人的統治政策遷就漢地的現實，另一方面也反映出蒙人重實用的特性。而且，當時東平派的儒者多為刀筆吏出身，故專長以實利傾向為號召，與統治者頗為契合。而且，由於金朝科舉與皇室提倡之故，章句之學為民間的教育重點，程朱心性之學，力駁章句之習，如何加以取捨，是許衡在推動理學教育時，定然要面對的問題。

　　《元文類》卷四十一「經世大典，禮冊序學校」條：「我朝自太宗皇帝，投戈講藝，建學於燕，四方諸侯，相繼興學：世祖皇帝……即位，即以道建極，文軌混同，內設胄監，外設提舉官，以領郡縣學校之事，於是遐邇絕漠，先王聲教之所未暨者，皆有學焉。」又「治典序，儒學教官」條：「世祖皇帝，既立國子學，以教國人，及公卿大夫之子，取其賢能俊秀而用之，又推其法於天下，郡縣皆立學，其師儒之命於朝廷者，曰儒學教授，路府上州則置焉。」〔註77〕國學之始，據《元史‧選舉志》卷八十一「學校」條：「世祖至元八年，春正月始下詔立京師蒙古國子學，教習諸生，於隨朝蒙古人從人百官，及怯薛歹、官員，選子弟俊秀者入學」，國學的建立，把中國的儒學傳給了蒙古色目人的貴胄子弟。門弟子遍布北方，使程朱學說成為思想界的正統，支配中國政治社會。然而，世祖忽必烈本質是嗜利黷武，容易信任色目人，使之當權，因之漢人儒生受到不平待遇，如許衡創建的國學，就常有饔飧不繼的現象。至於地方學則較早，「國初燕京始平，宣撫王檝，請以金樞密院為宣聖廟，太宗六年設國子總教命貴臣子弟，入學受業。」《中堂事記》：『秋八月（中統二年）徵君許衡；授懷孟路教官。』志又載：「至元十三年，授提舉學校官，六品印。」二十四年，既遷都北城，立國子學於國城之東，迺以南城國子學，為大都路學。許衡意在通過設立學校，提供普遍的儒學教育，直接為元朝統治階層進行人才培養。因此建議廣設學校：

　　　　自上都、中都，下及司、縣，皆設學校，使皇子以下，至於庶人之
　　　　子弟，皆從事於學。日明父子、君臣之大倫，自灑掃應對至於平天
　　　　下之要道。十年之後，上知所以御下，下知所以事上，上和下睦，

　　　　法真的的掌握教育的實權。直到許衡受命接掌國子學，教導有方，後繼者多
　　　　能遵循其法度，地方州縣學，甚至私人書院，也遵循許衡教法，程朱之學的
　　　　地位始定。參見蕭啟慶：《大蒙古國的國子學》。
〔註77〕《元文類》卷四十。

又非今日比矣。能是二者，則萬目皆舉；不能是二者，則他皆不可
期也。〔註78〕

許衡還抓住元帝的心態，說明推廣儒學教育的實效，重在建立一個長治久安
的政局。可見，許衡除了是以一個儒者的心態去思考「教育」的意義，使其
教育思想意義豁顯外，必須辨明的是，許衡的教育思維亦受外在環境的影響，
而為政治立言。因為以忽必烈為代表的蒙古統治者逐步認識到儒學對國家穩
定的重要作用，於是，發展教育成為元朝實行漢法的重要內容之一。許衡生
當時局動盪、教育日見頹圮之際，發展教育當有其重大意義。他的用心及在
當時環境中的教化意義，也獲得充份的朗現。至於學校法制化，郝經也有類
似的體認：「於是法度廢則綱紀亡，官制廢則政事亡，都邑廢則宮室亡，學校
廢則人才亡，廉恥廢則風俗亡，財賦廢則國用亡。」〔註79〕至於從「世祖至
元八年春正月詔」等資料則可見許衡推動教育之功：

八年春正月詔曰：「聞者採近代之制，創為國學，已嘗頒告天下，然
學者尚少。今復立條劃，其令有司，明諭四方，庶幾多所興起，以
傳永久：京師設國子學，教授諸生，於隨朝百官、怯薛歹選擇子弟
俊秀者入學；

一、諸王位下及蒙古千戶所，依在前設畏兒、八合赤例，設立學校；

一、隨路所設學校，有願充生徒者，與免本身差役。回回、畏吾、
河西人等，願學者聽，不在額設之數；

一、翰林院見設諸官，譯寫《通鑑節要》，頒與國子學、諸路教授；

一、符寶郎設蒙古學悶者赤一員，驗人口實；

一、省部台院諸印信，及所發鋪馬箚子，並用蒙古字；

一、凡有行程文字，並用蒙古文字標寫本宗事目，內外諸衙門，亦
用蒙古字人員充悶者赤；

一、省部台院，凡有卷目用蒙古字；

一、二三年後，選擇習學生員，出策題試問，中選者，約量授以官
職；不得稱蒙古字為新字。〔註80〕

〔註78〕《魯齋遺書》卷七〈時務五事〉。

〔註79〕《全元文》卷一百二十一〈立政議〉。

〔註80〕以上資料可見《新元史》卷六十四〈選舉志一〉。

> 世祖至元六年七月立國子學。次年，命侍臣子弟十有一人入學，以
> 長者四人從許衡，童子七人從王恂。又命生員八十人入學爲定式。
> 八年三月，增國子學司業、博士、助教各一員，選隨朝百官、近侍、
> 蒙古人子孫及俊秀者充生徒。九月，選胄子托克穆爾等十人肄業國
> 學。十年九月，太保劉秉忠等請增置生員，從之。至元二十四年設
> 國子監立國學。〔註81〕

至元六年（西元1269年）受詔與太常卿徐世隆等同定朝儀，與太保劉秉忠、
左丞張文謙等訂官制。許衡歷考古今制度，授唐宋之故典，參遼金之遺制，
設官分職，立政安民，成一代王法〔註82〕，使蒙古國家體制臻於完備。

三、國子監書院化

　　自隋唐科舉實行開始，政治權力便佔有官學教育發展的主導機制，學子
也因此埋首時文而忽略道德；宋代理學家則弘揚儒學教育傳統，創辦書院，
講求身心修養；處於轉折關頭的元代則面臨挑戰。身爲元代首任國子祭酒的
許衡在主持國子監時〔註83〕，決意借鑒宋代書院的辦學模式，摒棄科舉之弊
端，首重培養道德人格：

> 先生設學校，養育人材，以濟天下之用。及其弊也，科目之法愈嚴
> 密，而士之進此者愈巧。以至編摩字樣，期於必中。上之人不以人
> 材待天下之士，下之人應此者，亦豈仁人君子之用心也哉？難得之，
> 何益於用？上下相待，其弊如此，欲使生靈蒙福，其可得乎？先王
> 設學校，後世亦設學校，但不知先王何爲而設也？上所以教人，人
> 所以爲學，皆本天理民彝，無他，教也，無異學也。〔註84〕

許衡的這一教育主張於元代又別具特殊的意義。元代是中國史上比較特殊的
朝代，憑著武力而來的草原文化和西域文化憑藉著權力優勢衝擊著中原傳統
的倫常秩序，佛、道兩教也借助著蒙古統治的親睞而相繼位寵一時。元代儒
學的地位受著來自內外多方的夾擊和挑戰。許衡了解元代治國艱難的根源在

〔註81〕《欽定續文獻通考》卷四十七〈學校考一〉。
〔註82〕〔元〕郝經：〈立政議〉，《陵川文集》卷三十二。
〔註83〕元代國學是國子監，也就是太學，是官府培養人才的最高學府，也是國家最
　　　　高的教育館裡機構。設在宣聖廟西偏，大德時修葺聖廟爲齋舍，順帝舉行幸
　　　　學典禮也都在此。世祖登基以後，即任命許衡爲國子祭酒。
〔註84〕《魯齋遺書》卷一〈語錄上〉。

於傳統倫理綱常秩序遭到破壞。蒙古等貴族嗜殺、好利、綱常觀念淡漠，也成為推行漢法的障礙。許衡年輕之時受亡金儒士之教，所學是章句詞賦舉業。他在隱居蘇門時得程朱之學，深受折服，也立志回復儒家教育傳統，由此產生了「慨然思復三代庠序之法」﹝註85﹞的念頭。由古代聖王轉移到孔孟程朱，重心已自覺地由君道轉移到師道，正如朱子有言：「若吾夫子則雖不得其位，而所以繼往聖、開來學，其功反有賢於堯舜者。」﹝註86﹞因此，若能發明本心，修德講學，教化百姓，弘揚斯學，則道統有繼。

　　許衡主辦國子學的成功，為程朱理學在元代的傳播奠定了基礎。而且，當宋朝臨安為元將伯顏等所陷，宮中圖籍珍寶悉為蒙人運往大都時﹝註87﹞，許衡以所失仍多，遂建議大汗遣使至杭州等處，取在官書籍版刻至京師，大汗納衡言。至元十五年（西元1278年）四月庚辰遂付諸實行。無疑的，此一漢文化也得以保存，許衡實有莫大功勞。今人徐梓（1962～）則從元代書院一般學規、課本以朱子之說為主，及祭祀朱熹（1130～1200）及其門人的普遍現象，進而認為：

> 在元代，讀朱子之書，學朱子之學，已不單純是一種學術風氣，而可以說是一種社會時尚。……不僅是讀朱子之書，學朱子之學，而且還以朱子的是非為是非，在這種情況下，我們說元代學術是朱學的天下也無不可。﹝註88﹞

蒙元在百年的時間內興建了四百多所的書院，可見如下記載：

> 我皇元戡定伊始，即崇文教，南北統一，黌舍遂遍區宇，漸濡百年，而書院之闢，視前代百倍矣。﹝註89﹞

﹝註85﹞ 歐陽玄：〈許衡神道碑〉。

﹝註86﹞ 《四書章句集注·中庸章句·序》，頁2。

﹝註87﹞ 伯顏是蒙古八領部人，成吉思汗時大將阿剌黑之孫，中軍萬戶納牙阿侄孫。其父跟隨旭烈兀征伐西域，伯顏長期居住波斯。至元初年，隨人到元朝奏事，忽必烈見之，令其參與國事。致元二年，拜光祿大夫、中書左丞相，處事果斷有為。至元四年改任中書左丞，七年，遷同知樞密院事，史天澤、姚樞兩位漢法派重臣都推薦安童與伯顏，可見當時二人威望之高與人心所向。如《宋史·姚樞傳》所言：「如求上將，非右丞相安童、同知樞密院事伯顏不可。」相關資料可見朱耀廷、趙連穩著：《元世祖忽必烈傳》（北京：北大出版社，2009年），頁187；《宋史》卷四十七。

﹝註88﹞ 徐梓：《元代書院研究》（北京：社會科學文獻出版社，2000年1月），頁175。

﹝註89﹞ 《至正集》卷四十三。

> 近年書院之設日加多，其弊日加甚，何也？徒知假寵於有司，不知
> 爲教之大，徒徇其名不求其實然耳。〔註90〕

但是，國子監書院化的辦學模式的缺陷也是顯而易見的。因爲它只停留於小學之學而未行大學之道，其教學內容較爲淺近，對於國子監生的發展和人格養成都是不利的。而且，唐、宋以來官學的管理已有長足的發展。許衡卻未能借鑒歷史上官學管理的有益經驗使之完善，而是使國子學長期停留於學校的自然狀態之中。作爲一所中央官學，國子監的正規化建設是刻不容緩。許衡的後繼者形成兩種做法：一種是通過發展的手段堅持許衡的辦學方向，另一種做法則採固守的手段和政權力量來維護許衡的權威。

四、朱子理學的通俗化

　　筆者所要探討的問題在於許衡如何運用政治手段推行朱子思想，並轉化爲適合元朝統治者的需要，使之通俗化？許衡的學術思想對後世的影響頗鉅，然而，不應只是討論幾個抽象概念的表達，而應是廣泛地涉及到學術史的討論範疇才是。

　　程朱理學倡導的篤實和邃密之功，不利於蒙古弟子的接受。儒學自身的特點，嚴重阻礙它的傳播，因此，若要加速傳播，便要講究通俗易懂。爲了讓儒學爲蒙古貴族所接受，許衡重新解釋儒學經典。因應時代需要，許衡用極大的努力，使其回到經世致用的路上，而成爲元代理學的一大特點。而且，正因許衡出身貧困，又經過了金末戰爭的離亂，對現實生活的時時關心，故其講理學不再僅「徒事於言國文字之間」，而是特別講究修齊治平服務。針對當時文人的某些偏向，許衡指出：「若爲道之人，厭其卑近，以爲不足爲，……務爲高遠難行之事，則便不是道了。」〔註91〕顯而易見，務求實用是許衡基本的治學態度。在他以前，宋儒強調心性，鄙薄事功，理學緣此而發。雖有葉適、陳亮之流倡導功利，但終未成氣候。至於北方金儒，講究句讀訓解，而與現實脫節。因此，許衡所爲，無疑試圖將心性與事功加以調和。除了性理之學的發揮外，許衡未放棄儒家的經世傳統〔註92〕。他把程朱理學中高深

〔註90〕程鉅夫：〈東庵書院記〉，《雪樓集》卷十三。
〔註91〕《魯齋遺書‧中庸直解》。
〔註92〕如二程一再申述儒家的經世致用傳統：「窮經，將以致用也。……今世之號爲窮經者，果能達於政事專對之間乎？則其所謂窮經者，章句之末耳，此學者之大愚也。」（《河南程氏遺書》卷四）。

莫測的「道」做了更寬泛的解釋，認爲「道」並非高深玄妙之物，如果道是「高遠難行之事，則便不是道了。」它應該是「眾人之所能行者，故道不遠於人」，爲了使道更接近眾人，甚至民生日用的鹽米細事都算是道的範疇。如此一來，則上至王公貴族，下至村野百姓皆能了解，也能行道。由此可知，許衡側重點在日用倫常。欲在平民百姓中建立合乎儒家體系的價值觀念，且其教育對象不同於經生文士，故講學須用淺顯易懂的語言來進行。虞集曾盛讚許衡：

> 文正故表章朱子《小學》一書以先之，勤之以洒掃應對以折其外，嚴之出入游息而養其中，掇忠孝之大綱以立其本，發禮法之微權以通其用。於是數十年，彬彬然號稱名卿士大夫者，皆其門人矣。嗚呼！使國人知有聖賢之學，而朱子知書得行於斯世者，文正之功甚大矣！〔註93〕

許衡每先提小學，再及四書。他曾有言：「古昔治平之興，必本於小學與大學之教也」〔註94〕。所謂小學之教，意指日常灑掃進退之節。所謂大學之教，即載之於《大學》一書。〈神道碑〉稱許衡「其爲學也，以明體用爲主。」大學則與小學並舉，其理至簡，良以小學示吾人以特殊而具體之教義與例證，四書則闡發其中所涵之道德義蘊。因知許衡乃謂入德之門，始惟由小學而繼以四書。〔註95〕程端禮在談到許衡倡導理學時，曾說：

> 儒爲學者之稱，吏則其仕焉之名也，名二而道一也，儒其體，吏其用也。學，古入官，古之制也。……自許文正公得朱子之學，以光輔世祖皇帝，天下學者始知讀朱子所釋之經，知眞儒實學之所在，

〔註93〕《魯齋全書》卷二〈蜀郡虞公文集〉。

〔註94〕見《魯齋遺書》卷三〈大學要略〉。此外，許衡認爲《大學》、《小學》的教育內容能使學子知禮守義、循規蹈矩：「《小學》教人自下事上之道……《大學》教人自上臨下之道。……上知所以臨下，則下順；下知所以事上，則上安。上安下順，此古昔治平之興，必本於《大學》、《小學》之教也。」（《魯齋遺書》卷三〈小大學或問〉）實則，許衡自接受程朱理學後，特別重視進學之序，亦曾對其次子師可說：「《小學》、《四書》，吾敬信如神明，然能明此，他書雖不治可也。」（《魯齋遺書》卷十三〈國學事蹟〉），即使師可年過十五，應到了「大學」階段，許衡卻依舊認爲他的工夫下得不夠：「《小學》、《四書》，吾敬信如神明，自汝孩提便令講習，望於此有得，他書雖不治無憾也。今殆十五年矣！尚未成誦，問其指意，亦不曉知，此吾所以深憂也。」（《魯齋遺書》卷九〈與子師可〉）。

〔註95〕《魯齋遺書》卷末，附錄。

> 然則士生今日者，可不自知其幸歟！誠能讀其書，而眞修實踐焉，
> 以儒術而行吏事於從政……子夏曰：「仕而優則學，學而優則仕。」
> 然則儒吏果二道，而有所輕於其間哉？〔註96〕

經由程端禮的說明，得以了解許衡學術思想影響之深遠。許衡的「易簡」學術訴求，以及務實的經世態度，與元帝重實利相符合。當許衡陳述政治理想、治國方略等，自然也得投其所好，才能獲得採納。於是，「帝嘉納之」，並令許衡等人按照漢王朝傳統制定了各項典章制度，也爲理學的發展及官學化奠下基礎。

　　綜上可知，許衡改進理學、致力教育，盡一切可能推廣，透過實學日用，遠紹儒家聖人，接續儒家道統譜系，使上至統治者，下迄一般人，對於理學有所認識，並使之逐步走向官學化。使中原文化與蒙古舊習相互撞擊、融合，順應歷史的發展潮流，值得稱道與肯定。

五、宣揚儒家經典

　　宋儒爲弘揚儒家思想，喜談心性之說，想爲儒家找個更高的形上基礎，並建立一思想體系以對抗佛學，所以對四書格外重視。元仁宗皇慶二年（西元1313年）舉行科舉，以朱子的《四書章句集注》取士，可見該書在思想史上的地位。正如陳逢源所說：

> 「四書」卻是標示一個嶄新的經典架構，從原本彙整諸家說法，參
> 以講論體證，最後兼容漢魏以下訓詁成果，附以個人心得。其學術
> 思想之轉折，也終於成熟。《四書章句集注》即爲核心所在，此爲朱
> 熹四書學最重要的階段，也代表對於北宋儒學反省之餘，綜整自漢
> 以來儒學思潮，終於形塑完整思想體系。〔註97〕

由於朱熹講學的重點在於討論道德實踐之所以可能之先天根據，故以《論語》、《孟子》、《中庸》、《大學》爲立論之據，掘發重要思想概念，正是所謂

〔註96〕見程端禮《畏齋集・儒吏說》，相關討論可見姚燧說法，他曾謂仕進三途：「一由宿衛，一由儒，一由吏。」（《牧庵集・送李茂卿序》），宿衛的部分是少數，以儒進用者也少，最多是從吏員入仕，科舉施行前後，這種現象差距不大，許多儒臣也是由刀筆吏出身的，針對這個歷史現象，儒臣便提出以儒術緣飾吏治。詳見王明蓀：〈元代的儒吏之論與儒術緣飾吏治〉，《華學月刊》第139期，民國72年。

〔註97〕陳逢源：《朱熹與四書集注》（台北：里仁出版社，2006年），頁140～105。

「上自帝王傳心之奧，下至初學入德之門，融會貫通，無復餘蘊。」〔註 98〕
朱子對集注的工作有諸多體會：「熹於《論語》、《孟子》、《大學》、《中庸》一
生用功，粗有成就。然近日讀之，一、二大節目處，猶有謬誤，不住修削，
有時隨手又覺病生，此豈易事」〔註 99〕、「某於《論》、《孟》四十年體會，中
間逐自稱等，不教偏些子，學者將注處，宜仔細看」〔註 100〕。朱子在孝宗興
隆元年（西元 1163 年）成《論語集義》、《論語訓蒙口義》，乾道八年（西元
1172 年）成《論孟集注》、《或問》，乾道三年（西元 1167 年）修改《大學章
句》，淳熙元年（西元 1174 年）成《中庸章句》，十六年（西元 1189 年）寫《大
學章句序》、《中庸章句序》，光宗紹熙三年（西元 1192 年）成《孟子要略》，
故《四書集注》確實注著朱子畢生心血。朱門後學也稱：「是四書者，覃思最
久，訓釋最精，明道傳世，無復遺蘊」〔註 101〕、「孔孟之道至周程而復明，至
朱子而大明。」〔註 102〕朱熹繼承並發展二程的思想，以四書及四書義理之學
取代六經訓詁之學而做為經學的主體和基礎，並以章句集注體式組織四部經
典文本。於淳熙九年（西元 1182 年）集為一編，刊刻於婺州（今浙江金華），
是為《四書章句集注》。以道學的內在邏輯，排列四書入道的次序。朱子強調
四書重於六經〔註 103〕，以四書發明道統，也支撐著整個思想史一貫整體向前
的發展，同時發明聖人之道，這在中國經學史上具重要意義。朱子主張分階
段學習，並以一種循序漸進的方式為之：

> 某要人先讀《大學》以定其規模，次讀《論語》以立其根本，次讀
> 《孟子》以觀其發越，次讀《中庸》以求古人之微妙處。《大學》一
> 篇有等級次第，總做一處，易曉，宜先看；《論語》確實，但語言散
> 見，初看亦難；《孟子》有感激興發人心處；《中庸》亦難讀，看三

〔註 98〕〔元〕脫脫：《宋史》卷四百二十七〈道學傳序〉（台北：鼎文書局，1978 年），
　　　　頁 12710。
〔註 99〕〔宋〕朱熹：《晦庵文集》卷五十。
〔註 100〕黎靖德：《朱子語類》卷十九（台北：臺灣商務印書館，1983 年）。
〔註 101〕《朱子語類‧饒州刊朱子語續錄後序》。
〔註 102〕《朱子語類‧饒州刊朱子語續錄後序》。
〔註 103〕在中國經學發展史上，宋代經學不同於漢唐經學的一個突出特點表現在宋學
　　　　是以重義理、輕訓詁的義理之學與漢唐的重章句訓詁、繁瑣釋經的訓詁義疏
　　　　知學相區別。漢學和宋學雖有聯繫之處，但在詮釋經典上卻有不同的側重。
　　　　漢學以六經為主，與之相應為訓詁之學；宋學以四書為主，與之相應為義理
　　　　之學。

　　　書後，方宜讀之。〔註104〕

編排形式與內在理念構成四書體系的結構層次，上述不但是編排的次第，也是問學的易難順序。朱熹爲求呈顯儒學的進程與規模，確立道統宗傳的價值，同時也在注釋中滲透理學旨趣。

　　在朱子的時代，他寫《四書章句集注》並非爲了要官學化。然而，隨著元易宋祚，朱子的《四書章句集注》便成爲文化薪傳的憑藉。〔註105〕可見朱子四書編纂，不但是個人學術成就上之重要進程，更是建立在諸多基礎上而形成之體大思精之作。因此，要討論宣揚儒家經典，便必然將關注焦點放在「四書」上。元代初期，由於政治中心的北移，北方地區的四書學較諸南方更爲活躍〔註106〕。許衡期待以教化政，以教化規範約束政治權力。單憑道德說教是無用的，若能透過經典閱讀則更有效果。因此，他以四書闡發義理，宣揚儒家倫理道德，並把儒家經典視爲一個整體，將其作爲評判諸子百家及史學之是非的標準。而且，通過經典教育，能使學生明白先哲啓教後人的智慧。此外，國族不同，易代而處，尊奉四書的意義則更有超乎政治層面之因素存在，形成貫徹理學思想建立儒學的新體系。《論》、《孟》、〈學〉、〈庸〉在各自思想側重關係上的意思接通，組成一群組系統，實現了邏輯的契接，發掘原典中的思想極致，經過疏通而擴充延伸，使儒家經典煥發出新的理性精神。許衡著有〈中庸直解〉、〈大學直解〉二篇，乃是順著〈中庸〉和《大學》的文本，逐一說明經文的意義，從章句訓詁到義理發揮，嘗試從零散的詮釋文字中歸結出思想脈絡。將其中的思想經由人文精神的轉化，轉爲道德實踐的準則。如此一來，由朱熹所建構的聖人之學能夠擁有明晰完整的儒家思想體系，在各有淵源、不同義理脈絡下，得以匯整相乘。以下則依四書爲序，分列朱子與許衡說法，並檢具許衡申論之處，當有助於了解其人關切角度，加以對照，以視傳承。

〔註104〕黎靖德：《朱子語類》卷十四〈大學綱領〉（台北：臺灣商務印書館，1983 年）。

〔註105〕「《書錄解題》載司馬光有《大學廣義》一卷、《中庸廣義》一卷，已在二程之前，均不自洛閩諸儒始爲表章。特其論說之詳，自二程始。」可見司馬光、二程對《四書》的初構工作有所貢獻，實現了理學與義理的觀照統一。然而，「定著《四書》之名則自朱子始耳。」相關資料參閱《四庫全書總目提要》卷三十五經部 35，四書類。

〔註106〕相關資料可參見周春健：《元代四書學研究》（上海：華東師範大學出版社，2008 年），頁 134～156。

（一）《大學》

　　朱熹一生用力於四書深矣，對《大學》著力尤深。在朱子心中，《大學》的意義究竟何在？在朱子看來，《大學》所講的是「大人之學」，實相對於「小子之學」而言。〔註107〕〈大學章句序〉中說，人生八歲至十五歲入小學，「教之以灑掃應對進退之節，禮樂射御書數之文」；及十五歲成人之後，才「教之以窮理正心修己治人之道」，是爲大學。〔註108〕《朱子語錄》載朱熹之言：

> 「人之爲學，先讀《大學》，次讀《論語》。《大學》是個大坯模。《大學》譬如買田契，《論語》如田畝闊狹去處，逐段子耕將去。」或曰：「亦在乎熟之而已。」曰：「然。」〔註109〕

> 某《論語集注》已改，公讀令《大學》十分熟了，卻取去看。《論語》、《孟子》都是《大學》中肉菜，先後淺深，參差互見。若不把《大學》做箇匡殼子，卒亦未易看得。〔註110〕

朱熹以「坯模」、「匡殼子」的比喻，說明《大學》內容具有的近程與架構，自此儒者事業更見清楚。《大學》以三綱領和八條目構成思想二大部分，又以綱領和條目的內在邏輯關係被北宋二程定義爲「孔氏之遺書，而初學入德之門也。」〔註111〕朱熹參照二程對於《大學》已施行「治其簡編，發其歸趣」〔註112〕之務，使「《大學》教人之法，聖經賢傳之旨，燦然復明於世」，並以此期許自己「顧其爲書，猶頗放失；是以忘其固陋，采而輯之」〔註113〕，如此一來，「於國家化民成俗之意，學者修己治人之方，則未必無小補。」〔註114〕而且，他將《大學》做了多層面的調整：其一，將本文畫分經、傳結構，及經一章、傳十章；其二則是斷定傳部缺脫第五章並補之；其三則爲調整文篇

〔註107〕朱熹：《四書或問・大學或問》（武漢：武漢大學出版社），卷一，頁1。

〔註108〕朱熹：〈大學章句序〉，《四書章句集注・大學章句》（上海・上海書店，影印商務印書館1935年），國學基本叢書，頁1。

〔註109〕黎靖德：《朱子語類》卷十四〈大學一〉，頁250。

〔註110〕黎靖德：《朱子語類》卷十九〈論語一〉，頁428。

〔註111〕朱熹：《大學章句》，《四書章句集注・大學章句》（上海・上海書店，影印商務印書館1935年），國學基本叢書。

〔註112〕朱熹：《大學章句》，《四書章句集注・大學章句》（上海・上海書店，影印商務印書館1935年），國學基本叢書。

〔註113〕朱熹：《大學章句》，《四書章句集注・大學章句》（上海・上海書店，影印商務印書館1935年），國學基本叢書。

〔註114〕朱熹：〈大學章句序〉，《四書章句集注・大學章句》（上海・上海書店，影印商務印書館1935年），國學基本叢書。

舊次，將文篇段落經一章和傳十章構成文篇十一部分。〔註 115〕

　　在朱子看來，一個人只成就小學工夫是不夠的。特別是作爲大學教育的對象，所謂「天子之元子、眾子，以至公卿大夫元士之適子，與凡民之俊秀」〔註 116〕，指出不能僅滿足於做一個一般意義上的善人，而應將小學階段所明之善推往極致。同時，小學階段對於某些人生具體問題無法體察入微，因此必須藉由大學工夫：

> 致知、格物，〈大學〉中所說，不過「爲人君，止於仁；爲人臣，止於敬」之類。古人小學時都曾理會來。不成小學全不曾知得。然而雖是「止於仁，止於敬」，其間卻有多少事。如仁必有所以爲仁者，敬必有所以爲敬者，故又來大學致知、格物上窮究教盡。〔註 117〕

由此可初步看出：首先，小學與大學構成朱子工夫論中最重要的兩大次第，小學明乎善，是作爲一個人最起碼的要求；大學則在此基礎上，要人止於至善，成爲一個聖人。其次，兩者雖有次第上的區別，但不可割裂看待。在大學的工夫次第中，始終有小學工夫的前提存在。〔註 118〕最後，小學與大學的區別，乃在於成就「善」與成就「至善」的不同。以下則分成「修身」與「格物致知」二點探討：

　1. 修身

　　許衡在詮釋《大學》「自天子以至於庶人，壹是皆以修身爲本」時，特別強調「修身」：

> 自天子而下諸侯卿大夫，以至於庶民百姓，貴賤雖不同，一切都要把修身做根本。蓋身是天下國家的根本，有天下國家之責者，能修這身，則家可齊，國可治，而天下可平矣。《大學》之教最要緊全在修身上，所以說「壹是皆以修身爲本」。〔註 119〕

> 孔子道脩身在正心，這的是《大學》裡一箇好法度。能正心，便能

〔註 115〕陸建猷：《四書集注與南宋四書學》（西安：陝西人民出版社，2002 年），頁87。

〔註 116〕朱熹：〈大學章句序〉，頁 1。

〔註 117〕《朱子語類》第一冊，卷十四，第 24 條〈黃子耕錄〉，頁 252。

〔註 118〕「朱子所謂格物致知，乃大學之功，其下尚有小學一段工夫，論朱子之說者，亦不可不知。」見呂思勉：《理學綱要》（北京：東方出版社，1996 年），頁111。

〔註 119〕《魯齋遺書》卷四〈大學直解〉。

脩身，能脩身，便能齊家，能齊家，便能治國，能治國，便能平天
下，那誠意、格物、致知，都從這上頭做跟腳來。大概看來，這箇
當於正心上一步一步行著去。一心正呵一身正，一家正一國正，這
的便是平天下的體例。〔註120〕

凡人心既正了，身又脩得正，在一家之中為父者慈，為子者孝，一
旦在朝廷為官，決忠於君，在家兄弟和睦，在外與人做伴當老實，
心裡慈愛，覷著百姓恰似覷著家裡孩兒每一般，只要教百姓快活，
便是自己快活一般。〔註121〕

許衡深受朱子影響，朱子提出「正君心是大本」〔註122〕的思想，要求格君心
之非，不贊成君主「獨任」，反對絕對君權主義，批評君主的專制獨斷，因此
遭到了統治者的打擊迫害，其學被禁，這表明朱熹的政治思想有與封建統治
者不相容的特色，顯示受限的思想特點。〔註123〕〈大學直解〉雖較委婉，卻
也把「修身」明確地歸之於皇帝的修身，認為最高統治者皇帝同普通人一樣，
也應以「修身做根本」，並透過修身以塑造其道德品性。許衡對為君者的「絜
矩之道」的詮釋為「大學之教最緊要全在修身上」的進一步展開。由此可看
出二點：其一，「齊家」是對皇帝修身的具體要求，即是整肅人君之家，或者
是說整肅皇室家族。所謂家是「人君一家」，家「是一國的根本」，這只有皇
帝之家方可謂之；其二，所謂「齊家」最終目的是為了治國，為了以道德教
化天下，「若要使一國的人無一個不明其德，必先齊其那一家的人」〔註124〕，
這就是說要使天下道德彰顯，人人都講道德，最關鍵的首先是皇帝之家要有
德，皇帝本身要在道德上為天下人作出表率。因此，許衡認為人君要有「絜
矩之道」，此乃基於皇帝修養的基礎上提出的，既是修身準則，亦可用於規範
天下百姓；若離開「修身」，則人君的「絜矩之道」就變得毫無意義，質言之，
肯定人君有的「絜矩之道」也就是肯定其「修身」。許衡依照經典的內容，解
釋絜矩之道：

假如不欲在上的人以無禮使我，便以我的心度量在下的人，知他的

〔註120〕《魯齋遺書》卷三〈大學要略〉。
〔註121〕《魯齋遺書》卷三〈大學要略〉。
〔註122〕《朱子語類》卷一百零八。
〔註123〕相關資料見於蔡方鹿：《朱熹經學與中國經學》（北京：人民出版社，2004年），
頁599。
〔註124〕《魯齋遺書》卷四〈大學直解〉。

心與我一般，也不敢以此無禮使他。如不欲在下的人不忠於我，便以我的心度量在上的人，知他的心與我一般，也不敢以此不忠事他。
〔註125〕

許衡說：「心是一身的主宰，若要修治自家一身，必先端正自家的心常在道理上不可有些放肆，所以說其修身者先正其心」、「人到那豁顯貫通處，則於萬物的道理顯微精粗無一些不曉到，此心所具的全體大用無一些不明了。」以「修身」為本，則不會為情所累，保持自己的道德理性，就不會偏離中。質言之，「修身」即「修心」、「正心」。把「修身」看作「正心」，許衡以為是孔子的教導，即謂「孔子道修身在正心」〔註126〕許衡把心與身等同，並從「身」字上引出「修身」即是「正心」，即是對心的修正。又如〈大學直解〉中說：「大凡為人件件從那正心上得來，自然有個主張，不胡亂行事。又如前賢說道學好的人如造塔兒一般，一步高如一步……天下事不揀甚麼公事都從那正心上做得出來，撇不得那正心兩個字……備細量正心是《大學》的好法度。」〔註127〕以上材料表明有如下幾層含義：其一，修身即是正心，身正即是心正，因此，一心正則家正、國正，心正是天下的體例；其二，「一心正」則可明是非，「見那好勾當」奮力向前，「見那歹勾當」便捨棄不為，凡是事事能做到正心，「自然有個主張，不胡亂行事」，反過來，胡亂胡為則為心不正而起；其三，正心猶之乎「造塔」，步步攀高，達到道德預峰，天下之公事說到底都是正心所為；其四，「備細量正心是《大學》的好法度」，是故，修身必以正心作根本，正心是修身的靈魂。許衡把正心作修身的「根腳」、「造塔」、「平天下的體例」等等，這已說明「修身」的人倫道德的含義。

此外，許衡主張人心本善，在〈大學直解〉多次提到這點：「蓋人主良心本無有不善」〔註128〕、「天下之皆有自己一般的明德」〔註129〕。那麼，修身的必要性何在？「蓋人之良心本無不善，由有生之後氣稟所拘，物欲所蔽，私意妄作，始有不善」〔註130〕。許衡以為人人雖有善的本性，但在「氣稟所拘」和「物欲所蔽」的雙重作用下，使原固有性善的本性昏昧了，原固有的

〔註125〕《魯齋遺書》卷四〈大學直解〉。
〔註126〕《魯齋遺書》卷三〈大學要略〉。
〔註127〕《魯齋遺書》卷三〈大學要略〉。
〔註128〕《魯齋遺書》卷三〈小學大義〉。
〔註129〕《魯齋遺書》卷三〈論明明德〉。
〔註130〕《魯齋遺書》卷三〈論明明德〉。

明德暗塞了，人性由善變成了不善。關於把人性惡歸之於物欲所蔽、或者說因陷溺於物欲，即從「思」的部分著手，故「若人欲之萌，即當斬去，在自知之耳。人心虛靈，無槁木死灰不思之理，要當精於可思慮處。」（《魯齋遺書》卷三〈小學大義〉）。但以「氣稟」說明人性的善惡則始於宋代理學家，首倡於張載、二程。如二程所言：「陰陽，氣也。」〔註131〕因此，許衡的說法根基主要是沿襲了宋儒思想。許衡肯定和闡發德性培養必須奉行漸進性的原則，換言之，德性不可能一蹴而成：

> 如人身上有塵垢，今日洗了，明日又洗，每日洗得身上乾淨。若一
> 日不洗呵，便塵垢生出來，恰是人心裏常常思量呵，公事每日行著，
> 不教錯了，若一日不思量呵，恐怕便行得錯了。〔註132〕

這說明修身需持之以恆，善的因子必須透過量的積累，並且以聚德的分數的多寡判定品性的好壞和人格的高低：

> 清美之氣所得的分數，便是明德存的分數，不敵濁惡所得的分數，
> 便是明德暗塞了的分數。明德止存得二三分，則爲下等人，存得七
> 八分，則爲上等人，存得一半，則爲中等人。明德在五分以下，則
> 爲惡，常順爲善常難明德。在五分以上，則爲善，常順爲惡常難明
> 德。正在五分，則爲善爲惡，常交戰於胸中，戰而未定，外有正人
> 正言助之，則明德，長而爲善。外有惡人惡言助之，則明德消而爲
> 惡。清的分數，濁的分數，美的分數，惡的分數，參錯不齊，所以
> 便有千萬般等第。〔註133〕

將人格和道德品性的高低與好壞以分數進行度量是很困難的，但這樣的測量並非全然無意義，這表明道德品性的培養需要長期積累過程，更需要自覺性。此說法立基點爲朱子〈大學或問〉：

> 故其所賦之質，清者智而濁者愚，美者賢而惡者不肖。又有不能同
> 者，必其上智大賢之資，乃能全其本體而無少不明。其有不及乎此，
> 則其所謂明德者已不能無蔽，而失其全矣。況乎又以氣質有蔽之心，
> 接乎事物無窮之變，則其目之欲色、耳之欲聲、口之欲味、鼻之欲
> 臭、四肢之欲安逸，所以害乎其德者又豈可勝言也哉？二者相因，

〔註131〕《二程集》。
〔註132〕《魯齋遺書》卷三〈大學要略〉。
〔註133〕《魯齋遺書》卷三〈論明明德〉。

> 反覆深固，是以此德知明日益昏昧，而此心之靈其所知者不過情欲
>
> 利害之私而已，是則雖曰有人之形而實何以遠於禽獸。〔註134〕

可見氣稟物欲對人生修養有著極其巨大的負面影響。然而，這也涉及了人心與道心的問題。朱熹說人心、道心，並非有兩個知覺，而是一個出於實然的欲望，一個則出自應然的作為。心是由氣所構成，卻難免受外來誘惑而為惡。心知覺本體，益加工夫窮究，付諸實行，則可以與天為一，這是明道心的後續修養工夫所達成的結果。心因氣而有自然的需求，就是人心，人心受到外在的誘惑後，為滿足而放肆妄為，即有人欲之名。所以人心到人欲、道心到天理都是有層次的進展，不能任意畫上等號。許衡沿襲此說法：

> 聲色臭味發於氣，人心也，便是人欲；仁義五常根於性，道心也，
>
> 便是天理。〔註135〕

許衡強調心能發揮與「理」一般的功能：

> 凡一事之來，一言之發，必求其所以然與其所當然，不牽於愛，不
>
> 蔽於憎，不偏於喜，不激於怒，慮心端意熟思而審處之，雖有不中
>
> 者蓋鮮矣。〔註136〕

但是，「修身」應遵守何種路徑和方法呢？　許衡同先儒一樣，也預設了一套修身的步驟和方法，宋儒提到的致知、內省、自反、寡欲、克己、主一、慎獨，等等，他幾乎均有論及。但其中他最為重視和強調的是「敬」。朱熹提出「敬」是「存養之要法」〔註137〕，在理學倫理思想中占有重要地位。許衡在宋儒的思想基礎上作了進一步的展開和發揮。首先，他認為「敬」在修身中具有普遍性和絕對性的意義：「古人修身必本敬」、「凡人者，不可一日離乎敬也」〔註138〕。那麼為什麼「敬」如此重要和絕對必需呢？「況人之一身實萬事萬物之所本，於此差別則萬事萬物亦從而差矣，豈不可敬乎？」〔註139〕許衡在此依舊以「心」釋「身」，所謂「況人之身實萬事萬物所本」，即謂人之心為萬事萬物之本，此與孟子「萬物皆備於我」思想一致。意即「心」乃是一種主觀精神，其精神包羅萬象，萬事萬物而心畢具。若是心正，客觀的萬

〔註134〕朱熹：《四書或問・大學或問》卷一，頁5。

〔註135〕《魯齋遺書》卷二〈語錄下〉。

〔註136〕《魯齋遺書》卷七〈時務五事〉。

〔註137〕《朱子語類》卷十二，頁19。

〔註138〕《魯齋遺書》卷三〈小學大義〉。

〔註139〕《魯齋遺書》卷三〈論明明德〉。

事萬物為心所統率而不亂。此外，要使「心」保持絕對的善，許衡認為惟有持敬：「今之善者從敬字上起」，換言之，「天下古今惡皆從不敬上生」，因此，與其說「身」為萬事萬物的根本，倒不如說「敬」是萬事萬物的根本。「敬」的普遍性和絕對性的意義從本體上提供了理論上的根據。

至於「敬」的具體含義為何？許衡同宋儒程朱一樣，以「敬」為「主一」。他說：「明鏡如水，物來不亂，物去不留，用功夫主一也，主一是持敬也」〔註140〕。主一即是專一，意指排除一切雜念，保持「善」的純潔性和絕對性。但如何才能達到？許衡將二程的內外結合的「敬義夾持」發展為內外結合的「敬」，並具體體現在四目上：「敬身之目有四：心術、威嚴、衣服、欽食。心術正乎內，威嚴正乎外，則敬身之大體得矣。其衣服、飲食二者所以奉身也，苟不制其以義，節之以禮，將見其所以養人者反害於人也。」〔註141〕敬身四目為「敬」之全部含義，乃一整體，構成內外相合、表裡一致的修養體系，因此許衡說：「統而言之，皆修身之要也」〔註142〕，「敬」即依此四目而行。許衡認為「敬身」非單純直內，而是包括內外兩個方面，一是心術，必須做到「心術正乎內」；其二是威嚴，「威嚴正乎外」。在敬身四目中，這二者體現內外結合，尤為重要。許衡指出：「孔子又說人君在那未接物時齊明以齊其心思，盛服以肅其容儀，一到那接物之際又隨事省察案，不合於理便不妄動，則內外交養，動靜不違，而身無不修矣，故曰所以修身也。」〔註143〕因此，只要做到心術和威嚴二者皆正，「則敬身之大體得矣」。食衣係生活中須臾不能離，「所以奉身也」，但卻常引發和刺激人的欲望，使人陷溺於物欲，若「不制其以義，節之以禮」，則「將見其所以養人者反害於人也」〔註144〕。職是之故，食衣兩者亦被列為敬身之目。綜上，前者即「心術威儀修德之事也」，主在內省，可謂「正心」；後者乃「衣服、飲食克己之事也」，力在節欲，可謂「遏欲」，於修養過程中缺一不可。

2. 格物致知

朱子詮釋《大學》的關鍵在於格物致知說，其引起的爭論亦多由之而起。

〔註140〕《魯齋遺書》卷三〈語錄下〉。
〔註141〕《魯齋遺書》卷三〈小學大義〉。
〔註142〕《魯齋遺書》卷三〈大學要略〉。
〔註143〕《魯齋遺書》卷五〈中庸直解〉。
〔註144〕《魯齋遺書》卷五〈中庸直解〉。

〔註145〕朱子解《大學》，分綱領與條目，以明明德爲綱，以格物致知爲目，但工夫全在條目上，並稱「論先後，當以致知爲先；論輕重，當以力行爲重。」〔註146〕許衡則不分綱目，而以明德爲本，以明明德爲工夫：「大學之道是大學……不可便昏昧了」。〔註147〕許衡將知行的觀念用在經典的詮釋上〔註148〕，他指出：「開物是知也，成務是行也，非但開發自己，要開發他人，只要開發得是。」〔註149〕開物是對事物有明確的認知、有明確的掌握；成物是對事物能夠處置得當，能夠在掌握其知識的前提下予以處置。開物是知，成物是行。經典詮釋雖然本在於忠實呈現經典的原貌，但許衡更著意於藉經典詮釋之際，建立自己的思想體系，正因爲許衡出身貧困，又經過了金末戰爭的離亂，對現實生活時時關心，故其講理學不再僅僅「徒事於言語文字之間」，而是特別講究爲修齊治平服務。針對當時文人的某些偏向，許衡在〈中庸直解〉說道：「若爲道之人，厭其卑近，以爲不足爲……務爲高遠難行之事，則便不是道了。」顯而易見，務求實用是許衡治學的基本態度。在他以前，宋儒強調心性，鄙薄事功，理學緣此而發。雖有陳適、葉亮提倡事功，但始終未蔚爲風氣。至於北方金儒，多沉迷於支離破碎的句讀訓解，更與現實拉開距離。許衡所爲，無疑試圖在傳統儒學心性與事功兩方面進行一點調和，根本原因是他已意識到空談心性和埋首章句皆爲自我封閉，而與國家民生毫無舉措。因此對朱學有所取捨，特別強調學者的經世致用，雖對「知行」問題的看法與程朱相比較爲簡化，但卻將理念化爲行動，不但突破朱學侷限，也開啓理學發展的方向：

> 聖人教人，只是兩字，從學而時習之始，便只是說知與行二字。不惑、知命、耳順是個知字，只是精粗淺深之別耳！耳順是並無逆於

〔註145〕牟宗三認爲朱子強調「格物致知」，此爲混同「存有之知識」於「道德之實踐」。如此爲「橫攝的靜涵靜攝系統」，於道德實踐而言爲不透。因彼混「實然」於「應然」也。詳參牟宗三：《心體與性體》第一冊（台北：正中書局，1968年），頁110～111。

〔註146〕《朱子語類》卷九。

〔註147〕《魯齋遺書》卷四。

〔註148〕關於元代經學相關資料可見楊晉龍：〈導言：元代經學史的奠基與新猷〉，《元代經學國際研討會論文集》（上）（臺北：中研院文哲所籌備處，民國89年）；〔日〕福田殖著、連清吉譯：〈經學家許衡—— 其思想的特質〉，《元代經學國際研討會論文集》（上）（臺北：中研院文哲所籌備處，民國89年）。

〔註149〕《魯齋遺書》卷二〈語錄下〉。

心者，到此則何思何慮？不思而得也，從心不踰矩，則不勉而中。
〔註150〕

儒家聖人教人，乃倫理道德之事，許衡卻說只有知與行兩事。可見許衡認為知行是所有事情的最高概括，因此，他曾比喻真知力行的狀態為「心常思，則義理出；力常運，則百事可作。」〔註151〕。一方面是不斷吸收知識、累積文化的過程；另一方面則是不斷付諸踐履。而且，許衡從知行觀念對孔子不惑、知命、耳順、從心、不逾矩等生命歷程加以論說。由此可知「知」屬思想層面，是認知範疇，故要「誨之使知」，通過他人教誨而得到知識；「勞之使行」，把所知付諸行動就是「行」。又，「知」有精粗深淺之分，而且，在實踐過程中，「行」也有自覺不自覺之分。此外，許衡稱：「問窮神知化，曰聖人之事也，在《大學》窮神是知也，知化是行也，窮盡天地神妙處，行天地之化育。」（《魯齋遺書》卷二〈語錄下〉）許衡指出認識事物的神妙變化，並從知行觀念上詮釋「窮神知化」，可見許衡將知行的思考，放在「天道觀」的範疇。但卻非所有人都能做到，按許衡的見解，「此是聖人之事也。」是說能認知天地法則的神妙之處，這才是「知」；能贊育天地運行變化的協調發展，那才是「行」。原來，「聖人之事」是大事業、大功用。那知行的源頭在何處呢？許衡講：「格物是知底頭，誠意是行的頭。」「知」是從格物致知開始，而「行」則從正心誠意做起。如此，凡人與聖人在知行的不同層次上，即便統一了起來。人們都是從格物致知開始認知，都是從正心誠意開始踐履；唯有聖人能夠達到知與行的最高頂點。因此，許衡進一步地說：「愛之能勿勞乎？忠焉能勿誨焉？忠與愛當如此乃可。世間只兩事，知與行而已。」（《魯齋遺書》卷二〈語錄下〉）可見許衡對於「忠愛之道」這類的道德原則，要求知行並進，以便相輔成德。此外，許衡認為心不是理，卻有知覺理的能力，這種能力就是「思」：

> 慎思，視之所見，聽之所聞，一切要個思字。君子有九思：思曰睿是也，要思無邪，目望見山，便謂之青，可乎？惟知故能思。或問：「心中思慮多，奈何？」曰：「不知所思慮者何事？果求所當知，雖千思萬慮可也。若人欲之萌，即當斬去，在自知之耳。人心虛靈，無槁木死灰不思之理，要當精於可思慮處。」（《魯齋遺書》卷一〈語

〔註150〕《魯齋遺書》卷一〈語錄上〉。
〔註151〕《魯齋遺書》卷二〈語錄下〉。

錄上〉〉

所謂「目望見山，便謂之青，可乎？」即指從事物的形下表現中，進而尋求事物的形上原理，這與格物致知在追求形上之理的立場相同。

　　至於談到《大學》中內聖外王的實踐次第，「正心」之前尚有「格物」、「致知」、「誠意」等工夫，但許衡認爲三者都必須在「心」下工夫。如許衡解釋「欲正其心者先誠其意」時，就認爲「誠字解做實字，意是心之所發，若要端正自家的心，必先誠實那心之所發處，不可有一些自欺，所以說欲正其心者先誠其意。」〔註152〕；至於解「欲誠其意者先致其知」時，更說「致是推極的意思，知是知識。若要誠實心之所發，必先推極本心之知識，不可有一些不盡，所以說欲誠其意者先致其知。」〔註153〕解「致知在格物」時，則強調「格字解做至字，物是事物。若要推極本心之知識，又在窮究天下事物之理，直到那至極處，不可有一些不到，所以說致知在格物。」〔註154〕因此，物格而後知至。從這些論述來看，許衡顯然是認爲「心」的意義和作用，施於《大學》八目之上，實具重要地位。許衡不是強調在事事物物上窮理，而是主張致吾心之知，窮吾心之理，把格物致知和盡心知性聯繫起來。

　　「致知」是「吾心之全體大用無不明」；「知至」是「推極本心之知識」。許衡認爲「吾心之全體大用」是要去掌握的目標，「本心之知識」則是必需要去推極的目標。前者具有逆覺體證的意思，後者則具有融會貫通的涵義。然而，兩者同是「心」的發用，所以是同一個歷程。與朱子強調在事事物物上窮理不同，許衡主張致吾心之知，窮吾心之理，而把格物致知與盡心知性進一步聯繫起來。《大學》明言「物格而後知至」，許衡的解釋是：「人於天下事物之理既能窮究到極處，然後本心的知識無一些不盡矣。」（《魯齋遺書》卷四〈大學直解〉）。

　　那麼，知至與致知的意涵是否相同？若從語意上看，致知似乎是強調窮究並推極的一切過程，繼而達到知識的獲取；知至則似乎重在經歷某種過程後所達到的境界。顯然，許衡並沒有將此兩者做一區分，原因在於他將格物與致知合論，窮究與推極事物之理的過程，歸之於格物；經由上述的過程所達成的境界，則是致知。「格物」爲何能「致知」呢？許衡說：

〔註152〕《魯齋遺書》卷四〈大學直解〉。
〔註153〕《魯齋遺書》卷四〈大學直解〉。
〔註154〕《魯齋遺書》卷四〈大學直解〉。

> 人於事物之理有未窮，則己之知識必有不能盡，所以《大學》中
> 始初教人，必使爲學的，於凡天下的事物，無大無小件件上，莫
> 不因他本心已知識的道理，益加功夫窮究，必要求到那至極的去
> 處。（《魯齋遺書》卷四〈大學直解〉）

故心在窮究「理」的過程中，並非空無一物，而是有「已知識的道理」，合著
窮究的工夫，才能求到至極的去處。聖人能眞知踐履，落實在格物致知上談，
就是「大抵百行皆用當其可，得以成事，此聖門所汲汲要格物致知。」（《魯
齋遺書》卷二〈語錄下〉）、「眾物之表裡精粗無不到，這便叫做格物；吾心之
全體大用無不明，這叫做致知。」〔註155〕，許衡的知行觀，反映出他的學說
及思想在元朝社會所具有的實踐特點。他爲宣揚程朱理學，培養蒙古貴族子
弟，強調博學、眞知；爲施行漢法，養育人才，宣導知行並進，直至先務躬
行；結合他的政治實踐與教學實踐以及元朝社會的具體情形，提倡眞知與篤
行的統一。

在「正心誠意」和「格物致知」的先後問題上，朱熹認爲「格物致知」
是《大學》中「內聖外王」的起點：「理有未窮，故其知有不盡，知有不盡，
則其心之所發不能純於義理而無雜乎物欲之私，此其所以意有不誠，心有不
正，身有不修，而天下國家不可得而治也。」〔註156〕，「致知」則爲問學之初
始工夫。《大學或問》卷二：「然欲誠意，必先致知，而欲致知，又在格物。」
大致上朱子認爲「格物」是在窮究萬物之理後的狀態。格物之後便能致知，
致知爲誠意、正心、修身、齊家的基礎，推而廣之，就成爲欲實現治國平天
下終極目標的起點。許衡反朱熹之道而行之，他認爲「爲學之初，先要持敬，
敬則身心收斂，氣不粗暴，清者愈清，而濁者不得長；美者愈美，而惡者不
得行。……得日省察，不要逐物去了。雖在千萬人中，常知有己，此持敬之
大略也。」（《魯齋遺書》卷三〈論明明德〉）

在〈直說大學要略〉中，許衡有言：「或正心，也能誠意，也能格物，也
能致知。」許衡把「持敬」這類自我修養的要求，放在社會倫理脈絡下理解，
藉以突顯它的重要。「敬」原指專心一意，不受外物影響，許衡曾爲之定義：

> 東萊嘗云：南軒言心在焉則謂之敬。且如方對客談論，而他有所思，
> 雖思之善，亦不敬也，纔有間斷便是不敬。（《魯齋遺書》卷一〈語

〔註155〕《魯齋遺書》卷四〈大學直解〉。
〔註156〕《大學或問》卷二。

錄上〉）

> 萬物備吾身，身貧道未貧，觀時見物理，主敬得天眞。心爽星辰夜，
> 情忻草木春，自憐斬喪後，能作太平人。（《元文類‧觀物》）

分知行爲二事、提倡眞知力行，主張知行並進、先務躬行，此構成許衡知行學說的主要內容。他指出：「橫渠教人以禮，使學者有所據守，程氏教人窮理居敬，然橫渠之教人，亦使知禮之所以然乃可，禮豈可忽耶？制之於外以資其內，外面文理都布擺得是，一切整暇，心身安得不泰？然若無所見，如喫木篸相似，卻是爲禮所窘束。知與行，二者當並進。」〔註157〕所謂「禮制於外」與「外面文理布擺」，均屬於「行」的範疇，而「以資其內」與「使知禮之所以然」，屬於知的範疇。因此，不可只憑外在的禮來約束內在的心身，不能以「行」制約「知」，而要知禮之所以然。他主張「知與行，二者當並進」，應當內外結合，相須爲用。例如，「凡爲學之道，必須一言一句自求己事。如六經語孟中我所未能，當勉而行之；或我所行不合於六經語孟中，便須改之。先務躬行，非止誦書作文而已。」〔註158〕強調所學經書的每一言、每一句，皆需和所行緊密結合，若所學經書的一言、一句，以前尚未做到，則應勉勵踐履、施行；若是所作所爲存在與經書中不相符合的地方，那麼就應努力改正。在這種學用結合、知行並進的爲學當中，不僅僅是誦讀經書、寫寫文章的問題，更爲重要的應該是躬身執行、親身踐履。因此，許衡有言：

> 聖人教人今日學一件，把那一件道理究到是處，明日再去爲一件，
> 又怎的窮究……這幾般一件件分揀的是呵，便是格物。這般窮究了
> 多咱心裏都理會得久，而聞天下事好的歹的，合做的不合做的，都
> 省得了心上明白，無些昏蔽，便是致知。（《魯齋遺書》卷三〈小學
> 大義〉）

許衡將格物致知的認識，運用在知識的探求上：「看史書當先看其人之大節，然後看其細行，善則效之，惡則以爲戒焉，所以爲吾躬行之益，徒記其事，而誦其書，非所謂學也。」（《魯齋遺書》卷一〈語錄上〉）在許衡看來，眞知與篤行是互爲統一的，眞知必定篤行。正如朱熹雖強調「知先行後」的觀念，但也不廢「行」的重要。他說：「夫泛論知行之理，而就一事之中以觀之，則知之爲先，行之爲後，無可疑者。然合夫知之淺深、行之大小而言，則非有

〔註157〕《魯齋遺書》卷二，頁19。
〔註158〕《魯齋遺書》卷一，頁5。

以先成乎其小，亦將何以馴致乎其大者哉！」〔註159〕，知為先，乃是為行所做的準備。朱熹以《小學》和《大學》的修養工夫為例，強調「知先行後」的重要性：

> 今就其一事之中而論之，則先知後行，固各有序矣。誠欲因夫《小學》之成，以進乎《大學》之始，則非涵養履踐之有素，亦豈能居然以夫雜亂紛糾之心，而格物以致其知哉……故《大學》之書，雖以格物致知為用力之始，然非謂初不涵養履踐，而直從事於此也，又非謂物未格、知未至，則意可以不誠、心可以不正、身可以不修、家可以不齊。〔註160〕

知先行後、真知而後必能力行。許衡雖然也說知先行後，但並不表示他忽略行的重要。許衡最為人所稱頌就是「力行」表現。明代薛瑄稱許衡「蓋真知實踐者也」、「專以《小學》《四書》脩己教人之法，不尚文辭，務敦實行是。」、「魯齋力行之意多」〔註161〕；歐陽玄奉敕撰許衡神道碑，也特別強調這個部分，他說：「先生真知力行……其為學也，以明體達用為主，其脩己也，以存心養性為要。」〔註162〕；《元史‧許衡傳》則載他學習王弼《周易注》時，「夜思晝誦，身體而力踐之，言動必揆諸義而後發。」〔註163〕許衡自己也強調「聖人之道，當真知，當踐履，當求之於心，章句訓詁云乎哉！」〔註164〕他在教育學生時，也重視「問諸生此章書義若推之自身、今日之事，有可用否？大凡欲其踐行不貴徒說也。」〔註165〕而且，許衡認為一定是知之不真，才會有行之不力：「凡行之所以不力，只為知之不真。果能真知，行之安有不力者乎？」因此，真知到精微細理，篤行就是必然的結果。「博學之、審問之、慎思之、明辨之，只是要個知得真，然後道篤行之一句。」（《魯齋遺書》卷一〈語錄上〉）可見許衡知行觀念上，把學、問、思、辨、行分為兩個階段。前四項屬知，最後一項屬行，明確點出二階段。按《中庸》「博學之、審問之、慎思之、明辨之、篤行之」可見五者並列，朱子《中

〔註159〕《朱文公文集》卷四十二〈答吳晦叔〉。
〔註160〕《朱文公文集》卷四十二〈答吳晦叔〉。
〔註161〕《魯齋遺書》卷十四〈薛文清公讀書錄〉。
〔註162〕《魯齋遺書》卷十三〈神道碑〉。
〔註163〕《元史》卷一百五十八〈許衡傳〉。
〔註164〕《魯齋遺書》卷二〈語錄下〉。
〔註165〕《魯齋遺書》卷十三〈通鑑〉。

庸章句》注中，始說學、問、思、辨是「知」，篤行是「行」〔註166〕，但不夠明確。許衡通過博學、審問、慎思、明辨的過程，其目的是爲了一個最終的結果，即是眞知。眞知以後，緊接著的一句是篤行。表明篤行是眞知的必然趨勢。「精微義理入於神妙，到極致用處，是行得熟，百發百中。」眞知即是使精微義理入於神妙之處，而眞知達到極致用處便是篤行。只有眞知，才能篤行。知的不眞，才行之不力；行之得力，表明知之眞切。眞知才能篤行，篤行也可促進眞知。「力行七年而後成，自此言行一致，表裏相應，遇事坦然，常有餘裕。」〔註167〕篤行數年，必有所成，遇事坦然，達到眞知與篤行的高度統一。

（二）《論語》

就先秦儒學之義理發展而言，孔子立教首先挺立道德的主體性，故指點「仁」，另一方面，孔子「踐仁知天」遙契天道。〔註168〕「仁」是孔子畢生念茲在茲的精神理念，而可從中了解其人生命方向。《論語》：「夫仁者，己欲立而立人，己欲達而達人。能近取譬，可謂仁之方也已。」可見，推己及人是價值觀的根本點。朱子注文更顯深入：「以己及人，仁者之心也。於此觀之，可以見天理之周流而無閒矣。」此外，朱子闡明《論語》開篇〈學而〉主旨：「此爲書之首篇，故所記多務本之意。乃入道之門，積德之基，學者之先務也。」〔註169〕發揚孔子之意。

而在《論語·公冶長》：「夫子之言性與天道」，朱注云：「性者，人所受之天理；天道者，天理自然之本體，其實一理也。」〔註170〕朱熹說解經文，特別留意其中形上意涵，將儒家的道德訴求，進一步提升至天道性命的層次。朱熹爲了彰顯儒學的形上內涵，經文中的天、道、性、理等文字，遂成爲詮釋的重點。《論語·陽貨篇》：「天何言哉？四時行焉，百物生焉。」朱注云：「四時行，百物生，莫非天理發見流行之實，不待言而可見。」〔註171〕此外，朱子概括《論語》爲「夫子教人，零零星星，說來說去，合來合去，合成一個大物事。」、《論語集注》如秤上稱來無異，不高些，不低些」、「某於《論

〔註166〕〔宋〕朱熹：《四書章句集注》，北京：中華書局，頁31。
〔註167〕《魯齋心法》。
〔註168〕牟宗三：《中國哲學的特質》（台北：台灣學生書局，1987年），頁33。
〔註169〕《論語集注》。
〔註170〕朱熹：《論語集注》卷三〈公冶長篇〉，《四書章句集注》，頁79。
〔註171〕朱熹：《論語集注》卷九〈陽貨篇〉，《四書章句集注》，頁180。

孟》四十餘年理會，中間逐字稱等，不教偏些子」〔註172〕，因爲該書屬語錄體、章節簡短，所言之事各自起訖，前後並不相屬，但也可看出朱子精思愼審。許衡則言：

> 先儒說出體用，嘗謂孔孟未嘗言此。及仔細讀之，每言無非有體有用者……如周子《太極》、邵子《先天圖》等書，皆是這箇體，而程子謂學者當以《論》、《孟》爲本，《論》、《孟》既治，則《六經》可不治而明矣。聖人所以作經之意，必有定見，然後沛然無所疑，非後世牽合勉強所可擬也。程子於《論》、《孟》中反覆致意，其旨深矣。〔註173〕

許衡把封建社會的等級秩序看作是自然秩序，是天定的不易之理。他說：「天尊地卑，乾坤定矣，貴賤位矣。在上者必尊之，然後事可得而理。爲君長，敬天地、祖宗、鬼神；爲百執事，敬事君長；此不易之理也。舍此便逆，便不順。」（《魯齋遺書》卷二，語錄下）這正是董仲舒的「王道三綱可求於天」〔註174〕，君、父、夫爲天，臣、子、婦爲地，人間的尊卑反映著天地的尊卑。許衡把儒家天論放在政治問題中談論：

> 生民有欲，無主乃亂。上天眷命，作之君師，必予之聰明剛斷之資、重厚包容之量，使之首出庶物，而表正安邦，此蓋天以至難任之，非予之可安之地而娛之也。堯舜以來，聖帝莫不兢兢業業、小心畏懼，日中不暇、未明求衣，誠知天之所畀至難之任，初不可以易心處。（《魯齋遺書》卷七〈時務五事〉）

許衡認爲天賦予國君的使命，不在於富貴榮耀，而在於教化萬民，如同「天」無時刻不在教化萬方：

> 天有寒暑晝夜，物有生榮枯粹，人有富貴貧賤，風雨露雷，無非教也，富貴福澤，貧賤憂戚，亦無非教也，此天地所以造化萬物，日新無敝也。（《魯齋遺書》卷一〈語錄上〉）

人應善體天的啓示而有所因應。而且，「學則三代共之，皆所以明人倫也。司徒之職，教以人倫而已。凡不本於人倫，皆非所以爲教。樹之君以立教，僅此教也；作之師以立教，教以此也。」（《魯齋遺書》卷一〈語錄上〉）此外，

〔註172〕以上所引皆出於《朱子語錄》卷十九。
〔註173〕《魯齋遺書》卷二〈語錄下〉。
〔註174〕〔漢〕董仲舒：《春秋繁露》卷十二，頁9。

《論語》中可見孔子從切實做工夫處教人，如「學而時習之」、「入則孝，出則悌」每一句話的當下即是工夫。許衡言：「聖人之心固天地之心也，然其處事接物必以禮義制之，初不問彼之天命何如也。」（《魯齋遺書》卷八〈論語所否者〉）、「說知命不是術數家言命，亦非二氏服犛之命，是天之所賦盡力行去。」（《魯齋遺書》卷二〈語錄下〉）許衡所謂「命」，不是術數家的宿命觀，也不是釋、道兩教，他指的不可變易的自然規律。「知命者，是天道流行之命，不知命不可以爲君子也。」（《魯齋遺書》卷二〈語錄下〉）由此透顯出儒家人文精神的可貴之處，也是對孔子以來義命觀點辯證上的認同。許衡尚言：

> 閱子史必須有所折衷，六經、《語》、《孟》，乃子史之折衷也。譬如法家之有律令格式，賞功罰罪。合於律令格式者爲當，不合於律令格式者爲不當。諸子百家之言，合於六經、《語》、《孟》者爲是，不合於六經、《語》、《孟》者爲非，以此夷考古之人而去取之，鮮有失矣！（《魯齋遺書》卷一〈語錄上〉）

> 《論語》說操存涵養處多；《孟子》說體驗充擴處多。（《魯齋遺書》卷二〈語錄下〉）

第二句從朱子來，《朱子語類》卷十九：「《論語》之書，無非操行涵養之要。七篇之書，莫非體驗、擴充之端。……孟子言性善、存心、養性、孺子入於井之心，四端之發，若火之始燃，泉始達之類，皆是要體認得這心性下落，擴而充之。」此外，許衡不拘於章句訓詁之習，重於確實踐履，也可看出「經史互參」之說。其實，如朱熹、呂祖謙、郝經、劉因、吳澄等人多認同這樣的說法，他們認爲經典是古代聖王留下來的致治之具，學者可以透過了解史籍加以佐證，這也就是「經史不分」、「經史合一」的立場。〔註175〕

（三）《孟子》

《孟子》是孟子以儒家傳道爲己任理念的思想載體，也是孟子遵循孔子思想的踐履記錄。「五百年必有王者興，其間必有名世者」（《孟子·公孫丑》），

〔註175〕儒者常藉對經史的詮釋，提出個人的新解，許衡亦然。譬如「《易》四爻近君，六四便順，九四便不順，知爲臣之不可專也。九五、六四便順，六五、九四多凶，理如此也」、「臨之象曰：君子以教思無窮，容保民無疆。君子之於小人，當知所以教導之、容保之，如父兄之於子弟，子雖不善，父兄詎忍棄絕之？必也教導、容保之而已。只爲君子不能容小人，小人變陷害君子，教思無窮之義大矣！教之亦多術矣！然必先容保之，乃能教之，不然以法治小人，未有能勝者也。」（《魯齋遺書》卷二〈語錄下〉）

由此可知孟子探索王者名世的規律，並且自覺踐履規律，也代表了儒家統緒在發軔初期得以傳承連貫。《孟子》在漢文帝時，曾立爲博士，但不久又廢棄，在《漢書·藝文志》中收於〈諸子略〉，與《荀子》、《法言》並列，《孟子》地位並未特別突出。因爲《孟子》倡導民貴君輕，視君爲草芥，被認爲會破壞綱常，所以不受歷代國君重視。唐文宗刊刻《開成石經》，尚無《孟子》。然而，《孟子》把做工夫的道理說出來，教人認識心、性爲道德實踐的根本，自然受到宋代理學家的歡迎。雖受司馬光等人的反對，但王安石、程顥、程頤分別就政治上、學術上提倡《孟子》，於是《孟子》地位始大幅提升。尤其南宋高宗親手抄寫《孟子》，刊石立於杭州。朱熹提出道統和正統，認爲孟子的道統即正統，並將《孟子》列爲四子書，爲之集注，更使《孟子》晉身於經部，爲士子所必讀。此時，《孟子》經學地位眞正被肯定。但元代脫脫所修《元史·藝文志》卻仍因襲前史，把《孟子》列爲子部。

此處討論重點乃在道統與政統。在《尚書》、《詩經》中都可看到「天命不易」與「天命靡常」的觀念，〔註176〕因此，朝代興替，孟子提出轉移的根據，以「仁」解釋歷史上政治的轉變：「三代之得天下也以仁；其失天下也以不仁。國之所以廢興存亡者亦然。」（《孟子·離婁上》）。道統在重新敘述歷史，以支持新思想的合法性與合理性。張載〈答范巽之書〉：「朝廷以道學、政術爲二事，此正自古之可憂者」〔註177〕，其中，道學與政術即爲師與史。許衡只擁有知識權力，政治權力則薄弱，因此，通過「道統」來制約「政統」，借助歷史文化與政治權力抗衡，試圖使兩者得到平衡。

此外，《孟子·盡心》：「士窮不失義，達不離道。窮不失義，故士得己焉；達不離道，故民不失望焉。古之人，得志，澤加於民；不得志，修身現於世。窮則獨善其身，達則兼善天下。」朱熹爲之作注：「得己言不失己也；民不失望，言人素望其興道致治，而今果如所望也。」朱熹強調心性與理學體系的關係：「能極其心之全體而無不盡者，必其能窮夫理而無不知者也。」認爲既然主體能夠認知理，認識了理與心性的關係、心性與宇宙本原之天的關係，也就是認知了理學。《孟子·滕文公上》「孟子道性善，言必稱堯舜」，

〔註176〕如《書經·君奭》：「不知天命不易」、〈大誥〉：「爾亦不知天命不易」、〈康誥〉：「惟命不於常」、《詩經·大雅·文王》：「侯服于周，天命靡常」、《周頌·敬之》：「天爲顯思，命不易哉」。

〔註177〕〔宋〕張載：《張載集》附〈文集佚存〉（北京：中華書局，1978年），頁349。

朱注云：

> 道，言也。性者，人所稟於天以生之理也，渾然至善，未嘗有惡。
> 人與堯舜初無少異，但眾人汨於私欲而失之，堯舜則無私欲之弊，
> 而能充其性爾。故孟子與士子言，每道性善，而必稱堯舜以實之。
> 欲其之仁義不假外求，聖人可學而至，而不懈於用力也。門人不能
> 悉記其辭，而撮其大旨如此。〔註178〕

性乃是人稟於天生之理，所以渾然至善，堯舜能夠成為聖人，乃是因為能充其性，上應於天，於世儒家所揭示的聖人典範則有形上依據，也有落實方向。此外，《孟子·盡心》「盡其心者，知其性也。知其性，則知天矣。」朱注云：

> 心者，人之神明，所以具眾理而應萬事者也。性則心之所具之理，
> 而天又理之所從以出者也。人有是心，莫非全體，然不窮理，則有
> 所蔽而無以盡乎此心之量。故能極其心之全體而無不盡者，必其能
> 窮夫理而無不知者也。即知其理，則其所從出，亦不外是矣。以《大
> 學》之序言之，知性則物格之謂，盡心則知至之謂也。〔註179〕

> 性不可言，所以言性者，只看他惻隱辭遜四端之善，則可以見其性
> 之善。如見水流之清，則知源頭必清矣。四端情也，性則理也。發
> 者情也，其本則性也。如見影知形之意。〔註180〕

> 問性情心仁，曰：橫渠說得最好，心統性情者也。孟子言惻隱之心
> 仁之端，羞惡之心義之端，極說得性情必好。性無不善，心所發為
> 情，或有不善。說不善非是心亦不得，卻是心之本體原無不善，其
> 流而為不善者，情之遷於物而然也。〔註181〕

朱熹綰合《大學》、《孟子》，所謂「格物致知」的工夫乃是落實「盡心知性」的結果。於是窮究萬物之理即是為了彰顯「吾心之全體大用」，窮理盡性成為朱熹思索成聖之學的關鍵。孟子推擴此四端以為仁義禮智，朱子則以四端為仁義禮智，人性之發露處。一由源頭言，一則由整體之發露言。孟子意中，仁義禮智之內涵，賴人逐步推擴本心以得之，尚留有許多之可能。朱子意中，

〔註178〕朱熹：《孟子集注》卷五〈滕文公章句上〉，《四書章句集注》，頁251。
〔註179〕朱熹：《孟子集注》卷十三〈盡心章句上〉，《四書章句集注》，頁349。
〔註180〕《朱子語類》卷五，頁7。
〔註181〕《朱子語類》卷五，頁10。

則以性之全體，本已全具於吾心，吾人當由其發露處識之，復其本性而已。
〔註 182〕

（四）《中庸》

《中庸》自唐代開始即受學者關注，韓愈學生李翱推崇《中庸》，以之闡發心性思想，撰《復性書》，並提出性情相分，去邪惡之情，以復善良本性；二程則視「〈中庸〉乃孔門傳授心法」〔註183〕；而在朱子一生中，則先後做了《中庸章句》、《中庸或問》，刪定《中庸輯略》。而且，朱熹在《中庸章句序》裡首次提出「道統」二字，倡導儒家聖人之道以及傳授統緒，以之對抗佛教傳法世系說：

> 《中庸》何爲而作也？子思子憂道學之失其傳而作也。蓋自上古聖
> 神繼天立極，而道統之傳有自來矣。其見於經，則「允執厥中」者，
> 堯之所以授舜也；「人心惟危，道心惟微，惟精惟一，允執厥中」者，
> 舜之所以授禹也。堯之一言，至矣，盡矣；而舜復益之以三言者，
> 則所以明夫堯之一言，必如是而後可庶幾也。

乾道年間，朱子友人石子重彙集北宋諸子之《中庸》疏解成《中庸集解》二卷，朱子多次與之討論，助成其事。〔註184〕朱子在〈中庸集解序〉中稱：「聖門傳授之微旨見於此篇者，諸先生之說詳矣。」〔註185〕朱子將中庸觀念推向人生踐履而使之理念化，貫徹於古代帝王政治實踐中的理念。如《中庸》本文說：

> 子曰：舜其大知也與！舜好問而好察邇言，隱惡而揚善，執其兩端，
> 用其中於民，其斯以爲舜乎？

朱子則發揮了舜在政治實踐中對中庸之道的應用：

> 兩端，謂眾論不同之極致。蓋凡物皆有兩端，如大小薄厚之類，於
> 善之中，又執其兩端，而量度以取中，然後用之，則其擇之審而行
> 之至矣。〔註186〕

〔註182〕參見錢穆：〈朱子學術述評〉，收於《中國學術思想史論叢》（五），頁 164～165。
〔註183〕《二程集》（北京：中華書局，1981），頁 411。
〔註184〕束景南：《朱熹年譜長編》上卷（上海：華東師範大學出版社，2001 年），頁 496～497。
〔註185〕〈中庸集解序〉，《朱熹集》第七冊，卷七十五，頁 3957。
〔註186〕《中庸章句》。

許衡則繼承並發揮二程、朱熹等人對於《中庸》的義理：

> 程子又說：「中者，是天下共由的正道。庸者，是古今常行不變的定
> 理。」如父子之親、君臣之義、夫婦之別、長幼之序、朋友之信，
> 天下之人，誰能不由這道理行。從古至今，誰能變易得。所以說「中
> 者，天下之正道；庸者，天下之定理。」〔註187〕

類似的言論亦可見於其他篇章：

> 明倫：明者，明之也；倫者，倫理也。人之賦命於天，莫不各有當
> 然之則，如父子之有親、君臣之有義、夫婦之有別、長幼之有序、
> 朋友之有信，乃所謂天倫也。〔註188〕

> 五常，性也，天命之性，性分中之所固有，君臣、父子、夫婦、長
> 幼、朋友，所行之道也。率性之道，職分之所當爲。〔註189〕

落實在日常言行中，就可做到「審而後發，發無不中。否則，觸事遽喜，喜
之色見於貌，喜之言出於口，人皆知之。徐考其故，知無可喜者，則必悔其
喜之失，甚至先喜後怒。先喜是，則後之怒非也。號令數變，無他也，喜怒
不節之故。是以先王潛心恭默，不易喜怒。」〔註190〕

　　此外，在《中庸》提出的博學、審問、愼思、明辨、篤行五個方面，許
衡把學、問、思、辨前四個方面納入知的範疇，而把篤行之行做爲與之相對
應的範疇，強調於篤實處實踐的重要性。是故，許衡引程頤說法加以證明：

> 這箇《中庸》的道理，推開去則充滿於六合，收斂來則退藏於一心
> 中間。意味無有窮盡，都是著實有用的學問。不比那虛無寂滅之教，
> 不可見於行事。善讀這書的，玩味思索於其中，義理件件看得明白，
> 以之修身而身修，以之治人而人治，自少至老，終身受用，有不能
> 盡者矣。〔註191〕

基於此，《中庸》乃爲眞實有用的學問，對修己治人有功，並可以此批評佛老
虛無之教，體現理學興起的理論針對性。此外，許衡以子思之言強調「理」
的宇宙根源義，並以物之終始證明天下之物皆出之於「實理」：

> 天下之物，徹頭徹尾都是實理所爲。如草木，春來發生便爲物之始，

〔註187〕《魯齋遺書》卷五〈中庸直解〉。
〔註188〕《魯齋遺書》卷三〈小學大義〉。
〔註189〕《魯齋遺書》卷一〈語錄上〉。
〔註190〕《魯齋遺書》卷七〈時務五事〉。
〔註191〕《魯齋遺書》卷五〈中庸直解〉。

秋來彫落便爲物之終。故曰:「誠者,物之終始。」〔註192〕

天地以實理生成萬物,如草木,自然便有枝葉;如人,自然便有手

足,不待安排。〔註193〕

由此觀之,天下萬物皆爲實理所爲,因此,許衡顯然接受了程朱有關「理」
爲萬物形而上的根源的說法。此外,許衡重視「物」與「理」之「不可相離」,
就是一面強調「理」的超然性,一方面也將「理」的作用與價值落實在具體
的事物上來談,與他重實踐的學術性格相符。然而,作爲一個思想家,並不
是以一種「照單全收」的態度繼承傳統,在注解經典的同時,也不免竄入主
觀看法。不過,無論自覺或不自覺,身處時代環境的認識與創發新說的期待,
早已融入對傳統的詮釋中了。正如黃俊傑所言:

解經者與經典作者及「文本」(text)之間永無止境的創造性對話,

賦予經典以萬古而常新的生命,使經典穿越時間與空間的阻隔,與

異代之解讀者如相與對話於一室,而千年如相會於一堂。〔註194〕

因此,許衡服膺四書旨趣,且上契朱熹,賦予經典萬古常新的生命,其著作
是許衡與聖賢「創造性的對話」的成果。透過經典文本的解讀,建構出一個
能安頓人生、指導實踐的義理系統。在許衡注解中,既有明顯得之於朱子者,
也有沿襲傳統儒家思想之注者。許衡不僅是在文字上進行訓解,同時也有對
工夫的表述,自覺地理解和踐履四書中的原理精神,並將其接軌於自身所處
社會之中,積極找尋經典思想的轉化。諸如〈大學直解〉、〈中庸直解〉、〈讀
易私言〉等篇皆是。又,《說文解字》:「解,判也;判,分也。字從刀判牛得
義」,如《莊子‧養生主》中的「庖丁爲文惠君解牛」。疏解爲「宰割之也」,
亦即分解剖析之義。是用其本義用於典籍,則爲解釋分析詞語章句義理之意。
〔註195〕相較於朱熹《四書章句集注》採用「章句」及「集注」兩種詮釋類型
〔註196〕,許衡所用的「直解」,即直接的解釋,指用口語注釋經典文獻,皆爲

〔註192〕《魯齋遺書》卷五〈中庸直解〉。

〔註193〕《魯齋遺書》卷五〈中庸直解〉。

〔註194〕黃俊傑:〈從儒家經典詮釋史觀點論解經者的「歷史性」及其相關問題〉,收
於《東亞儒學史的新視野》(台北:喜馬拉雅基金會,2001年),頁61。

〔註195〕相關資料見汪耀楠:《詮釋學綱要》(北京:語文出版社,1997年)。

〔註196〕以撰作歷程而言,集注先於章句,朱熹是從彙整諸家說法,漸出新意;至於
章句,則是回歸經旨脈絡,更具精鍊意義。詳參汪耀楠:《注釋學綱要》(北
京:語文出版社,1991年),頁54;陳逢源:《朱熹與四書章句集注》(台北:
里仁書局,2006年),頁193~199。

對儒家經典的通俗解讀。綜觀許衡著作，大都是此類，作品特色體現在「直」字上。常使用判斷詞「是」直釋語意。〈大學直解〉、〈中庸直解〉裡很少使用傳統的訓詁術語曰、爲、謂、謂之等，反而大量使用判斷詞「是」，運用當時的口語解釋經書中出現的生澀難懂的語詞，用當時的口語句式詮釋經書中的文言句式。〔註197〕如〈中庸直解〉：

> 溫，是溫習；故，是已知的；敦，是敦篤；厚，是已能的；崇，是謹的意思。子思又說：「君子於所已知的，必溫習涵泳之。而於理義，能日知其所未知。於所已能的，必敦篤持守之，而於節文，能日謹其所未謹。」這是君子存心致知，所以修德凝道的工夫。

這種經典注釋的方法，顯得通俗直白、深入淺出，不繁瑣拖沓，因而有言簡意賅的效果，不僅利於金末元初道學的北傳，也爲研究漢語口語的發展提供資料，同時體現了許衡直釋的注釋特色。至於〈讀易私言〉的研究價值，可從兩方面加以說明：其一，是元代易學的傳承；其二，是許衡思想的寓寄。元世祖忽必烈入主中原，取《易經》「乾元」之意，建國號爲大元〔註198〕。致使《易經》在元代具有崇高的地位，爲士子必讀之書。其後科舉選士，又明定《易經》以程朱本爲主，在功名利祿的驅使下，天下士子風隨影從，於是確立元代易學走向義理的道路。〔註199〕值得注意的是，雖說許衡對儒家經典的說解多屬童蒙之書，文意淺易，不爲後人重視，導致後繼無人。但不可否認的是，這樣的詮解方式乃是有功於童蒙，對宣揚儒學也有一定效果。以《四書家訓》的撰者石鵬爲例，據與石鵬有交誼的王惲所說：

> 至元丙子（西元 1276 年），用解科魁多，士資純篤，恬於世味，惟閉戶讀書，務爲無所不窺，《四書》、《小學》尤所致力。集其所得，遂至成書，沉潛玩味者有年。〔註200〕

石鵬、王惲的年代剛好是推崇四書、小學的許衡擔任國子祭酒，規定國子監教材的時候。因此，石、王二人則難免受其影響。而且，科舉實踐對《四書章句集注》提供了教育應用的時空，《四書章句集注》也提供了科舉教育的規範化。

〔註197〕張玉霞：〈許衡大學直解與中庸直解的口語注釋初探〉，《重慶郵電大學學報》第 19 卷第 2 期，2007 年 3 月。

〔註198〕見《元史》卷七〈世祖本紀〉，至元八年詔。

〔註199〕孫劍秋：〈從《讀易私言》看許衡的處世之道〉，《易理新研》（台北：臺灣學生書局，1997 年 12 月）。

〔註200〕〔元〕王惲：《秋澗集》卷四十三〈義齋先生四書家訓題解〉。

第三節　完成期

在元代思想史上，許衡使程朱理學的地位更爲堅實，然而，因奉爲官方哲學的理學雖具有權威特質，但發展卻趨於停滯，學術空氣也不如往昔活躍。因爲漢族士大夫們與忽必烈在文化、心理上有所差異，忽必烈消化不了那些對於他來說過於玄遠抽象的綱常倫理和仁義之道，而且難以改變他從草原上帶來的過於看重實利的思想。元朝統治者接受漢民族文化，尊孔崇儒，任用儒臣，設國子學、書院講授經學，復科舉舊制，定程朱之學爲官方學術。可知許衡在艱難的條件下對理學的傳播，對朱學的認同、討論和補充，試圖調和程朱之學與陸學的矛盾。經學史上所稱道的元朝尊孔崇儒，定程朱之學爲官方學術，是元王朝中後期仁宗、英宗、文宗三朝的事。這不到二十年時間中有如下幾項措施：

一、理學家從祀孔廟

根據元朝儒者虞集（1272～1348）之見，元朝最大的成就之一就是給予理學官方的認可。〔註201〕給予孔子的封號之高超過歷代王朝，不但給孔子晉爵，封孟子爲鄒國亞聖公，連孔子的後裔、孟子的先人、孔子的弟子顏回以及歷代大儒都予以封號，此外，還以周敦頤、二程、張載、司馬光、朱熹、呂祖謙等十位宋代儒學大師從祀孔廟。皇慶二年（西元1313年）許衡從祀孔子廟庭，此外，至正十九年（西元1359年），胡瑜上書，述元朝「崇儒重道」之意，請求以南宋楊時、李侗、胡安國、蔡沈、眞德秀五賢從祀廟庭。認爲此五人學接道統之傳，著述發先儒之秘，其功甚大。至正二十二年（西元1362年），五人得以追封，朱熹也被加封齊國公。〔註202〕對理學的尊崇達到高峰，而元朝的統治卻將結束了。

二、恢復科舉取士制度，試藝以經術爲先

元代任官有其弊端：「仕進有多歧，銓衡無定制」以至於「縱情破律，以公濟私」〔註203〕，因此，最後落得「即曰好儒，名焉而已」〔註204〕之語。是

〔註201〕〔元〕虞集：《道園學古錄》（國學基本叢書，上海：商務印書館，1929～1941年），卷三十五，頁588～589。

〔註202〕《元史》卷七十七〈祭祀六〉。

〔註203〕《元史》卷八十一〈選舉志〉，頁1～2。

故，恢復科舉取士制度便爲當務之急。自從 1315 年恢復唐宋以來的科舉取士制度，於當年正式開科，以後就形成制度化，沿襲到元末，共開科十六次，總計錄取入仕者不過一千多人。據《元史‧選舉志》，元代開科分左右兩榜，蒙古人、色目人爲右榜，漢人、南人爲左榜，左榜考試的內容要比右榜多些、難些，漢人、南人每科中進士者不過五十人。然而，漢人、南人人數多，尤其南人文化素質高，但中試者極少，這種在科舉上表現的民族歧視和不平等待遇，使科舉入仕對漢族大多數知識份子來說是相當艱難且頗受苛評，其用意在牢籠士人。〔註205〕但是，漢人所爭之科舉不僅是注重入仕，而是一種漢化意識，屬於士人的榮譽感。反面觀之，若無分榜優待的漢式科舉，蒙古、西域人終不能與漢人競爭，最直接的問題是考科全屬「漢學」，對外族而言是否有失公平？而且，科舉是中原以漢族爲中心的王朝所實行的選拔制度。是故，此則涉及蒙古政權的漢化問題。

　　許衡生於金末元初的亂世，金以儒學立國，但知識分子在科舉的誘導下，多以文學見長，當時南方流行強調心性的理學，北方學術則偏重文藝，金主也常投入詩賦創作，導致以詩賦爲尚。因此，「金朝取士，止以詞賦、經義學，士大夫往往局於此，不能多讀書。其格法最陋者，詞賦狀元即授應奉翰林文字，不問其人才何如，故多有不任其事者。或顧問不稱上意，被笑嗤，出補外官。」〔註206〕學者雖表面服膺孔孟之道，卻常陽奉陰違，甚至以詩文巴結權貴。然而，金人統治下的北方中原地區，社會經濟與文化發展皆有一定基礎。特別是漢族士人，長期受中原文化的薰陶，因此對理學更容易理解與接受。二程曾在伊洛等地興辦學校，教授生徒，而在宋元之際洛學餘緒未絕。亡金儒士在戰亂之餘關注經學學習，或以經學教授生徒。蒙宋戰爭中，南宋理學書籍和人物北來，使南宋理學迅速在北方傳播開來，爲這一時期的經學研究注入新血。金亡前後，經學成爲與科學、詞賦之學相對的實學之一。如金末學者李俊民得河南程氏傳授之學，並以所學教授鄉里，當時「從之者甚

〔註204〕見《元史紀事本末》卷八〈科舉學校之制〉（台北：商務印書館），萬有文庫薈要，頁 48。
〔註205〕參見鄧嗣禹：《中國考試制度史》（台北：學生書局，民國 71 年），頁 2130。
〔註206〕章宗時，王狀元澤在翰林，會宋使進枇杷子，上索詩，澤奏：「小臣不識枇杷子。」惟王庭筠詩成，上喜之。呂狀元造，父子魁多士，及在翰林，上索重陽詩，造素不學詩，惶遽獻詩云：「佳陽近重陽，微臣喜欲狂。」上大笑，旋令外補。故當時有云：「澤民不識枇杷子，呂造能吟喜欲狂。」相關資料可見〔元〕劉祁：《歸潛志》（北京：中華書局，1997 年），卷七，頁 72。

盛，至有不遠千里而來者」〔註207〕此外，劉因曾有言敘述澤州理學淵源：

> 初，澤俗淳樸，民不知學。至宋治平中，明道程先生爲晉城三年，
> 諸鄉皆立校，暇時親至，爲兒童所讀書句讀。擇其秀異者，爲置學
> 舍、糧具而親教之。去邑才十餘年，服儒服者已數百人。由是盡宋
> 與金，澤恆號稱多士。〔註208〕

由上述引文可知澤州理學源出於程顥，且有一部分弟子在北方活動。又，元
初理學名臣郝經亦曾表示家學源於二程，其先世「高曾而上，亦及先生之門，
以爲家學。傳六世至經，奉承餘緒，弗敢失墜。」〔註209〕除此之外，再加上
朱熹理學北傳，也預示著北方理學的興起。元代所造成的社會階級意識及主
流價值偏頗的現象，使儒家文化不再定於一尊。身處於這樣的時代背景下，
對周遭社會文化現象不可能毫無所感。因此，許衡要進行觀念的開發、探索，
那麼顯然要先改造現有的文化環境。魯齋由章句之學轉向義理之學，其人學
術規模，近於下達一路。謹厚拘謹，不尚文彩，正是北方學者的氣象，如孫
克寬所言：

> 元代北方之儒，其學術精神，亦有其獨特之點，那就是富於救世與
> 用世的精神，所學也多注意於經世實用之學，人倫間則重視讀經的
> 典範，出於朝廷，則以天文律曆或者典章制度有所表現。〔註210〕

南方儒學以心性爲宗，北方儒生則偏於用世的實學。在道的追尋探索外，對
天文水利等藝也有所研究。許衡改變空虛疏闊，以篤實踐履的精神治學，正
如〈本傳〉所言：「始得〈易〉王輔嗣之說：夜思晝誦，身體而力踐之，言動
必揆諸義」。因而王磐、張養浩、蘇天爵等人對於許衡的學術貢獻均給予正面
評論，對許衡傳承程朱理學也有高度評價。正如周敦頤倡「文以載道」與二
程以爲：「今之學者有三弊：一溺於文章；二牽於訓詁；三惑於異端」、「後之
儒者，莫不以爲文章，治經術爲務。文章華靡其詞、新奇其意，取悅人耳目
而已。經術則解釋辭訓，較先儒短長，立異說以爲己工而已，如是之學，果
可至於道乎？」〔註211〕周程之說，乃反省當世儒學發生的現象而發，許衡立

〔註207〕《元史》卷一百五十八〈李俊民傳〉。

〔註208〕〔元〕劉因：〈段直墓碑銘〉，《靜修集》卷十六。

〔註209〕〔元〕郝經：〈兩宋先生祠堂記〉，《陵川文集》卷二十七。

〔註210〕孫克寬：〈元代北方之學〉，收於《元代漢文化之活動》（台北：中華書局，民
國57年），頁209～236。

〔註211〕《二程集》卷十八〈河南程氏遺書〉。

場與之相同：

> 論古今文字，曰二程、朱子不說作文，但說明明德、新民。明明德
> 是學問中大節目，此處明得三綱五常九法，立君臣父子，井然有條，
> 此文之大者。細而至於衣服、飲食、起居、灑掃應對，亦皆當於文
> 理。……讀魏、晉、唐以來諸人文字，其放曠不羈，誠可喜。身心
> 即時便得快活，但須思慮究竟是如何？果能終身爲樂乎？果能不墜
> 先業而澤及子孫乎？天地間，人各有職分，性分之所固有著，不可
> 自泯也。〔註212〕

文中指出文士徒雕飾聖人之言爲文，卻未曾踐履聖人之道以行其實，本末倒置。而且，在忽必烈時期，以金源進士爲主的詞賦派和以竇默、姚樞、許衡爲代表的理學派在對待科舉方面的嚴重分歧，對北方的教育發展產生了非常大的影響。至少在許衡爲國子祭酒以前，北方儒學的大學教育是以章句之習爲主要內容的。這種情況的改變與許衡、劉因等北方學者對理學的強調相關。許衡在京兆、懷孟路從事教育，推行他的教育主張，在北方產生了一定的影響。世祖初年，許衡爲國子祭酒，將他的教育理論在國子學推行，對地方儒學教育的影響自然也是不言而喻的。此後，理學家朱熹等人注釋的儒家經典逐步成爲北方儒學的重要內容。元人蘇天爵記述了北方儒學教育內容轉變的情形：

> 許文正公始以孔孟之書、程朱之訓倡明斯道，一時師友講習若河、
> 汾、伊、洛之盛。劉文靖公繼之，士皆知趨正學，不爲異術他歧所
> 惑。〔註213〕

上述史料反映了元代北方大學教育由章句記誦向理學傳承轉變的情況。江南的儒學教育在南宋已經比較成熟，進入元朝以後，教育內容變化不明顯。而且，許衡認爲經術應先於詞章。這樣的主張也在他逝後得到了體現。儒家經學向來是科舉考試的主要內容之一。〔註214〕自中唐以迄宋末，科場中存在著經術與文學之爭。經術指中國傳統的經學儒術，文學指注重形象思維的文章辭藻。然而，元朝大約一半時期的廢止科舉，對士人的衝擊是巨大的。然而記錄這種精神衝擊的心態史料並不多，更多的是科舉廢止後，經歷了萬般

〔註212〕《魯齋遺書》卷一〈語錄上〉。
〔註213〕蘇天爵：〈內丘林先生墓碣銘〉，《滋溪文稿》卷十四。
〔註214〕相關資料可參考劉海峰：《科舉學導論》（武漢：華中師範大學出版社，2005
　　　　年）。

無奈之後的士人的興趣變化與職業轉向之事實。就是說，只是記錄了結果。
元人揭傒斯在〈富州重修學記〉中寫道：

> 時科舉廢十有五年矣，士失其業，民墜其教，盜賊滿野。竟數十里
> 不聞雞犬聲。陳侯大懼，遂修孔子廟，建小學，日集文儒故老，講
> 求治要，悉資以爲政。不數月，境內大治。〔註215〕

此言論將「民墜其教，盜賊滿野」的社會風氣與治安惡化均歸咎於廢除科舉，
並把「境內大治」歸功於「修孔子廟，建小學」，凡此討論正反映了士人對科
舉的期待，視科舉爲生存保障，延續漢文化的傳衍。終於，元仁宗皇慶二年
（西元1313年）十月，中書省議行科舉如下：

> 科舉事，世祖、裕宗屢嘗命行，武宗尋亦有旨，今不以聞，恐或有
> 沮其事者。夫取士之法，經學實修己治人之道，詞賦乃摛章繪句之
> 學，自隋、唐以來，專尚詞賦，故士習浮華。臣等所擬將律賦省題、
> 詩、小義皆不用，專立德行明經科，以此取士，庶可得人。〔註216〕

深受漢族文化影響的元仁宗，批准了請求，以經義作爲考試內容的議論卻佔
了主導地位，於京師舉行會試，中舉者於宮廷殿試。且謂侍臣曰：「朕所願者，
安百姓以圖至治。然匪用儒士，何以致此。設科取士，庶幾得眞儒之用，而
治道可興也。」〔註217〕此則斟酌世祖時，王鶚的獻策、許衡的立法〔註218〕，
加上李孟、程鉅夫與許師敬等人的提議：「朱子〈貢舉私議〉可損益行之，又
言取士當以經學爲本，經義爲用，程朱傳注，唐宋詞章之弊不可襲。」〔註219〕。
在〈學校貢舉私議〉〔註220〕中，朱子抨擊南宋科舉制度的弊失：「熙寧以來，
所爲太學者，但爲聲利之場。而掌其教事者，不過取其善爲科舉之文。師生
相視，漠然如行路之人。月書季考，只以促其勢利苟得，冒昧無恥之心，殊
非立學教人之本義。」內容涉及學者應有的應舉心態、學校科舉現制弊端及

〔註215〕收於《文安集》卷十，頁2。
〔註216〕《欽定續文獻通考》卷三十四〈選舉考·舉士〉。
〔註217〕《元史·本紀·仁宗一》，卷二十四。越明年，即延祐二年。此年二月會試，
三月廷試。
〔註218〕《元史·志·選舉一》，卷八十一：「元初太宗始得中原，擢用耶律楚材言以
科舉選士。世祖既定天下，王鶚獻計，許衡立法，事未果行。至仁宗延祐間，
始斟酌舊制而行之；取士以德行爲本，試藝以經術爲先，士裒然舉首，應上
所求者，皆彬彬輩出矣。」
〔註219〕《新元史》卷一百八十九〈程鉅夫傳〉。
〔註220〕朱熹：《朱文公文集》卷六十九。

救治之策，並舉出當時科舉制度幾個嚴重問題：其一，解額不均；其二，考試內容不當：詞賦一科，使士人關注補綴詞章與虛曠議論，對安邦治國卻無所用，無補於士子對當前實際情勢之認識；經義一科則造成諷誦模仿之弊。隨著社會演變，各種矛盾越顯尖銳也更加明顯暴露出來。統治階級急於尋找一種學說來「一學術」、「辟異端」，改變「十人十義」的狀況，由朱熹集其成的「理學」便適應了統治階級的需要　朱子曾意識到統一思想的必要。他說：

> 今人爲經義者，全不顧經文，務自立說，心粗膽大，敢爲新奇詭異之論。方試官命此題，已欲其立奇說矣。又出題目，定不肯依經文，成片段，都是斷章牽合，是什麼義理。……遂使後生輩違背經旨，爭爲新奇，迎合主司之意，長浮意薄，終將若何，可慮可慮。王介甫《三經義》，固非聖人意，然猶使學者知所統一。……豈若今之違經背義，恣爲其說，而無所底止哉！〔註221〕

由此可見學術不一之害，更顯使學者「知所統一」的重要。因此，朱子認爲科舉考試的實施必須著重實行和實學，考試的科目應該罷去詞賦，而考諸經、子、史及時務等科目，並要另行德行科。他以爲士人應該是「無不通之經、無不習之史」，所以四書、五經、諸子及諸史，都應該列入考試範圍。此外，舉子答題時，要能貫通經文，列舉各家學說，辨析利害、敷陳法度。固然，此說法在南宋未爲當政者採用，但許衡深受朱子〈貢舉私議〉的影響，元代的科舉制度也奠定在朱子主張上而完成。仁宗接受諸大臣以經義取士的建議，將選拔「經明行修之士」作爲科舉取士的主要任務。下詔曰：

> 惟我祖宗以神武定天下，世祖皇帝設官分職，徵用儒雅，崇學校爲育材之地，議科舉爲取士之方，規模宏遠矣。朕以眇躬，獲承丕祚，繼志述事，祖訓是式。若稽三代以來，取士各有科目，要其本末，舉人宜以德行爲首，試藝則以經術爲先，詞章次之。浮華過實，朕所不取。爰命中書，參酌古今，定其條制。其以皇慶三年八月，天下郡縣，興其賢者能者，充賦有司，次年二月會試京師，中選者朕將親策焉。具合行事宜於後：
>
> 科場，每三歲一次開試。舉人從本貫官司於諸色戶內推舉，年及二十五以上，鄉黨稱其孝悌，朋友服其信義，經明行修之士，結罪保

〔註221〕《朱子語類》卷一百零九。

舉，以禮敦遣，資諸路府。其或徇私濫舉，並應舉而不舉者，監察御史、肅政廉訪司體察究治。

考試程式：蒙古、色目人，第一場經問五條，《大學》、《論語》、《孟子》、《中庸》內設問，用朱氏《章句集注》。其義理精明、文辭典雅者爲中選；第二場第一道，以時務出題，限五百字以上。漢人、南人，第一場明經、經疑二問，《大學》、《論語》、《孟子》、《中庸》內出題，並用朱氏《章句集注》，復以己意結之，限三百字以上；經義一道，各治一經，《詩》以朱氏爲主，《尚書》以蔡氏爲主，《周易》以程氏、朱氏爲主，以上三經，兼用古注疏，《春秋》許用《三傳》及胡氏《傳》，《禮記》用古注疏，限五百字以上，不拘格律。第二場古賦詔誥章表內科一道，古賦詔誥用古體，章表四六，參用古體。第三場第一道，經史時務內出題，不矜浮藻，惟務直述，限一千字以上成。蒙古、色目人，願試漢人、南人科目，中選者加一等注授。蒙古、色目人作一榜，漢人、南人作一榜。第一名賜進士及第，從六品，第二名以下及第二甲，皆正七品，第三甲以下，皆正八品，兩榜並同。所在官司遲誤開試日期，監察御史、肅政廉訪司糾彈治罪。流官子孫蔭敘，並依舊制，願試中選者，優升一等。在官未入流品，願試者聽。若中選之人，已有九品以上資級，比附一高，加一等注授；若無品級，止依試例從優銓注。鄉試處所，並其餘條目，命中書省議行。於戲！經明行修，庶得眞儒之用；風移俗易，益臻至治之隆。咨爾多方，體予至意。〔註222〕

此處引述的詔書乃自中書省上奏的科舉條制，具體規定考試方式、內容和應試者的民族。科考於蒙古、色目人與漢人、南人雖有別，而於性理學經典的四書，則選用了最能體現漢儒思想精髓的朱熹所著的《四書集注》作爲考試內容，考生答題也必須以程朱理學爲標準。元代採用程朱理學作爲考試內容主因有二：其一是南宋歷經多次黨學，以朱熹爲代表的理學不但沒有停止學術活動，反而利用具有民間性質的書院研究和傳播理學，程朱理學逐漸發展成爲主流思想。南宋理宗以後，程朱理學被納入爲統治者認同的主流思想體系中，並允許將其運用於科舉考試。而至元代，由於程朱理學的信奉者的倡

〔註222〕《欽定續文獻通考》卷三十四〈選舉考‧舉士〉。

導，出於維護自身統治的需要，元統治者將其尊崇爲代表「天德王道」的統治思想，因此，元代選擇程朱理學作爲科舉取士內容有其歷史的必然。在元代士人論政中強調之禮樂等，有言及儀制爲主者，亦有綜論及復興先王理想者，這兩者有時不能確然分別，因儀制雖爲文，但也本於先王之法意，並非只知順流俗而不悉先王之意。元代朱子之學盛行，對禮樂之論也多受其影響，朱子於經學中特重禮，而其治禮，以社會風教實際應用爲主，他有編修禮書之計畫，宗旨在考古通經；窮本原則在古爲禮，通流變則在後世之制度。〔註223〕自此，宋代形成的理學便在元代與政治權力開始結合，不僅成了有權力的知識話語，而且成了有知識的權力話語。〔註224〕最終成爲元代的官學，成爲元代的一種統治思想。〔註225〕於是，理學思想在元代有了更爲廣泛的傳播，讀經崇儒之風盛行。根據這一詔書的宗旨，元朝的科舉形成前代所無的特色。諸如以朱熹的《四書集注》作爲考試定本，以及考試合併爲進士試，不復分科等等。在延祐二年始開科舉之後，儘管受政局不安的波及，小有停廢，但總的來說，還是堅持下去了。以上總總均與許衡相關，可見許衡在推崇朱子理學之功績。

三、理學發展的停滯

　　許衡使理學走上國家學術思想的統治地位，因此，元朝朱子之學官學化，與許衡的作用是斷然不可分割的。朱氏之書，定爲國是，開始成爲官學，實是理學在元代傳播中的大事，不得不歸功於許衡的推動。其實，翻看《元史》可知，漢族儒臣實際權力的削奪與地位的跌降，動搖儒學的政治基礎，使儒學的傳播失去堅定的支撐。南宋降將言滅亡之因：「宋有強臣賈似道擅國柄，每優禮文士，而獨輕武官，臣等心不平，心離體解，所以望風而送款也。」〔註226〕這種文人亡國，儒臣害政的意識，也造成了儒者地位的不穩定，影響了元代理學的發展。此外，真金太子早逝，也使漢法派失去靠山，元代選官制度中以「根腳」和「吏進」爲主，保守勢力頑固阻礙等現象亦影響了理學的傳

〔註223〕錢穆：〈朱子之禮學〉，收於《朱子新學案》第四冊，頁112、141。
〔註224〕葛兆光：《中國思想史》第二卷（上海：復旦大學出版社，2001年12月），頁283。
〔註225〕見秦志勇：《中國元代思想史》（北京：人民出版社，1994年），頁4。
〔註226〕《元史》卷九〈世祖本紀〉。

播。不過，儘管蒙古人很重視「根腳」，並壟斷了相當多的仕進資源〔註227〕，但是，他們也不能不在漢人占絕大多數的地方，接受傳統與歷史，是故，隨著時間的推移，蒙古、色目人也形成了認同儒學的士人集團，其文化策略就有了相當深刻的轉變。以此觀理學的發展，自北宋興起以來，中間幾經周折，屢遭當朝貶斥，遠遠沒有取得學術界的領導地位，面對社會思想主體地位的生存危機。到了宋寧宗嘉定五年下除學禁之後，朱學才得到朝廷一定程度的承認。

在理學成為元代官學後，標誌著長期隔閡的南北學術在元代的交流和融合基本完成。一方面提高了理學的地位，有助於統治者利用程朱理學進行政治統治；然而，另一方面，這種官學化的過程，對於儒家思想的發展實際上是弊大於利。因為任何思想一旦定於一尊，都勢必導致其活力的減弱和式微。其最突出的表現，便是當時的學者不僅缺少思想的創造，而且在學術上也極少創新，畫地為牢，只尊奉程朱理學，至於陸王心學則在排斥之列。如元仁宗皇慶元年（西元1312年），吳澄任國子司業，因對學者言：「朱子於道問學之功居多，而陸子靜以尊德性為主。問學不本於德性，則其弊必偏於言語訓釋之末，故學必以德性為本，庶幾得之。」〔註228〕遂遭非議，認為吳澄提倡陸學，是以許衡唱反調，「非許氏尊信朱子本意」，吳澄只好「一夕謝去」，辭去官職。〔註229〕然而，此種情形當非許衡所樂見，此乃學術流變之結局，並不能因此損及許衡提振朱學的努力與貢獻。

〔註227〕關於此課題，可參看蕭啓慶〈元代科舉與菁英流動〉、〈元朝多族士人圈的形成初探〉，收於《元朝史新論》（台北：允晨文化實業公司，1999年）。

〔註228〕〔元〕吳澄：《吳文正集》，四庫全書別集類，附錄，頁45。

〔註229〕《元史紀事本末》卷八〈科舉學校之制〉。

第五章　許衡的影響及歷史評價

　　許衡一生屢召屢辭，後人常訾其惺惺作態，進退無方，然亦不乏稱頌其人延續儒學道統，傳遞程朱精義。筆者盡量還原時空條件與了解評論者的立場，因為時空條件促使思想家有所調適，而評論者的立場常會不自覺的苛求古人，或代聖立言。唐君毅有言：

> 至於吾人之治哲學，若注重在歷史文化之哲學，則吾人更當重歷史
> 的秩序中之事物，更不必論。……故我們之讀哲學書，無論是以哲
> 學問題為中心，或以一家一派之哲學為中心，我們都兼須注意到底
> 哲學思想在歷史中之地位，其所承於前，所啟於後者何在？〔註1〕

末句明顯是由歷史進路切入，了解此思想本身承前啟後何在固然重要，但更重要的是要對整個大環境及相關涉之各事物有所了解，始可在有前後脈絡可循的關係網中給予一適切的評價。因此，本章在討論許衡思想研治的同時，亦能由歷史進路掌握、研究問題，涵攝其他面向，因而更能擴大討論範圍，使研究更見周延密實。以下則以宏觀角度，討論許衡的影響，並依時代先後順序列出正、反面的意見，再歸結其中所關注的課題，一窺各時代對許衡的評價。又，相異態度所討論的焦點為何？亦視評斷的公允與否。綜上，皆為本文開展的基礎。

第一節　許衡的影響

　　在本節，筆者欲討論許衡其人及學派對後代的影響。提及影響，則必然關涉下列三點：影響何人？受影響之因為何？造成哪些改變？以下則就「許

〔註1〕唐君毅，《哲學概論》（香港：友聯出版社，1974年），頁170。

衡門人」與「許衡對王學的影響」兩方面說明，前者是有實在關係的聯繫，
後者則包括偶然的成份。

一、許衡門人

《中庸》記載魯哀公請教孔子治國的道理，孔子回答：

> 文、武之政，布在方策，其人存，則其政舉；其人亡，則其政息。……
>
> 故爲政在人，取人以身，修身以道，修道以仁。〔註2〕

從孔子的回答中，頗能說明儒家政治思想中對人的重視。孔子認爲良好的政
治制度需要有仁心的政治人物才得以施行，這個道理也適合說明許衡教化理
念與事業的延續與推行。至元八年（西元 1271 年），許衡以集賢大學士任國
子祭酒，請徵十二名弟子爲齋長，史稱「樂育英才，而教胄子」、「數十年間，
彬彬然號稱名卿士大夫者，皆出其門下」〔註3〕。當時，有些儒者因生活困窘，
因而棄儒投釋，此則是許衡所說的「苟生理不足，則於爲學之道有所妨」，因
而造就他務實的想法。此外，大多數的士人皆懷抱著積極從政，力圖挽狂瀾
之勢，獻一己之力，然而，生不逢時，時不我與，除無法施展抱負，鬱鬱不
得志外，生活困難，無以爲繼，更遑論研讀不輟了。因此，許衡還舉出了諸
葛孔明治成都來說明這個問題。除此之外，許衡更進一步將其觀念施於教學
內容上。〔註4〕然而，教化志業與經世濟民的理想關聯何在？許衡曾言：

> 嘗問諸生，此章書義，若推之自身，今日之事，有可用否，大凡欲
>
> 其踐行不貴徒說也。〔註5〕

可知許衡主張在實際的學習過程中，必須重於實踐，則將知行二事加以聯繫。
是故，課程擴及算學、星歷、刑名、食貨、水利等國計民生。如此一來，則
可幫助學生掌握治生的知識和本領，對於促進社會經濟發展有著重要意義，
也可視爲其治生思想的發展和體現。《宋元學案》卷九十專立〈魯齋學案〉，
其中列入「魯齋家學」的有魯齋長子許師可、四子許師敬二人；列入魯齋門
人的有姚燧等二十二人。在許衡教授國子期間，門人就發揮了助手的作用。

〔註2〕《四書集注・中庸章句》第二十章，頁15。

〔註3〕《魯齋遺書》卷六。

〔註4〕關於許衡的教育思想，以及教學策略上的相關論述，可參閱王炳照、郭齊家
主編：《中國教育史研究——宋元分卷》（上海：華東師範大學出版社，民國
89年）。

〔註5〕《魯齋遺書》卷十三〈通鑑〉。

國子生的選舉，原則上是國子（皇族）、蒙古大姓子弟、四怯薛人員子弟、七品以上朝官子孫。學校設司業、博士、助教各一員。另由隨朝三品以上官得舉民間俊秀者入學爲陪堂生伴讀。時，許衡向大汗請其十二弟子還京爲伴讀。〔註6〕

　　（徵）王梓於汴。
　　（徵）劉季偉、劉安中、呂端善於秦。
　　（徵）耶律有尚於東平。
　　（徵）姚燧、姚燉、高凝、孫安於河內。
　　（徵）白棟於太原。
　　（徵）韓思永、蘇郁於大名。

　　諸弟子既至，遂分處各齋以爲齋長。衡嘗謂蒙古學生性純樸，視聽亦專一。如將彼等置於好學生（伴讀生）中，可收夾輔匡弼效用，日漸月漬，彼等亦不自知其已有改變，日新月盛，彼等亦不自知已受有良好薰陶，如是涵養三數年，將來必定會爲國家培植出一批有用的人才。他在教育上開始變革，廣爲徵辟伴讀的助教，面對他人的質疑，他的說法是「我但教人而已，非用人也。方以我之拙學教人，他人從否，未可知也。」〔註7〕，希望透過舊弟子的協助，「歲時，諸伴讀以酒禮至先生家，先生辭曰：『所以奏請諸生者，蓋爲國家、爲吾道、爲學校、爲後進，非爲供備我也。』官守學所當得者俸祿也。俸祿之外，復於諸生有取焉，欲師嚴道尊難矣。」〔註8〕。這部分相關的文獻資料不多，但仍可看出受影響較深遠的有姚燧與耶律有尚，其他則限於資料無法做過多說明，然而，以下所列均出現於《魯齋學案》中，可見仍有一定影響。是故，底下則以伴讀十二人爲主，按資料多寡排列分述，並間以補充許衡長子、四子相關事略，最後則略述幾位重要的蒙古子弟：

（一）伴讀十二人

1. 耶律有尚

　　在許衡的高弟中，耶律有尚以教育見長。《元儒考略》中記載：

〔註6〕《魯齋遺書》卷十三〈國學事蹟〉中載許衡「乃奏召舊弟子散居四方者：王梓、韓思永、蘇郁、耶律有尚、孫安、高凝、姚燧及其弟燉、劉季偉、呂端善、劉安中、白棟，皆驛致館下爲伴讀，欲其夾輔匡弼，薰陶浸潤而自得知也。」
〔註7〕《魯齋遺書》卷十三〈國學事蹟〉。
〔註8〕《魯齋遺書》卷十三〈國學事蹟〉。

耶律有尚，字伯強，遼東丹王十世孫，祖父官東平，因家焉。有尚
資識絕人，篤志於學，受業許衡稱高弟子，其學邃於性理，而以誠
爲本。儀容辭令、動中規矩，識與不識莫不服其爲有道之君子。當
許衡任京兆提學時，耶律有尚跋涉數千哩，登門受業。至元中，衡
爲祭酒，奏以門人十二人，爲伴讀。有尚其一也。比衡告歸，上以
有尚等爲助教，嗣領其學事久之，拜監察御史不赴，除祕書監丞出
知蓟州。裕宗在東宮，召爲詹事院長史尋改國子監司業祭酒，儒風
爲之丕振。以親老辭歸，後屢召屢辭，累官昭文館學士兼祭酒，力
請致仕。有尚後五居國學，其立教以義理爲本，而省察必眞切；以
恭敬爲先，而踐履必端愨；凡文辭之小技，綴輯雕刻足以破裂聖人
之大道者，皆屏黜之。是以諸生知趨正學，崇正道，以經術爲遵，
以躬行爲務，悉爲成德達材之士。大抵其教法一遵衡之舊，而勤謹
有加焉。身爲學者師表者數十年，海內宗之。〔註9〕

在學業上，耶律有尚「邃於性理」，尤重「以誠爲本」。早在許衡教授國子期
間，耶律有尚就發揮助手作用。許衡爲教的特點，是「先之《小學》，以端
其本；次之群經，以達諸用。勤之以灑掃應對，以折其外；嚴之以出入游息，
以養其中。」其間，耶律有尚「日與諸生共相講學」，對許衡的教學有「匡
救輔翼之功」。《元史》本傳說他：「前後五居國學，爲師表者數十年。海內
宗之，一如魯齋。」，繼許衡之後，對元代教育事業做出貢獻，爲此，耶律
有尚深受許衡器重，「文正公南歸，諸生相踐於國都門外。文正悉與之曰：『他
日能令師道尊嚴，惟耶律某能之。汝等當以事我之禮事之可也。』許衡將耶
律有尚視爲教育事業上的繼承者，耶律有尚也不負眾望，在其後擔任國子祭
酒時，振興衰頹儒風；又，其人「邃於性理」〔註10〕，此乃受許衡理學影響。
當時學風崇尚辭賦，耶律有尚依然不爲時尚所動，對許衡之學信守不渝。元
人蘇天爵曾言：

當是時，齊魯之士踵金辭賦餘習，以飾章繪句相高，公厭薄之，專
明經訓。人或以爲迂，公弗渝也。〔註11〕

〔註9〕 〔明〕馮從吾：《元儒考略》（北京：北京圖書館出版），知服齋叢書本，遼宋
元傳記資料叢刊。卷一，頁4。
〔註10〕《元史》卷一百七十四〈耶律有尚傳〉。
〔註11〕 〔元〕蘇天爵：〈耶律文正公神道碑銘〉，《滋溪文稿》卷七。

由此可見，耶律有尚治學受許衡影響，以朱熹《四書集注》等理學著作爲主，鑽研性理之學，講究明經達用。但也是因爲耶律有尚固守許衡說法，維護師門權威，隨著時日流逝，反而使許衡之學僵化，對此，虞集有過分析：

> 文正歿，國子監始立官府刻印章如典故，其爲之者，大抵踵襲文正之成而已。然余嘗觀其《遺書》，文正之於聖賢五經之學，蓋所志甚重遠焉。其門人之於文正者，猶未足以盡文正之心也。子夏曰：「君子之道，孰先傳焉，孰後倦焉」；程子曰：「聖賢教人有序，非是先教以近者、小者，而不教之遠者、大者也。」夫天之理無窮，而學亦無窮也。今日如此，明日又如此，止而不進，非學也。天下之理無盡而可窮也。故使文正復生於今日，必有以發理義道德之蘊，而後啓夫人心之精微，天理之極致，未必止如昨日之法也。而後之聲附影者，謂修詞申義爲玩物，而從事於詞章；謂辨疑答問爲等，而始困其師長；謂無猷爲爲涵養德性；謂深中厚貌爲變化氣質。是皆假美言以深其短，外以聾瞽天之耳目，內以盡晦學者之心思，此上負國、下負天下之大者。而謂文正之學，果出於此乎？〔註12〕

虞集認爲元代國子監在許衡之後未能再進一步發展，癥結在於耶律有尚等門人未能從根本上領悟許衡之學，並不思變革、與時俱進，只知固守許衡之法，因而嚴重阻礙國子監的發展。

2. 姚 燧

據《元儒考略》記載：

> 姚燧，字端甫，平州柳城人。燧三歲而孤，育於伯父姚樞。樞居蘇門，督教燧甚急，楊奐馳書止之曰：「燧，令器也，長自有成爾，何以急爲？」且妻以猶女。年十三，從許衡游。至元八年，許衡任國子祭酒，召弟子十二人分置各齋齋長，姚燧爲其中一人。歷任秦王府文學、翰林直學士、大司農丞、江東廉訪使、江西行省參知政事、翰林學士承旨等職。燧之學有得於衡，以窮理致知、反躬實踐爲事，爲世名儒。爲文閎肆該洽，有西漢風。著有《牧庵集》。〔註13〕

姚燧十三歲時在蘇門拜訪許衡，十八歲時受學於許衡，爲文法昌黎。許衡曾

〔註12〕虞集：〈送李擴序〉，《道園學古錄》卷五。
〔註13〕〔明〕馮從吾：《元儒考略》（北京：北京圖書館出版），知服齋叢書本，遼宋元傳記資料叢刊。卷一，頁5。

告誡他說：「弓矢以待盜也，使盜得之，亦將以待主人。文章固發聞士子之利器，然先有能一世之名，將何以應人之見役者哉！非其人而與之，與非其人而拒之，鈞罪也。非周身斯世之道也」〔註14〕就重道輕文的許衡看來，「道」本「文」末，故欲姚燧將志趣放在「周身斯世之道」。而後，姚燧體悟到「文章以道輕重，道以文章輕重」，因此，「文爲道的載體，道爲文的枝幹」成爲姚氏一生效法之目標。元貞元年（西元 1295 年）時，主修《世祖實錄》，其後又任江西行省參知政事、翰林學士承旨等職。此外，元人柳貫曾說：

> 乃若先正許魏文正公之在吾元，實當世祖皇帝恢拓基圖之始，倡道明宗，振起來學。一時及門之士，獨稱集賢大學士姚公燧爲能式纂厥緒，以大其承。……他日良史執筆以傳儒林，則公在文正之門，豈直儕之游、夏而已也。〔註15〕

意即許衡於元世祖忽必烈時「恢拓基圖之始」，即以弘揚程朱理學爲己任。而在許衡諸弟子中，能紹述師門統緒，「以大其承」者，首推姚燧。其人地位可與孔門子游、子夏相比擬。著有《牧庵文集》五十卷。姚氏卒年七十六，諡名文。

3. 王 梓

據《魯齋學案》所載：「先生（許衡）改名遵禮，且云遷居燕然，蓋即汴人王梓，魯齋兼祭酒時，徵爲齋長者。」〔註16〕遵禮之名乃是許衡所取，從〈王生名字說〉中可看出：

> 王氏子，昔嘗從予游，曾未閱歲，乃遷居燕然，於今蓋十數年矣。頃來復過吾門，狀貌加偉，而其禮節恭謹，無異平昔。予嘉其處心近厚也，思有以教之，因以求更前名，遂爲說以命之。夫有禮則安，無禮則危。君子所以終身守之者，誠知大中至正，極不可去也。薄俗昏愚，鮮克由禮。昔爲師友，今爲路人，滔滔者皆是也。之子從學未久，而獨能眷眷於相從之舊，非本心之明，有以自守，其何以能之？謹訓其名曰遵禮，字之曰安卿，誠能因其所已知，擴其所未知，因其所已能，而推其所未能，則他日脩身事親之際，將不止如今日之王生也。〔註17〕

〔註14〕《牧庵集》卷四〈送暢純甫序〉。
〔註15〕《柳待制集》卷八。
〔註16〕〈魯齋學案〉卷九十，頁143。
〔註17〕《魯齋遺書》卷八〈王生名字說〉。

許衡指導王生：「因其所已知，而擴其所未知，因其所已能，而推其所未能。」此則意指溫故而知新。此外，「遵禮」一名也可看出許衡對禮的認知，諸如知禮、行禮、明禮，重點在於發揮本心之明。

4. 高　凝

據《魯齋學案》所載：「高凝，字道凝，河內人。官至翰林侍讀學士。」〔註18〕許衡曾爲文說明高凝名字：

> 高生講冠禮，子忝預焉。既字之，且求所以命生之意，因爲說以告曰：世變以降，波蕩風靡，而天下日趨於薄……尊君以古自立，而又以古道教生，其命生之名，取易卦鼎象，凝命之凝，欲生之以厚自成也，以正自守也，猶鼎之峙焉。雖然，此體也未適乎用，欲生之博文約禮，日篤於人道之常，猶鼎之享帝，養人之用，不爲法器而已也。夫父子、君臣者，天之命也，人之道也。〔註19〕

從「欲生之博文約禮，日篤於人道之常，猶鼎之享帝，養人之用，不爲法器而已也」，可見禮絕對不是典範而已。許衡欲學生能夠博覽聖賢經典，再以禮法約束言行，才不會背離大道。

5. 白　棟

據《魯齋學案》〔註20〕所載：「白棟，字顏隆，太原人。許文正教國子時伴讀也。官至按察副使。見《道園集》。」白棟曾爲文感念恩師：

> 共城西北五里有山，曰蘇門……實河朔之麗境，中土之奇觀也。魯齋先生之寓是邑也，時與門弟子一至泉上，吟風咏月，悠然而歸，家無儋石之儲，心有天地之春，雖曾點之風乎舞雩，明道之過乎前川，樂不踰是，固異乎眾人之觀矣。其後去而爲徵，君爲祭酒、爲宰相、爲學士，清風滿黃閣，英才遍天下，致政而歸覃懷，又嘗一過焉。……雖然侯之親，我之師也，生與子之分雖殊，而師與親之義惟等。先生平日所以教我者，莫非至道，我之所以不爲君子之棄，小人之歸者，皆其力也。〔註21〕

文中道出師生相處時的和樂，白棟也感念許衡平日所教，同時，表示「自先

〔註18〕〈魯齋學案〉卷九十，頁143。
〔註19〕《魯齋遺書》卷五〈高凝字說〉。
〔註20〕〈魯齋學案〉卷九十，頁142。
〔註21〕《魯齋遺書》卷十四〈門人白棟題思親亭記〉，頁19。

生沒後，鄙吝復萌舉世求一人，彷彿近似者，以發藥之，竟不可得。則我之思爲何如哉？」〔註22〕可見思念之深切。

6. 呂端善

據《魯齋學案》〔註23〕所載：「祖望謹案：《魯齋列傳》所徵伴讀十二人者無先生名，豈即呂端善邪？」另有呂域之名，疑似同一人。據《魯齋遺書》記載：「呂域，字伯充。先何內人，金末隨父佑徙家關中，域從許衡學，衡爲祭酒，舉域爲伴讀，輔成教養，域功爲多，至元間爲四川行院都事，勸主將李德輝不殺巴人，感德立祠祀之。」〔註24〕又，《宋元學案》記載：「先生從魯齋學。魯齋爲國子祭酒，舉爲伴讀，輔成教養，其功爲多。至元十三年，擢陝西道按察使知事。未行，改四川行樞密院都事。升奉訓大夫，四川行省左右司郎中。」〔註25〕呂域與呂端善皆爲伴讀，應爲同一人。據《元史·呂域傳》中，他在至元十九年（西元1283年）徵爲國子司業，又以終喪爲由，懇辭。仁宗皇帝即位，召拜翰林侍讀學士。

7. 劉季偉

據《魯齋學案》〔註26〕所載：「劉季偉，秦人。號存齋。官四川憲副，與牧庵爲同門人。」

8. 姚燉

據《魯齋學案》〔註27〕所載：「姚燉，河內人，亦文獻之從子也。常僉江西湖東道提刑按察司事。」

9. 孫安

據《魯齋學案》〔註28〕所載：「孫安，河內人。」

10. 劉安中

據《魯齋學案》〔註29〕所載：「劉安中，秦人。」

11. 韓思永

〔註22〕《魯齋遺書》卷十四〈門人白棟題思親亭記〉，頁19。
〔註23〕《宋元學案》卷九十〈魯齋學案〉，頁140。
〔註24〕《魯齋遺書》卷一，頁5。
〔註25〕《宋元學案》卷九十〈魯齋學案〉。
〔註26〕《宋元學案》卷九十〈魯齋學案〉，頁143。
〔註27〕《宋元學案》卷九十〈魯齋學案〉，頁144。
〔註28〕《宋元學案》卷九十〈魯齋學案〉，頁144。
〔註29〕《宋元學案》卷九十〈魯齋學案〉，頁144。

據《魯齋學案》〔註30〕所載：「韓思永，大名人。」

12. 蘇　郁

據《魯齋學案》〔註31〕所載：「蘇郁，大名人。」

　　元初政局紛擾，各個政治集團相互傾軋，故許衡在政治上的理想未能驟見其成效，但在他積極投入教育事業後，其弟子不論蒙漢，多擔任政府官員，對許衡的政治理念的推動有所裨益，同時，使得根源於漢族文化的新儒學在一個異族文明統治的帝國中，成為普遍的知識和擁有權力的思想，甚至在某種意義上超過宋代，「上自京師，下至州縣，莫不有學，學有生徒，有廩膳，而又表彰程朱之學，以為教於天下，則其養與教，豈不超乎唐宋而追踪三代」〔註32〕、「方今程朱之學行天下，薄海內外遐陬僻壤，猶有學其學者」〔註33〕。而在《宋元學案》中所錄〈魯齋學案〉中的人物，多屬懷衛一區。由於這一地區下臨河濱，是交通的孔道，文化人物接觸頻繁；內則縣互地山岳地帶，亂世棲遁，可以保全文化。全祖望評論許衡學術有云：

　　　　文正興絕學於北方，其功不可泯，而生平所造詣，則僅在善人有恆
　　　　之間，讀其集可見也，故數傳而易衰。〔註34〕

此段評論可說是切中肯綮，許衡所創魯齋學派在傳播理學方面確實有一番成績，但因不重視追究「性命之奧」，故理學深度有限，再則，其門人未能光大其學，正如虞集所說：「後之隨聲附影者，謂修辭申義為玩物，謂辨疑答問為躐等，謂無所猶為為涵養德性，謂深中厚貌為變化氣質，外以聾鼓天下之耳目，內以蠹晦學者之心思，上負國家，下負天下。」〔註35〕，導致數傳而衰。雖說如此，除上述幾位門人外，許衡主講上蔡書院時的生徒張達善，人稱道江先生，也深得程朱精華。對北方地區程朱之學傳播起了重大作用，正如黃百家所言：

　　　　道江學行於北方，故魯齋之名因道江而益著。蓋是時北方盛行朱子
　　　　之學，然皆無師授，道江以四傳世嫡起而乘之，宜乎其從風而應也。
　　　　〔註36〕

〔註30〕　《宋元學案》卷九十〈魯齋學案〉，頁143。
〔註31〕　《宋元學案》卷九十〈魯齋學案〉，頁144。
〔註32〕　魯貞：《桐山老農集》卷一〈江山修學復田記〉，四庫全書本，二頁A。
〔註33〕　胡炳文：《雲峰集》卷二〈鄉賢祠記〉，四庫全書本，二頁A。
〔註34〕　《宋元學案》卷九十〈魯齋學案〉。
〔註35〕　〈送李擴序〉，《元文類》卷三十五。
〔註36〕　《宋元學案》卷八十二〈北山四先生學案〉，北京：中華書局，1986，頁2753。

此外，又如楊恭懿亦是。楊氏生平《元史》有傳，據姚燧撰墓志說：「年二十四（蒙古定宗二年，西元 1249 年）始得《朱子集注》章句四經，〈太極圖〉、〈小學〉〈近思錄〉諸書，誦其言而推其意。……於潛齋之下，自任益重，前習盡變，不事浮末矣。」此時正姚樞許衡講學蘇門，版行性理書的時期。流風所動，楊氏便從以入道，所以也可說是私淑程朱之學的人。而且，元初關中儒學，開風氣於許衡提學京兆的教士，受其薰陶而願立門下者首推楊恭懿。輔佐許衡的他，同郭守敬、王恂完成《授時曆》，而有一定的地位。

（二）許衡之子

許衡有四子，配敬氏，子三：師可、師遜、師孚；賀氏子一：師敬。其中師遜、師孚未仕而卒。以下則針對許師可與許師敬做出介紹，此外，因限於文獻資料，因此對許師可的介紹較少：

1. 許師可

師可（約西元 1249～1327 年），行一，字可臣。由河東按察副使，歷衛輝、襄陽、廣平、懷孟路總管，終通議大夫，贈禮部尚書，諡文簡。歐陽玄〈許衡神道碑〉文中稱他「志趣端正」，有文集遺後。配劉氏、完顏氏，合葬先塋。子一：從宸。

2. 許師敬

許師敬（約西元 1255～1340 年），字敬臣，諡文穆，元代河內李封村（今焦作市李封村）人，是許衡的第四子。他一生仕元，自元世祖至元順帝，歷任監察御史、治書侍御史、吏部尚書、中書參知政事、國子祭酒、太子詹事、中書左丞、中書右丞、榮祿大夫、翰林學士承旨，知經筵事，西台中丞、光祿大夫。三居元仁宗、泰定兩代皇帝的宰相，主張以德爲本，制定並推選科舉制度，重視保護土地林木，減輕徭役；編著《皇圖大訓》，教授皇帝及皇太子；勤儉治國，使天災頻生的泰定時期呈現治平盛世，卓有政績。

元仁宗皇慶元年（西元 1312 年），許師敬由吏部尚書升任中書省參知政事，始居相位，參與國家大政方針的決策實施。皇慶二年（西元 1313 年）六月又綱領國子學，兼任國子祭酒，在國子監修建崇文閣，並請元仁宗詔命以宋儒周敦頤等九人和元儒許衡從祀孔子廟廷。是年十月，許師敬與程鉅夫、李孟等製定科舉法，主張「取士以德行爲本，試藝以經術爲先」，重經實學，舉賢任能，一洗隋唐以來爲文浮華侈靡之弊，開創了嶄新的科舉取士新風，

使科舉制眞正成爲國家培養選拔人才的有效途徑。同年十一月，元仁宗詔行科舉法，並於次年二月會試進士，三月廷試進士。元仁宗延佑元年（西元 1314 年）五月，奏請仁宗批准在京兆（今西安市）爲許衡修建魯齋書院〔註 37〕，仁宗親筆題寫了院名。

　　據《元史》記載，許師敬任御史台監察御史，因他恪盡職守，爲元政府體察民情，懲惡揚善而踐揚中外，元朝廷詔其連升三級而任御史台正三品治書侍御史，後轉任掌全國官吏選拔任用的吏部尚書，成爲元朝行政權力核心的政要。在元明宗天歷二年（西元 1329 年）至元順帝元統二年（西元 1334 年），許師敬雖年事已高，仍兩次被詔命爲翰林兼國史院從一品翰林學士承旨，西台中丞和御前主講官知經筵事。元統二年（西元 1334 年）四月，元順帝爲表彰許衡及許師敬治國安邦之功，特別錄取任用許師敬的小兒子許從宗爲章佩監異珍庫提點，後任至工部侍郎、集賢學士、河南按察使、禮部尚書等職。元統三年（西元 1335 年），許師敬又由西台中丞轉任御史中丞，品階光祿大夫。是年，元順帝命翰林直學士歐陽玄，爲許衡撰寫神道碑並命許師敬刻碑立石，歐陽玄在文中談到許師敬熟知經文、注重實踐、學識淵博、氣節高尚，頗「肖父風」。

　　許師敬一生爲官數十年，歷任御史台、儲政院、殿前經筵、國子監、翰林兼國史院等要職二、三十年，三居相位，封公加爵，爲穩定元朝統治起了巨大作用。事蹟見於《元史》、《蒙兀兒史記》等書。

　　（三）非漢人弟子

許衡的學生中，部分是蒙古人或色目人，這些人甚至後來成爲大力推行儒學的要角。然而，以教育見長的耶律有尚上文已提及，故此處略去不談。

　　1. 堅　童

　　字永叔。十歲即從王鶚、張德輝遊。至元八年（西元 1271 年）奉命入國子學，從學於許衡。《宋元學案補遺》列入〈魯齋學案〉。至元十三年（西元

〔註 37〕　至元二年（西元 1342 年）時，陳仁本「即慶元府治之東構祠塑像」，並得到元廷批准「列於學官」。此時魯齋書院「春秋專祠於公（許衡），而又以姚（燧）、趙（復）於堂，終歲設教養士，然而廩餼供張尚未完也。」至元三年（西元 1343 年），陳仁本「踰浙右，泛二江，游金陵」，經過多方努力，終於「以需成於台端」。相關資料見朱得潤：《存復齋文集》卷二〈魯齋書院三先生祠堂記〉，四部叢刊續編本。《至元四明續志》載書院創始人爲天台「陳仁」，「本」字疑脫。

1276 年）與同舍生不忽木等上疏力陳儒學之要：「臣等聞之，《學記》曰：『玉不琢，不成器；人不學，不知道。』故古之王者，建國君民，教學爲先……學校之政，尙未全舉，臣竊惜之。臣等嚮被聖恩，俾習儒學。」〔註38〕後曾參修《起居注》。官至河南行省平章政事，驛詔赴闕，未拜以疾，卒年三十九。事蹟具《元史》卷一百三十四。

2. 廉希憲

廉希憲乃西域人，純爲儒者，畏吾兒氏。史稱其「篤好經史，手不釋卷。一日方讀《孟子》，聞召急懷以進，世祖問其說，遂以性善義利仁暴之旨對。世祖嘉之，目曰廉孟子，由是知名。」〔註39〕此外，希憲從學許衡，而且，諮訪治道，首請用衡，提舉京兆學校。衡之應召，自此始也。又，時方尊禮國師，帝命希憲受戒。對曰：「臣受孔子戒矣。」帝曰：「孔子亦有戒耶？」對曰：「爲臣當忠，爲子當孝，孔子之戒，如是而已。」事蹟具《元史》卷一百二十六、《元名臣事略》卷七。

3. 不忽木

不忽木（亦做「博果密」），一名時用，字用臣，世爲康里部（亦做「喀喇」）大人。康里即漢高車國也。其人「資稟英特，進止詳雅。世祖奇之，命給事裕宗東宮師事太子，贊善王恂，恂從北征，乃受學於國子祭酒許衡。日記數千，言魯齋每稱之，以爲有公輔器世祖。」而且，十六歲的不忽木竟能「獨書《貞觀政要》數十事以進帝，知其寓規諫意，嘉探許之。」至於許衡用以教學的〈編年歌括〉，不忽木「過即成誦，帝召試之，不遺一字。」至元十四年（西元 1277 年）授利用少監歷拜昭文館大學士平章軍國重事。大德二年，特命形中承事三年兼領侍衛司事，卒年四十六。「其學先躬行而後文藝，居則簡默，及帝前論事，吐辭洪暢，引義正大，以天下之重自任，知無不言。」〔註40〕武宗時贈純誠佐理功臣，開府儀同三司上柱國魯國公侍文貞。趙孟頫爲〈文貞康里公碑〉言：

> 上每與公論古今成敗之理。謂公曰：「曩與許仲平論治，仲平不及汝遠甚。先許仲平有隱於朕耶？抑汝之賢過於師耶？」〔註41〕

〔註38〕 見《元史》卷一百三十〈不忽木傳〉。
〔註39〕 《元史》卷一百二十六，頁 6。
〔註40〕 《元史》卷一百三十，頁 16。
〔註41〕 《松雪齋集》卷七。

可見在元世祖眼中，不忽木超越許衡。尚不論是否爲溢美之詞，值得注意的是，不忽木爲康里人。康里在元時，爲尤赤所封地，位於南俄，其地去中原甚遠，但不忽木卻能崇儒重道，實屬難得。事蹟見《元史》卷一百三十、《宋元學案補遺》卷九十。

4. 野仙鐵木兒

一作「也先帖木兒」，馬札兒台次子，脫脫之弟。與堅童同受業於國子學，出身世族。親受學於許衡，深知治國之說。大德元年（西元 1297 年）官至中書平章，卒贈威寧貞獻王。事蹟見《元史》卷一百三十八及《宋元學案補遺》卷九十。

5. 卜憐吉合

兀良哈氏，爲名將速不台（1176～1248）之孫，阿尤（1234～1287）之子，家世顯赫。受業於許衡，爲國子生。累官河南行省左丞相。延祐元年（西元 1314 年）封河南王。《宋元學案》及《宋元學案補遺》卷九十皆列入〈魯齋學案〉。

二、許衡對王學的影響

在學術的歸宗上，陽明與象山雖同屬一系，但就陽明學思歷程來看，其思想體系主要是與朱子有關。但是，朱子論心，範圍廣大，不宜限於「心體」之問題，蓋「體用一源，顯微無間」，不離此心萬殊之用而爲體也。關於朱子如何論心體之問題，唐君毅認爲朱子「在心性論上，確立此心體之自存自在，而依此心體之虛靈明覺，以言其內具萬理，以主乎性，外應萬事，以主乎情。」〔註 42〕朱子雖以虛靈明覺是心之本體，然體不離用，此心體非「自存自在」也。若以此心體爲自存自在，則功夫多將用於尋此心體之上，此則大爲朱子所反對也。朱子常教人勿就「本體」處想像，故亦不好言「心體呈現」，此乃朱陸之學之根本歧異也。錢穆認爲「大抵陸王心學總喜歡說心體，朱子卻不喜說心體，此乃朱子最高明處。」〔註 43〕陽明在朱子思想的薰陶下翻出一條思路，但有別於明初「此亦一述朱，彼亦一述朱」〔註 44〕的僵化學風。無論

〔註 42〕參見唐君毅：《中國哲學原論原教篇》，頁 202。
〔註 43〕參見錢穆：〈朱子學術述評〉，收於《中國學術思想史論叢》（五），頁 144。
〔註 44〕黃宗義：《明儒學案》卷十〈姚江學案〉（台北：華世出版社，1987 年），頁 179。

程朱理學還是陸王心學，其道德修養方式均主張動靜結合，內外結合，涵養省察離不開實事踐履，若由思想史的流衍來探討，可發現許衡以實踐躬行為重的思想中有傾向心學的學問性格，對陽明致良知、知行合一等思想有一定程度的影響。

（一）從「正內以正外」到「正心以正物」

許衡在《魯齋遺書》卷二〈語錄下〉有言：

> 兩物相依附，必立一箇做椿主，動也，靜也。聖人定之，以中正仁義而主靜，以靜為主。內外也，上下也，本末也，皆然。無物不相依附者，辨方正位，體國經野，是正外以正內也。今夫席不正不坐，事其大夫之賢，友其士之仁，外面檢束，使不致不正。這是從外以及內，卻有由中以正外，如心正而後身修，身修而後家齊，此內外交相養也，亦必相輔成德，然必以心為主。

他指出由外及內和由內及外兩種方法，提出「正內以正外」和「正外以正內」兩種工夫。他並未否定向外工夫，即由外及內的方法。此乃沿襲了朱熹「內外交相養」、「相輔成德」之說，但他又主張必須有主有輔，必立一個做椿主，這個「主」在內而不在外，在心而不在物。許衡思想雖然同朱熹「良知良能，人心固有」的說法一致，但朱熹強調格物致知等向外工夫，在朱熹看來，如果沒有物外之學，其內在之本也就無以明。因此，尊德性就必須先道問學。而許衡則因「本於人心之所固有」，主張直存本心，這就和朱熹大不相同，而與陸九淵一派更加接近了。更加值得注意的是，他提出「正內以正外」的方法，為後來王陽明正心以正物的思想開了先河。〔註45〕陽明所處的時代的年代，明太祖為身後慮，便誅鋤功臣，但又需借重士人，故或以利祿引誘，或以嚴刑威脅。在這樣的政治氛圍下，王陽明拔本塞源，以挽頹風。他拂逆時勢，且無社會基礎可資攀持，他認為天下不治此乃「由於士風之衰薄，而士風之衰薄，由於學術之不明，學術之不明，由於無豪傑之士倡焉耳。」（〈送別省吾林督憲序〉）因此，王陽明揭良知之說，並曾在解答顧東橋「恐其專求本心，遂遺物理」之疑時提出「心外無理」的看法：

> 夫物理不外於吾心。外無心而求物理，無物理矣。遺物理而求吾心，吾心又何物邪？心之體，性也。性即理也……心一而已，以其全體

〔註45〕蒙培元：《理學的演變——從朱熹到王夫之戴震》（福州：福建人民出版社，民國87年）。

惻怛而言，謂之仁；以其得宜而言，謂之義；以其條理而言，謂之

理。不可外心以求仁，不可外心以求義，獨可外心以求理乎？〔註46〕

王陽明的「物理」乃指道德法則，實由吾心所自發，不外於吾心。又「虛靈
不昧，眾理具而萬事出」〔註47〕、「心即理也。天下又有心外之事，心外之理
乎」〔註48〕，可見心外無理，心外無事。

（二）從「心外格物」到「直求本心」

　　許衡由朱學的心外格物，移到陸學的直求本心，從而萌發屬於後來王學
的思想，這是值得注意的演變跡象。它既說明了朱學傳至元代的嬗變，也顯
示王學的出現並非偶然。〔註49〕許衡對程朱理學的轉化，來自於「易簡」的
訴求。「易簡」之說，起於象山在鵝湖之會後，相較於朱熹而對自己學說所提
出的概述。〔註50〕許衡接受程朱之學，也曾「病其太多」〔註51〕，與陸九淵
認爲朱熹「支離」竟無二致：

　　　　許文正語人曰：「也須焚書一遭。」此暴秦之迹，文正不諱言之，果

　　　　何謂哉？……夫何故？載籍多而功不專，耳目亂而知不明，宜君子

　　　　之憂之也。是故秦火可罪也，君子不諱，非與秦也，蓋有不得已焉。

　　　　〔註52〕

因此許衡試圖調和朱陸，甚至努力發揚心學，以陸補朱。然而，「易簡」的詮
釋空間很大，象山企圖以「心學」對治朱子支離之弊，另開學統，這種「易
簡」的做法是在理論與工夫實踐上要求全面的翻新，縱使朱子未必不談心學，
象山的做法，顯然是站在對立的思考面，希望更創新說，而非順著朱子的理
論做進一步發展。許衡特別強調：

　　　　德性是學問中大節目，不可須臾離也。聖人言論，句句是尊德性。

　　　　〔註53〕

〔註46〕《傳習錄》中〈答顧東橋書〉，頁133。

〔註47〕《傳習錄》上，頁32。

〔註48〕《傳習錄》上。

〔註49〕相關討論可見侯外廬：《宋明理學史》（上卷）第三編，第二十四章，頁696。

〔註50〕陸象山於鵝湖之會後，和其兄之詩中有兩句「易簡工夫終久大，支離事業竟
　　　　浮沉。」（《象山語錄》上），象山此詩乃譏諷朱熹學術的支離，後人以「易簡」
　　　　說明許衡與程朱的關係，是否就與象山的態度相仿，似乎值得探究。

〔註51〕《魯齋遺書》卷十三〈考歲略〉。

〔註52〕　陳獻章：〈道學傳序〉，《白沙子》卷一，頁24～25，四部叢刊本。

〔註53〕《魯齋心法》。

　　若要修德凝者，必須於那所授於天的正理慕敬……大綱領。〔註54〕

則學問的重點非移置到實踐德性不可，此爲許衡養心思想，並影響到篤信好學勝於「純然的朱子之學髓」的金履祥、許謙。〔註55〕此外，許衡特意提高「心」的重要性，而與天地同列，就是一方面突出人的地位可與天地相比；另一方面更指出人的存在價值，就是從心的明德踐履中建立起來的。

　　人與天地同，是甚底同？人不過有六尺之軀，其大處同處，指心也，

　　謂心與天地一般。〔註56〕

人因受天之稟賦而有道德理性的自覺能力，故能贊天地之化育，而與天地同列，卻也同時受氣稟所拘，一則爲徇私欲而不免爲惡，一則受生死富貴夭壽等客觀的限制，無可奈何。儒家針對前者，提出爲善去惡的道德理性以救之，後者則以「義命」的觀點，再次強調人文精神的重要性，也同時強化了道德理性在人生抉擇上的優越地位。「命」代表的是外在客觀的限制，其間包含人的富貴夭壽境遇，是人力所無法改變的現實；「義」則是內在主觀意志所外發的合宜表現。儒家將屬於實然的「命」與應然的「義」二分，並強調「義」所蘊含的價值。

　　王陽明在曾說：「人心之得其正者即道心，道心之失其正者即人心，初非有二心也。」〔註57〕，陽明否定程朱將人心、道心二分之說，原是納理於心，因此，人心道心並非兩個對立概念，而是一心存天理或趨人欲與否而已。是故，程朱與陸王雖然都承認天理的存在，卻有從理觀心，納理於心的不同，換言之，就是視理或心孰爲第一序觀念而衍生的結論。許衡藉著人心、道心的關係，提出人心仍有基於氣稟的感性知覺，他說：「聲色臭味發於氣，人心也，便是人欲；仁義五常根於性，道心也，便是天理。」〔註58〕，當「爲氣稟所拘，物欲所蔽，本性不得常存。或發出一件善念，便有被氣稟物欲之私昏蔽了，故臨事時對人旋安排把捉，未臨事之前，與無人獨處，卻便放肆爲惡。」〔註59〕其實，朱陸都認爲理是世界萬物的終極本原。然而從這個共識繼續探討，他們之間的分歧愈趨明顯。陸九淵借助儒學天人合一的思維模式，

〔註54〕　〈中庸直解〉。
〔註55〕　《楊園全集》卷四十一〈備忘三〉：「（許衡）其所得過於金仁山、許白雲。」
〔註56〕　《魯齋遺書》卷二〈語錄下〉。
〔註57〕　《傳習錄》上。
〔註58〕　《魯齋遺書》卷二〈語錄下〉。
〔註59〕　《魯齋遺書》卷二〈語錄下〉。

以爲「心即理」，萬事萬物皆自心生發。其《雜說》篇謂：「四方上下曰宇，往古來今曰宙，宇宙便是吾心，吾心便是宇宙。」其《語錄》卷三十四：「萬物森然於方寸之間，滿心而發，充塞宇宙，無非此理。」顯然陸九淵對理的理解與朱熹不同，也正是由這些不同，導致了他們在學術思想的一些基本方法的分歧。

　　錢穆曾說：「程朱主性即理，陸王主心即理，學者遂稱程朱爲理學，陸王爲心學，此特大較言之爾。朱子未嘗外心言理，亦未嘗外心言性，其文集語類，言心者極多，並極精邃，有極近於陸王者，有可以矯陸王之偏失者。不通朱子之心學，則無以明朱學之大全，亦無以見朱陸異同之眞際。」〔註60〕。因此，在處理許衡與朱陸的關係時，能夠不單以「心」的出現而驟斷其爲陸學，或以陸補朱，而是就許衡文本間的相關性加以剖析許衡之學在流傳過程中產生流弊，「文正歿，後之隨聲附影者，謂修辭申義爲玩物而苟且於文章，謂辨疑答問爲躐等而姑固其師長，謂無所猶爲爲涵養德性，謂深中厚貌爲變化氣質，外以聾瞽天下之耳目，內以蠱晦學者之心思。」而這種流弊又與許衡之學本身的缺陷有關，「魯齋所見，只具粗跡，故一世靡然而從之也。」〔註61〕。元代後期理學的重要代表鄭玉曾言：「陸子之質高明，故好簡易；朱子之質篤實，故好邃密」、「陸氏之學，其流弊也，如釋子之談空說妙，工於鹵莽滅裂，而不能盡夫致知之功。朱子之學，其流弊也，如俗儒之尋行數墨，至於頹惰委靡，而無以收其立行之效。」〔註62〕雖然元代後期理學家都想兼取朱陸所長，而避其所短，卻終究未能建立起一個超越朱陸二家的新體系。

第二節　歷代對許衡的評價

　　由於許衡爲蒙古貴族統治中國出謀獻策，所以，對他歷史地位的評價，

〔註60〕詳參氏著：〈朱子心學略〉，收入《中國學術思想史論叢》（五）（台北：東大圖書公司，民國80年）。又，關於陸王與程朱的分別，林安梧曾爲文表示：「陸王『心即理』之修養工夫爲一『先天本質工夫』，而程朱『性即理』之修養工夫爲一『後天之助緣工夫』而已。陸王學爲繼孔孟以降之『縱貫的道德創生系統』，程朱學則爲『橫攝的認知系統』。前者爲正宗正統，後者爲別子爲宗。」參見林安梧：〈關於朱子哲學當代詮釋方法論的論辯──從「繼別爲宗」到「橫攝歸縱」〉一文，「傳統中國哲學論辯之當代詮釋」國際學術研討會會議論文，2007年10月26、27日，台灣大學哲學系主辦。

〔註61〕《靜修學案》引《宋元學案》卷九十一。

〔註62〕〈送萬子熙之武昌學錄序〉，《師山文集》卷三。

歷來頗有爭議。立場容有差異，意見或有不同。以下則分正、反面評價，依時代先後順序討論：

一、正面評價

（一）元　代

與許衡友善，同議朝政的元代名儒王磐〔註63〕官至太常少卿、翰林學士，爲人「氣概一世，少所與可，獨見衡曰：『先生，神明也。』」〔註64〕，曾稱贊許衡爲人「氣和而志剛，外圓而內方。隨時屈伸，與道翱翔」〔註65〕，並對許衡有這樣一段評論：

> 聖朝道學一派，乃自先生發之，至今學術正，人心一，不爲邪論曲
> 學所勝，先生力也。所以繼往聖，開來學，功不在文公下。〔註66〕

認爲許衡開啓元代道學一派，而且功績不在朱熹之下。此外，元人張養浩〔註67〕評論：

> ……然而聖聖相承，前後百有餘年，魁人碩士衰然畢出，其傳聖人
> 道者，乃惟覃懷許衡氏寥焉一人，何邪？蓋嘗考夫許氏之學，其所
> 拳拳者《小學》、《四書》，未嘗以博洽稱焉，未嘗以能文辭稱焉，未
> 嘗以多才藝稱焉。其所守至簡，其用力至省，而其究乃截然竊出一
> 世之表，而從祀於聖人，何哉？蓋彼所以劇且勞，卒不克推，凡近
> 者從事於技也，此所以簡且省，顧日躋高明者從事於心也，心焉者，
> 言行糙糙不弛於冥，不飾於顯，竊達禍福一無所撓技焉者，則忘己
> 而役於物，外觀若美，中實無所持，故儒有君子，有小人，有爲己、
> 爲人之不同者，此也大哉。〔註68〕

〔註63〕王磐，字文炳，號鹿菴，永年人。舉金進士，後仕元世祖，官至翰林學士兼修國史。磐自幼篤志好學，超然異眾，蒐羅經史百氏，文辭宏放。蘇門東平嚴實興學養士，迎磐爲師受業者嘗數百人，當時稱爲名儒。詳參《元儒考略》卷一，頁7。

〔註64〕《元史・許衡傳》

〔註65〕〔元〕王磐：〈魯齋先生畫像贊〉，《許文正公遺書》卷首。

〔註66〕《國朝名臣事略・左丞許文正公》。

〔註67〕張養浩（1270～1329），字希孟，號雲莊，山東濟南人，元朝散曲家。歷任縣尹、監察御史、禮部尚書，以直言敢諫爲權貴所忌。其散曲多寫棄官後的田園隱居生活，也表達對官場的不滿。

〔註68〕張養浩：〈萊蕪縣三皇廟記〉，《歸田類稿》卷四，四庫全書本。

張養浩在此說明許衡在教育及文化學術傳承方面的貢獻，凸顯許衡治經，重在求理以行道，學術講求窮理致知、反躬踐履爲實。以朱子之學爲宗的許衡，尤其重視《小學》和《四書》，並通過〈大學〉、〈中庸〉闡發義理，這樣的評論與不以博洽、能文辭、多才藝著稱與許衡門生翰林學士姚燧所言「語述作固不及朱子之富，而扶植人極，開世太平之功，不慚德焉」〔註69〕相似。最後，張氏則以孔子所提出的「爲人」、「爲己」兩種治學態度〔註70〕肯定許衡不圖虛名，不計窮達得失，而能眞實無僞。又如元代的詩文家及史學家虞集所言：

> 許文正公衡，生於戎馬搶攘之間，學於文獻散逸之後，一旦得其書而尊信之，凡所以處己致君者，無一不取於此。而朱子之書，遂衣被海內，其功詎可量哉……嗚呼！微朱子，聖賢之言不明於後世；微許公，朱子之書不著於天下。〔註71〕
>
> 故表章朱子小學一書以先之，勤之以灑掃應對以折其外，嚴之以出入遊息以養其中，撥忠孝之大綱以立其本，發禮法之微權以通其用。
>
> 於是數十年，彬彬然號稱卿士大夫者，皆其門人矣。嗚呼，使國人知有聖賢之學，而朱子之書得行於斯事者，文正之功甚大矣！〔註72〕

虞集身參延祐文治的朝局，總修元經世大典，所收入元文類中的各典總序，保存當時許多典章制度與重要史料。其人事略見於《元史》本傳。他指出許衡在元初兵馬倥傯之際，提倡朱子之學，藉著教育的力量，形成北方儒學興盛局面。此外，強調聖人之道不在訓詁章句，而在眞知踐履，體現許衡經學的特點。同時，虞集也注意到許衡之學在流傳過程中產生了流弊：「文正歿，後之隨聲附影者，謂修辭申義爲玩物而苟且於文章，謂辨疑答問爲躐等而姑固其師長，謂無所猷爲爲涵養德性，謂深中厚貌爲變化氣質，外以聲瞽天下之耳目，內以蟲晦學者之心思。」〔註73〕至於元代詩文家魏初〔註74〕則是從

〔註69〕　姚燧：〈姚氏牧齋語〉，《魯齋遺書》卷十四〈先儒議論〉。

〔註70〕　在《論語・憲問》：「古之學者爲己，今之學者爲人」，荀子則對此一古今學風觀做了較大幅面的發揮：「君子之學也，入乎耳，著乎心，布乎四體，形乎動靜；端而言，蠕而動，一可以爲法則。」（《荀子・勸學篇》）認爲君子爲學在於以美其身，小人爲學在於己爲禽犢。至於程頤《論語解》：「爲己，欲得之於己也；爲人，欲見之於人也。」，可見重視主體的爲學風格。

〔註71〕　《道園類稿》卷四十五。

〔註72〕　收於〔元〕蘇天爵：《元名臣事略》卷八，《文津閣四庫全書史部・傳記類》，頁290。

〔註73〕　《宋元學案》卷九十一〈靜修學案〉。

〔註74〕　魏初（1226～1286），字太初，號青崖，弘州順聖（今河北陽原縣）人。從祖

詩作中反映許衡在政治上的貢獻：

> 魯齋天下士，高弟數君侯。立學心恆切，居官行益修。旱苗方渴雨，
> 健翮正橫秋。尊酒何年夜，陳登百尺樓。〔註75〕

元代詩文家張光弼〔註76〕也寫道：

> 許衡天遣至軍前，未喪斯文賴此傳。〈大學〉一編堯舜事，致君中統
> 至元年。〔註77〕

此詩主要是肯定許衡傳承朱子學的貢獻，至於蘇天爵則對許衡影響有以下闡
明：

> 世祖皇帝既定天下、惇從文化，首微覃懷許文正公爲之輔相，文正
> 之學，尊明孔孟之遺經，以及伊洛諸儒之訓傳，使夫道德之言衣被
> 四海，故當時學術之正，人才之多，而文正之有功於聖世，蓋有所
> 不可及焉！逮仁廟臨御，肇興貢舉，網羅俊彥，其程試之法：表章
> 六經，至於《論語》、《大學》、《中庸》、《孟子》，專以周程朱子之說
> 爲主，定爲國是，而曲學異說悉罷黜之。是則列聖所以明道術以正
> 人心，育賢材以興治化者，其功用顧不重且大歟！〔註78〕

上述的這些褒獎，提高了許衡的社會聲望，使其成爲元代最有影響力的理學
家之一。關於許衡的功業，時人劉岳申《與吳草廬書》曾有文字追憶：「以道
格君，一由正（許衡諡文正）與，自宗親近屬子弟，皆嘗受業，至今爲國名
臣者，皆正之徒也，今天下復知高尚程朱之學，以上溯孔孟遺經者，皆文正
之賜也。」〔註79〕而且，據《元史》記載〔註80〕，元成宗大德元年（西元 1297

父魏璠，金代進士；父思廉，金甄官署令，長於《春秋》，曾從元好問學。中
統元年（西元 1260 年）爲中書省椽史兼掌書記，後以祖母老，辭歸，隱居教
授。至元七年（西元 1270 年）授國史院編修官，拜監察御史，歷仕陝西、河
東按察副使，行台揚州、江西按察使等職。生平事蹟見《元史》卷一百六十四。

〔註75〕 魏初：《清崖集》卷一〈送某學士〉，四庫全書本。

〔註76〕 張光弼，名昱，以字行，廬陵人。元末棄官隱。

〔註77〕 張光弼：《張光弼詩集》卷三〈輦下曲〉，四部叢刊本。

〔註78〕 《滋溪文稿・伊洛淵源錄序》。

〔註79〕 劉岳申《申齋集》卷四，四庫本頁一 B。同樣的說法見於虞集《道園學古錄》
卷一〈送李彥方閩憲詩序〉：「（許衡）實表彰程朱之學，以佐至元之治，天下
人心風俗之所繫，不可誣也。」，四部叢刊影印本，十一頁 B～十二頁 A；程
端禮《畏齋集》卷五〈弋陽縣新修藍山書院記〉：「（許衡）以朱子學光輔世祖
皇帝，肇開文運，百年之間，天下學者皆知尊朱子所注之經以上溯孔孟。」，
四庫權書本，二頁 B。程文海《雪樓集》卷一〈論立魯齋書院〉：「故中書左
丞許衡，首明理學，尊爲儒師。」，四庫全書本，三頁 A。

年）「贈榮祿大夫、司徒，諡文正」；元武宗至大二年（西元 1309 年），「加正
學垂憲、佐運功臣、太夫開府、儀同三司，封魏國公」；元仁宗皇慶二年（西
元 1313 年）「詔從孔子廟庭」，謂歷代儒者最高榮譽，殊不爲過。

（二）明　代

明代薛瑄〔註 81〕認爲「魯齋召之未嘗不往，往則未嘗不辭，善學孔子者
也。」、「魯齋出處合乎聖人之道。」、「魯齋以王道望其君，不合則去，未嘗
少貶以徇世，眞聖人之學也。」〔註 82〕以爲許衡出處去就合於聖人之道，推
崇之情見於文字之中。薛瑄相當推崇許衡的「力行之意」，以其賡繼「朱子之
統」，進而贊佩許衡貢獻，故「世祖雖不能盡行魯齋之道，然待之之心極誠，
接之之禮極厚。自三代以下，道學君子未有際遇之若此也。」〔註 83〕類似言
論亦可見於何瑭〔註 84〕，他引經據典，爲許衡鳴不平，也可見當時爭論之激
烈：

> 獨近世儒者，謂公華人也，迺臣於元，非《春秋》內夏外夷之義，
> 有害名教。縉紳之士，間有惑於其說者，瑭嘗著論辨之。大略以爲
> 中夏夷狄之名，不係其地與其類，惟其道而已矣！故《春秋》之法，
> 中國而用夷禮則夷之，夷而進於中國則中國之，無容心焉！舜生於
> 東夷，文王生於西夷，公劉古公之儔，皆生於戎狄，後世稱聖賢焉，
> 豈問其地與其類哉！元之君，雖未可與古聖賢並論，然敬天勤民，
> 用賢圖治，蓋亦駸駸乎中國之道矣。夷狄之俗，以攻伐殺戮爲賢，
> 其爲生民之害大矣。苟有可以轉移其俗，使生民不至於魚肉糜爛者，
> 仁人尚當盡心焉。況元主之尊禮公，而以行道濟時望之，公亦忍猶
> 以夷狄外之。故拒而不仕哉！且作《春秋》以訓萬世者，非孔子乎？
> 《春秋》所外之夷莫大於楚，楚昭王之聘孔子，亦往拜焉，使不沮

〔註 80〕見《元史》卷一百五十八。
〔註 81〕薛瑄（1389～1464），字德溫，號敬軒，山西河津縣人。明朝官員，好程朱理
　　　　學，曾言「自考亭（朱熹）以還，斯道已大明，無煩著作，直須躬行耳。」
　　　　著有《讀書錄》、《薛文清集》，事蹟見《明史》卷二百八十二。
〔註 82〕《魯齋遺書》卷十四〈薛文清讀書錄〉。
〔註 83〕《讀書錄》卷三。
〔註 84〕何瑭（1474～1543），字粹夫，號柏齋，武陟人，弘治十五年進士。初授翰林
　　　　修撰，不屈於劉瑾，出爲開州同知。歷工戶禮三部侍郎，晉南京右都御史，
　　　　卒年七十，諡文定。著有《醫學管見》、《柏齋三書》、《何文定公集》，事蹟具
　　　　《明史》卷282。

于子西，孔子固將爲楚之臣矣！孔子，魯人也，尚可臣楚；公，元

人也，迺不可臣元歟！〔註85〕

反對許衡者所謂的「無益於名教」，是認爲許衡「華人也，迺臣於元，非《春秋》內夏夷之義，有害名教」。意即許衡作爲一介漢人卻臣服於蒙元，並不符合《春秋》主張的夷夏有別，因而對於儒教發展有害。何瑭的反駁理由爲「中夏夷狄之名，不係其地與其類，惟其道而已矣。」，不但闡釋漢人與夷狄的區別不在於居地和人種，而應該是所行之道的差異，還進一步解釋說，許衡仕元與孔子臣楚無異，皆爲行道。許衡想改變行夷狄之道的民族，雖未成功，但畢竟「元習於夷狄之俗久矣，公疏遠之臣也，乃欲以一朝相遇之言，盡變其累世之俗，豈易能哉？」有人「以是疵公，公固無愧矣」，可見何瑭極力爲之維護。有幾點值得注意：第一，何瑭爲其辨析，以爲中夏夷狄的劃分，不是因地與類，而應以「道」做爲衡量和區分夷夏的標準；第二，何瑭認爲中國用夷禮則仍稱夷，夷而進於中國用中國禮則仍稱中國，故舜雖生於東夷，文王雖生於西夷，仍稱聖賢。今蒙古諸汗雖未可與古聖賢相比，其敬天、勤民、用賢等仍是中國的方法。且蒙古大汗知尊敬許衡，冀其行道濟世，許衡怎能視以夷狄？由於元廷已「駸駸乎中國之道矣」，因此，不應仍以夷狄視之；第三，以行道濟時、救民於水火出發，則只要能改變元統治者「以攻伐殺戮爲賢」的傳統習俗，則就不應固執不仕。更何況，人民關心政治良窳所帶來的生活安定與否，遠比是哪個民族來統治更爲重要。〔註86〕何瑭的評述有助於了解許衡夷夏觀和政治觀的眞諦。

其實，不僅何瑭，明代開國文臣之首的詩文大家宋濂〔註87〕亦對許衡有

〔註85〕《魯齋遺書》卷十四〈河內祠堂記〉。

〔註86〕北宋曾一度攻克燕地，旋又落入金人之手，後人歸其因，認爲是「失燕人之心者三，致金人之寇者三，……何謂失燕人之心者三？一換官，二授田，三鹽法。換官，失士人心；授田，失百姓心；鹽法，並失士人百姓心。……何謂致金人之寇者三？一張覺，二燕中戶口，三歲幣。」詳參徐夢莘：《三朝北盟會編》卷三〈陷燕錄〉。由上述資料可知，宋人入燕，並未見到民族意識強烈的北人簞食壺漿以迎王師，卻因宋人政治措施的不當，大失人心，而無法維持對燕地的長期治理。

〔註87〕宋濂（1310～1381），字景濂，號潛溪，浦江（今屬浙江）人。曾授業於浙東大儒吳萊、柳貫、黃溍。元末隱居鄉里，一度信奉道教。至正二十年（西元1360年）爲朱元璋所徵召，明開國後官至翰林學士承旨、知制誥。明初朝廷「一代禮樂製作，濂所裁定者居多」，被稱爲「開國文臣之首」。詳參《明史》本傳。

如下稱讚：

> 濂洛之學，傳自武夷，重徽疊照，日星昭垂。逮我許公，尊聞行知，
> 若親摳衣，寒泉之湄，張皇幽眇，釐析毫絲。如皋陶淑問，畢其情
> 辭，如后羿注矢，不失其馳。既入閫域，遂升堂基，橫經胄監，衿
> 佩鏘如祛。其人私牖，其天彝什，其偏岐挽，其九衢德，成財達昭
> 用於時，黼黻帝治，甄陶泰熙，明體適用，公實庶幾，無德弗報，
> 四海祝尸。嗚呼！許公百世之師。〔註88〕

在中國文學史上，宋濂與劉基、高啓並列爲「明初詩文三大家」。他以繼承儒
家道統爲己任，爲文主張「宗經」「師古」，取法唐宋，著作甚豐。因此，宋
濂對許衡的高度稱讚更值得重視。《孟子・盡心》曾稱孔子爲「百世之師」，
曾奉命主修《元史》的宋濂給許衡同樣的稱讚，可看出宋濂對許衡的推崇。
此外，類似言論亦可見於周汝登的《聖學宗傳》卷十一與陸世儀《思辨錄輯
要》後集卷八：

> 劉、許皆元儒，許仕而劉不仕，故後儒議論多優劉而劣許。然劉於
> 世祖之聘，亦強起爲右贊善大夫，但尋以母老辭歸，俸給一無所受
> 耳。蓋自度得君行道未必如許，故旋出而旋歸。兩賢殆未可優劣也。
> 許衡任道最勇，有伊尹之風。其進退一以行道爲主，絕無依違瞻顧。
> 終元之世，能使儒術不墜，皆其力也。

周汝登在《聖學宗傳》比較許衡與劉因，認爲「兩賢殆未可優劣也」，至於學
宗程朱的陸世儀（1611～1672），曾師從劉宗周，思想以「居敬窮理」爲主，
於明亡後不仕。以公允態度面對許衡問題，「其進退一以行道爲主，絕無依違
瞻顧。」可看出他的認同。主要是由於許衡在金元之際，完成了儒學經世的
使命。

（三）清　代

明末清初黃百家〔註89〕評論許衡與劉因仕元與否的問題，將重點放在兩
人原爲元人，在《宋元學案》卷九十一〈靜修學案〉中言道：

> 許文正與文靖皆元人也，其仕元又何害？論者乃以夷夏之說繩之，
> 是不知天作之君之義也。豈有身爲元人，而自附于宋者？眞妄言也。

〔註88〕《許衡集》卷十四〈先儒議論・古今題詠〉。
〔註89〕黃百家（1643～1709），原名百學，字煮一，號不失，又號未史，別號黃竹農
　　　　家。浙江餘姚人，黃宗羲之子，明末清初經學家。

上述觀點主要是因為宋失中原於金，非失於元，元取中原於金，非取於宋，許衡生於元朝興起已四世時，而宋失中原已數世。是以，許衡生為元民，仕為元朝，亦名正言順。關於出仕操守，時人張履祥亦有言：

> 魯齋沒三百餘年以來，論者眾矣，尊其道者恆二三，詆其節者恆八九。以愚測之，讀其書者未必論其世，論其世者未必讀其書，似皆未究魯齋之本末，而輕為論說者也。魯齋，北產也，陸沉日久，人不知學，能於流離兵刃百死一生之餘，悅周公、仲尼之道，私淑於雒、閩而自得之。當是時，南方之學者，未能或之先也。彼之所謂豪傑之士也，由是言之，詆之者過也。……魯齋賢者，豈不自愛其節，而以元者之富貴榮者乎？〔註90〕

至於清人柯劭忞重修《元史》，擬許衡為四科中的「德行」。除此之外，屠寄修《蒙兀兒史記》從許衡對蒙古人的影響而言，認為「雖有王文統、阿合馬之阻，未能盡用其言」，然而，許衡「教澤所被，已足霑溉兆族貴游子弟，一滌其腥羶之氣，而濡染華風。」〔註91〕又如清代學者白壽宸有言：

> 夫子（許衡）以顏子之質，成孟子之功。時行則行，時止則止。深有合乎孔氏之遺風。其為人也，忠信篤敬；其為論也，博大淵通。
>
> 他如奏議之剴切，技藝精工，有以見仁人之用心，而得道者不窮。
>
> 余嘗有論之：春秋之時可以無顏子，戰國之時不可無孟子，以是歸之，夫子將毋同。〔註92〕

如此高的評價，同樣也見於康熙年間。當時，聖祖玄燁皇帝親自書寫《許衡贊》表達對許衡的高度讚賞，可看出許衡地位的拔高，其詞曰：

> 大儒之生，與君相等。應運乘時，月輝日炳。出處繳然，頑廉懦警。
>
> 致君澤民，非竇非徑。

此後，康熙五十六年（西元1718年）春，聖祖又在《御論理學源流》中對於許衡的成就尤加以表揚：

> 性理之學，自周程授受，粹然孔孟淵源。同時如張、如邵，又相與倡和而發明之，從游如呂、如楊、如謝、如尹，又相與賡續而表章之。朱子生於其後，紹述周程，多取張、邵，斟酌於其及門諸子之

〔註90〕《楊園先生全集》卷十九。
〔註91〕屠寄修：《蒙兀兒史記》卷68（台北：鼎文書局，民國87年），頁2193。
〔註92〕此則資料與下則資料均見於「全球許氏文化網」，白壽宸生卒不詳。
　　　　http://lstic.tw/ls/modules/newbb/viewtopic.php?topic_id=350&forum=3

　　同其是非，然後孔孟之旨粲然明白，道術一歸於正焉。宋元諸儒，

　　皆所流衍之支派，宋之真，元之許，則其最醇者也。〔註93〕

清朝乃滿族人建立的王朝，爲了維護政權，滿族人借鑒蒙元失敗的教訓，努力將漢族王朝的先進文化吸收，爲己所用。爲了吸引漢族中才德之士爲其效力，大加表彰許衡，這也是歷史必然的選擇。到清高宗弘曆時，對於許衡的尊崇更隆。高宗不但於乾隆十五年（西元 1750 年），遣官於許衡墓前致祭，並且在三十二年（西元 1767 年）親自撰寫文章，以糾正有關許衡的譏議：

　　《續綱目》因許衡病革戒子之語，遂於其卒不具官實，乖書法之正

　　論者。或謂衡不當仕元，削以示貶；或謂元不得而臣之，變例不書。

　　二說皆悖於理。夫衡未爲宋臣，仕元並非失節，需才擇主，遇合自

　　然，有何可貶？而既已身膺元仕，食祿登朝，本非肥遁鳴高，又豈

　　得違君臣定分？二說之謬，固不待辨自明。至衡之於元，聞召即往，

　　且云：「不如此，則道不行。」乃既得志行道，忽於易簀時，悔其平

　　生不能辭官，死後囑勿立碑請諡。此非彌留亂命，則是後人曲爲之

　　說。衡故名儒，前後不應矛盾。若此，特改書官爵，以糾《續綱目》

　　之失，且摘諸家曲說，辟而正之。〔註94〕

儒家向來重視「華夷有別」與「不事二主」，以繼承儒家道統爲己任的許衡當然十分重視這事關名節的大義。但是，另一方面，他又懷抱著經世之志，力圖實現治國平天下的理想。王朝更替的歷史現實改變了漢儒的民族觀，許衡出於儒家博施濟眾的社會使命感，在立節和用世中選擇了後者。文章伊始就開門見山駁斥所謂許衡不當仕元的說法。因許衡沒有在宋朝做過官，所以仕元不算失節。良材擇名主而仕，本是自然之事，不該遭到貶低。乾隆皇帝批評了《續綱目》不書許衡官爵的做法，痛斥那些固守民族主義，認爲漢人只能奉侍漢主的想法。統治者則因異族統治中國，爲鞏固其威權地位，並取得儒臣信任，因此對於許衡大力褒揚，甚至削減一切批評之語，這樣的情形以清代最烈。明朝爲漢人掌權，而清代和蒙元一樣，權力最高峰的是少數民族。受民族觀的歷史侷限，許衡作爲一介漢人入仕外族，自然會受到了元、清兩朝外族統治者的歡迎，而在明朝他的地位不高，也是在所難免。承受了近三百年「無益於名教」的指責，直至清時，許衡又重新受到肯定。

〔註93〕《許文正公遺書・卷首》。

〔註94〕《許文正遺書・御制批鑒闡要》。

除了仕元問題外，許衡提出的「治生爲先務」也引起諸如王陽明等人不少討論。世代爲農的許衡，「稍長，嗜學如渴，然遭世亂，且貧無書」，爲避戰亂，又經逃難之苦，即使主講百泉書院後，依然「家貧躬耕，粟熟則食粟，不熟則食糠核菜茹」，在此環境下，將治學與治生相結合，也是有跡可尋。許衡如是說：

> 學也，天下之人事也。但問上之人好尚如何耳，賤工末技，一日崇尚，尚且掀然於天下，況聖人大公至正之道，以此爲學，庸可議乎？〔註95〕

> 人君以德爲外，以財爲内，則百姓每都爭鬥劫奪，如何得相聚？所以說財聚則民散；若是以德爲内，以財爲外，則百姓每都愛戴歸向，如何得離？所以說財散則民聚。〔註96〕

> 人君於那百姓，須在晨間時役使他，不妨誤了他的農務。收取他當出的稅糧，又不過於厚，則百姓每都安逸富足，樂於生業。故曰：「所以勸百姓也。」〔註97〕

> 昔者聖人蓋憂之，故其垂世立言，莫非惇本抑末，以謹厚篤實爲勸，蓋天下之善必原於謹厚篤實，天下之惡必始於浮躁淺露。〔註98〕

> 爲學者治生最爲先務，苟生理不足，則於爲學之道有所妨。彼旁求妄進，及作官嗜利者，殆亦窘於生理之所致也。士君子當以務農爲生，商賈雖爲逐末，亦有可爲者，果處之不失義理，或以姑濟一時，亦無不可。若以教學與作官規圖生計，恐非古人之意也。〔註99〕

許衡將治生擺在首位，然而，何謂治生？他爲治生所下的定義是「農工商賈而已」，由此可看出，身爲四民之首的「士」與其他三民的關係是互相依存的，或可視「士」爲體，則三民爲「用」。而且，許衡首列「農」，與傳統儒家所提倡的耕農亦不相違。以許衡所處時代觀之，當時民生凋敝〔註100〕，再加上

〔註95〕《魯齋遺書》卷二〈語錄下〉。
〔註96〕《魯齋遺書》卷四〈大學直解〉。
〔註97〕《魯齋遺書》卷五〈中庸直解〉。
〔註98〕《魯齋遺書》卷八〈高凝字說〉。
〔註99〕《魯齋遺書》卷十三〈通鑑〉。
〔註100〕金末元初的動亂社會中，人民生命朝不保夕，甚有駭人聽聞的屠城之舉。如《靜修集》卷十七〈孝子田喜墓碑〉中所載：「聞命以殺爲嬉」，因而「城郭爲圩，暴骨如莽。」（見《秋澗集》卷三十一〈堆金塚記〉）。此外，元軍在漢

元廷實行民族不平等政策﹝註101﹞，使頗受歧視的儒者不願出仕爲官，並多以務農爲生，故其說法也是反映現實。而且，與儒家倡導節儉止斂不同，元朝廷之政策與風氣則多偏重開源。因此，重開源在元代成爲政策。而儒家視理財爲技術問題，基本政策唯有仁義而已，何必曰利。值得注意的是，許衡雖講治生，但卻強調德爲本，財爲末，可見與當時聚斂之臣﹝註102﹞是截然不同的，仍不悖離儒家傳統思想。事實上，許衡在所上的〈時務五事〉中有關「農桑學校」即言：「衣食以厚其生，禮義以養其心」，因此，就實踐層面來看，許衡乃將儒家的「道」詮釋爲「合時義」的內涵﹝註103﹞。故許衡可以言利來權變其世，但要「處之不失義理」，若不知義理所在，在下則爲刀筆鄙吏，在上則爲聚斂之臣，如他認爲阿合馬、桑哥等善於理財者爲聚斂之臣。﹝註104﹞《元史・許衡傳》曾載：「中統元年至京師，時王文統以言利進，爲平章政事。衡輩入仕，主治亂休戚，必以義爲本，文統患之。」此外，許衡對工商亦不排斥，他提出「士君子當以務農爲生，商賈雖爲逐末，亦有可爲者」。主張知識分子可以爲農或爲百工技藝，以此維持生計，甚或商賈亦有可爲者，實則，若能富而好禮、樂善好施，不啻爲一佳話，也能符合孔、孟之道。此外，朱子雖未直接正面討論這個問題，然而，史載弟子曾問朱熹：「吾輩之貧者，令

地恣意屠城燒殺，《元史・耶律楚材傳》載：「近臣別迭等言：漢人無補於國，可悉空其人以爲牧地。」（卷一百四十六），又如《元朝名臣事略》所載：「時天下新定，未有號令，所在長吏，皆得自專生殺，少有忤意，則刀鉅隨之，至有權室被戮襁褓不遺者，而彼州此郡，動輒興兵相攻。」（卷五）。

﹝註101﹞元末明初學者葉子奇曾言：「元朝自混一以來，大抵皆內北國而外中國，內北人而外南人。以致深閉固拒，曲爲防護，自以爲得親疏之道，是以王澤之施，少及於南；滲漉之恩，悉歸於北。」見氏著：《草木子》（台北：商務印書館，民國63年），《四庫全書珍本》。

﹝註102﹞如王文統、阿合馬、桑哥、盧世榮等人均是，元世祖信之任之，甚至充任臺輔。《元史》載權臣阿合馬「爲中書平章政事，領尚書省六部事，因擅權，勢傾朝野，一時大臣多阿之。」許衡則加以批駁：「今國家徒知斂財之功，不知生財之由。不惟不知生財，而斂財之酷，又害於生財也。徒欲防人之欺，不欲養人之善，所以防者爲欺也，不欺則無事於防矣！」

﹝註103﹞參考福田殖著、金培懿譯：〈關於許衡〉，《中國文哲研究通訊》第八卷第3期，民國87年。

﹝註104﹞許衡曾痛陳元廷「徒知斂財之功，不知生財之由，不惟不知生財，而斂財之酷，又害於生財也。」（《魯齋遺書》卷七〈時務五事〉），又指這批臣子「多取斂錢財，必損著百姓，損著百姓，必損著國家。小人多收斂錢財，教君王見喜，君王不覺百姓生受，卻道國家利益，君王又道此人肯受天下怨，卻不知天下怨氣只在君王處。」（《魯齋遺書》卷四〈直說大學要略〉）。

不學子弟經營，莫不妨否？」朱子答曰：「止經營衣食亦無甚害，陸家亦作鋪買賣〔註105〕」，由此可知，朱陸兩人對治生貨殖乃採取認可的態度，也可見世風漸變，許衡則因受時代環境及朱子影響，而有此說法。和傳統的儒家知識分子不同，許衡並非把倫理或政治放在首位，而把經濟活動視為先務。此處可見許衡把解決經濟問題作為教育的前提，他認為若是經濟問題無法得到解決，則為學將無從談起。無疑的，身為一個異族統治下的儒者，許衡的治生說仍在儒學的大範疇下所提出，然而，思想家形成某種學術定見則關乎其主客觀的環境因素，並經由揉合轉化，方才形成。從學術史上說，由於許衡生活顛沛流離，對困頓生活有所體會，因此，在對時勢環境的考慮之下，已然將程朱理學推向更貼於現實生活的考量。

明末清初的思想家陳確〔註106〕提出「學者以治生為本論」、「確曾以讀書治生為對，謂二者真學人本事，而治生尤切於讀書。」、「魯齋此言，專為學人而發，故知其言之無弊」，不喜朱子理學的陳確曾言「《大學》首章，非聖經也。其傳十章，非賢傳也。」其學重實際，因此對許衡治生說採肯定態度。清人全祖望則言：「吾父曾述魯齋之言，謂為學亦當治生。」受此理念影響，儒者而貨殖的情況也日益增加。又如清人沈垚〔註107〕如是說：「宋儒先生口不言利，而許魯齋乃有治生之論。蓋宋時不言治生，元時不可不言治生，論不同而意同」、「宋有祠祿可食，則有此過高之言。元無祠祿可食，則許魯齋先生有治生為急之訓。」由此可知，沈垚認為許衡提出「治生論」並非有意立異為高，而是因為宋元鼎革，生活在蒙人統治下，儒士的命運與經濟狀況已

〔註105〕根據陸九淵《象山先生文集》（四部叢刊）卷二十八〈宋故陸公墓誌〉所載，陸家「家素貧，無田業，自先世為藥肆以養生」（頁216～218）。此外，陸九淵在〈陸修職墓表〉（卷二十八）中，提到「吾家素無田蔬，圃不盈十畝，而食指以千數，仰藥療以生。伯兄總家務，仲兄治藥療，公授徒家塾，以束脩之饋，補其不足。」（頁212）由此可推測陸家藥鋪應有相當規模，方能使這麼龐大的家族維持生計。

〔註106〕陳確（1604～1677），初名道永，字非玄，後改名確，字乾初，浙江海寧人。是明末思想家劉宗周的弟子。屢試不第，遂放浪山水，明亡後隱居不仕。著有《大學辨》、《葬書》、《女訓》、《蕺山先生語錄》、《乾初道人詩集》、《辰夏雜言》。

〔註107〕沈垚（1798～1840），浙江烏程（今浙江吳興）人，字子敦。清嘉慶三年生，為優貢生。年四十三，入京師，館於徐松家。子敦精於地學，與程同文、龔自珍等同為道咸以降地學先驅；又主張從漢學入手，別闢蹊徑，以扭轉瑣碎考據風尚。道光二十年客死，張穆裒其遺著為《落帆樓稿》。

然不同，發生很大的變化，沒有以往穩定而繁盛的科舉制度所提供的入仕機會，因此，傳統儒生陷入生計無著的困境，所以，許衡的治生之說在一定程度上是適應時代變遷的積極政策。值得注意的是，沈垚並未將治生與行商坐賈加以連繫，他所認為的治生是一種自食其力的活動，而且，「能躬耕則躬耕，不能躬耕，則擇一藝以為食力之計」〔註108〕，可見，務農仍居優先考量，且未提商賈。清代學者張履祥，則對為學者「治生」的重要性作了深刻的詮釋，他說：

> 人須有恒業，無恒業之人，始於喪失其本心，終於喪其身。許魯齋有言：「學者以治生為急。」愚謂治生以稼穡為先。能稼穡則無求於人，則能立廉恥；知稼穡之艱難，則不妄求於人，不妄求於人，則能興禮讓。廉恥立，禮讓興，則人心可正，世道可隆矣。〔註109〕

張履祥七歲喪父，家境貧寒，曾就學於劉宗周門下，學成後以種地為生，農忙時耕作於田間，農閑時授徒著書，一生著述宏富，是「為學者治生最為先務」的實踐者。從晚明以降的學人說法看來，的確不乏對許衡治生論予以肯定者，但他們卻都不把治生等同於商賈。甚至拔高治生影響，認為不僅能解決生計，更能保持人格獨立，享受精神自由，為知廉恥、興禮讓的根本，這種治生思想源起所自始與許衡有密切的關係。

在此，特別必須說明的是，關於許衡治生之說，近代學者多所關注：專書方面，《許衡評傳》第四章〈經濟思想〉下列有「治生的經濟思想」〔註110〕，文中認為，許衡在一定程度上反儒家忽略經濟、輕視商賈的思想潮流，開拓研究視野，為儒家經濟思想增添了新的積極因素，具開創和補白之績。單篇期刊論文則有以下幾篇：孫玉杰〈試論許衡的治生說及其歷史意義〉〔註111〕，指出「治生說」是許衡思想精華，乃將玄妙的「道」歸結到百姓的「民生日用」，開啟了理學向實學的轉向，拓寬學術研究的視野。又趙國洪〈許衡治生說與明清士商理念──與余英時先生商榷〉〔註112〕中，指出余英時「元代對

〔註108〕〔清〕沈垚：〈與許海樵〉，《落帆樓文集》卷九。

〔註109〕《清史稿》卷二百六十。

〔註110〕陳正夫、何植靖：《許衡評傳》（南京：南京大學出版社，民國84年），頁176～178。

〔註111〕孫玉杰：〈試論許衡的治生說及其歷史意義〉，《學習論壇》第 2 期，2005年。

〔註112〕趙國洪：〈許衡治生說與明清士商理念──與余英時先生商榷〉，《江西社會科學》第 5 期，2006 年。

於明清士商關係的變化看不出有直接影響」這一結論，有進一步討論必要，認為許衡治生說為元明清士商互動孕育了理論依據，對明清士商觀念具有直接影響。類似文章尚有方旭東〈儒學史上的治生論 —— 兼與余英時先生商榷〉，該文說明在儒學史上，元代許衡第一次明確提出儒者以治生為先務的思想，乃是基於當時儒者的經濟狀況所作出的一種應對，表達的是儒者學做聖賢需要先解決生計問題的意見。且對余英時從王陽明對許衡「治生論」的批評中解讀出明代儒家倫理有新的發展進行論證。又如張長傑〈淺談許衡的治生思想和素質教育〉〔註113〕中，則認為許衡把經濟與教育問題密切聯繫起來，是我國教育史上的一個創舉。

二、負面評價

（一）元　代

宋人石介曾說：「天處乎上，地居乎下，居天地之中者曰中國，居天地之偏者曰四夷。四夷外也，中國內也，天地為之平內外，所以限也。」這種看法為元代以前的漢族士人普遍認同。居天地之中的中國，是漢族人統治的中國；其他少數民族，則被稱之為四夷，居天地之偏。蒙古人來自漠北，自然應屬四夷之列，儘管已統治了中原，但卻不被視為理所當然的主人。

儘管元朝已非自秦以來第一個在中原地區建立政權的少數民族王朝，但是很多漢族士人從內心深處是非常排斥的，他們雖沒有力量推翻，只好以隱居、不合作等方式來表達他們對心目中的「中國」的嚮往和受異族統治的憤懣，劉因正是其中的一個代表，他對許衡所懷有的成見和誤解，也從本質上反映了蒙族統治下漢族儒家生不逢時的悲哀。劉因和許衡雖是同時代的人，共為理學大師，但道不同不相與謀，關係十分微妙，在各自的文章裏極少提及對方，可是劉因卻有一首〈示張源〉，直書「魯齋」二字：「堂高餘慶在，道重魯齋傳；洗眼名家後，驚心大學年；白頭負風鑒，青佩見時賢；明日鹿門隱，須君拜我前。」〔註114〕表面誇讚魯齋學問足以承擔傳播理學之道的重任，這是與許衡處處以「與道共進退」標榜相對應的；最後卻直抒譏諷之意，表達了作者的清高和對許衡學識的不認同。實則，魯齋生在民間，以救人行

〔註113〕張長傑：〈淺談許衡的治生思想和素質教育〉，《焦作大學學報》第 3 期，2008 年 7 月。

〔註114〕劉因：《靜修集》卷十五，頁 7。

道為急；靜修生當文明之運，自可以從容進退，其中各自有別，故不須指此
駁彼也。而且，許衡雖積極入仕，但每仕不久，即辭官歸隱，看似矛盾，但
因他有強烈傳道意識，故曾言「綱常不可一日而亡於天下」、「以道為己任」，
故遇行道之時，自然因時而起，然出仕後，其政治理念與當權不能盡合，因
而引退，這種態度也符合易學中「時」的觀點。

　　同時期，還有比劉因更直接的表達反對許衡仕元的人，他就是東平（今
屬山東）人王旭。王旭為了讓許衡接受自己的意見，他特地寫了〈上許魯齋
先生書〉一文，洋洋灑灑上千字，公開建議許衡「何如返蘇門之故，隱臥西
山之白雲，遠續洙泗之微言，近考伊洛之正派，使聖傳不墜後學」〔註115〕，
希望許衡能夠以隱居的方式承繼聖學，而非出仕。其實，在元代外族朝廷之
下，現實環境不得不以元為正，但多數人皆主張或暗示宋仍為正統，這不只
是學術之爭，更有政治之意味。元朝廷為外族所建，為「夷狄入中國則中國
之」，必加速使之漢化，行中國之法，在政治上，正統之論又可以反過來馴化
之。許衡為推動儒學，常以退為進，引起劉因等諸位學者頗為不滿。然而，
許衡表示：

> 入仕為臣時，應該效法諸葛亮「不問利害只求義理，孔明見得真，
> 當時只以復漢討賊為當然，至於成敗利鈍，非臣之明所能逆睹，歸
> 之天而已。」〔註116〕

> 古時公卿大夫以下，位稱其德，終身居之，得其分也；位未稱德，
> 則君舉而進之。士脩其學，學至而君求之，皆非有預於己也。〔註117〕

此乃指出讀書人若能修養品德，君王則訪求之，而且，這樣的情況並非讀書
人所能預料的，此即揭櫫「學而優則仕」之理。《左傳》定公十年：「裔不謀
夏，夷不亂華。」孔穎達則作疏指出：「中國有禮義之大，故稱夏；有服章
之美，故謂之華。」自春秋以來的華夏互變的歷史事實也深刻昭示這一觀點。
錢穆曾說：「在古代觀念上，四夷與諸夏實在另有一個分別的標準，這個標
準，不是血緣，而是文化。《禮記》：「中國夷狄，五方之民，皆有性也，不
可推移。……五方之民，語言不通，嗜欲不同。」主要從語言和生活習慣加
以判分民族。所謂『諸侯用夷禮則夷之，夷狄進於中國則中國之』，此即是

〔註115〕收於《元文類》卷三十七，頁2。
〔註116〕《魯齋遺書》卷一〈語錄上〉。
〔註117〕《魯齋遺書》卷二〈語錄下〉。

以文化爲『華』、『夷』分別之明證。」〔註 118〕在北方地區被少數民族政權長期統治的情況下，以郝經爲代表的北方儒士認爲不應片面強調民族間的生理差別與風俗殊異，而應依文化辨華夷。〔註 119〕至於許衡則發揚先秦儒家「同人於野」的精神，以開闊的文化胸襟申述新夷夏觀：

> 「同人於宗，吝；同人於野，亨。」同人於宗，同者幾人，則其所失者多矣，所以孤立無援。人要與天下人同，何必同宗。伯牙、子期，豈所謂同人者耶？同人於宗，所得益少，或有乖異，便失所同。如孔子溫良恭儉讓，與聞國政，天下翕然相從。桓魋之言，孫叔之毀，益一二耳，不害其大同也。伊洛諸先生，有同人於宗之弊，其氣類同者，則推尊標榜，無所不至；其不同者，則擯斥不能合。謂其同者皆善類，不同者皆惡人也，寧有是理？此所以百年孤立，嘗有仇敵，惜哉！聖人不如此，出門同人，同人於野，中間有三五箇悖逆不合離棄者，不能爲多助之害，當知此。〔註 120〕

「同人」爲《易‧同人》卦，從經文「同人於野，亨」中，可由九二爻與九五爻的對應上說，柔得位得中而應乎乾，故能通天下之志，利涉大川，利君子之貞。若僅六二，則是同人於宗，吝。許衡主張「同人於野」，不主張「同人於宗」，他表達反對「伊洛諸先生」在學術及文化上分宗派，認爲如果以「氣類」的同義區分善惡，則將失道寡助，因而對夷夏觀重新梳理。而忽必烈擢其爲京兆提學、國學祭酒、左丞，位列台輔，身顯廊廟，也與其夷夏觀有關。此外，許衡又曰：

> 治非一日之爲也，其來有素矣。人勝不已，則積而至於偏，偏則文沒不用矣。故凡善惡得失之迹，若謬焉者，而世謂之亂。亂非一日之爲也，其來有素矣。析而言之，有天焉，有人焉，究而言之，莫非命也。命之所在，時也；時之所尚，勢也。時不可爲，勢不可犯。順而處之，則進退出處，窮達得失，莫非義也。〔註 121〕

許衡看到了歷史上治世和亂世交替的事實，並用「天人交勝」的道理解釋如此情形。他把尚質歸之於「天勝」，尚文歸之於「人勝」，看似亂世尚質，是

〔註 118〕錢穆：《中國文化史導論》修訂本（北京：商務印書館，1994 年），頁 41。
〔註 119〕郝經：《陵川集》（台北：台灣商務印書館，1973 年）。
〔註 120〕《魯齋遺書》卷二〈語錄下〉。
〔註 121〕《魯齋遺書》卷九〈與竇先生〉。

天定的，而不起作用；治世尚文，是人爲的，天又不起作用。這樣就把天與
人割裂開了。其實，眞正的歷史正好是天與人，意即客觀必然性與有意識活
動的統一。不論治世，抑或亂世，皆有人、有天。至於決定天與人的關鍵，
許衡認爲是「命」，亦即「時勢」。他在循治亂之跡以求理時，雖然表現出明
顯的天命史觀色彩，但他並不認爲人在歷史過程中是完全被動和無所作爲
的。在合理的前提下，人們只要以通變精神行事，順應發展大勢的合理變革，
是可以發揮歷史作用的。因此，在面對社會的變動，人之所爲要順應時勢，
方可合乎時宜。至於他對歷史主體的理解是通變論的：

> 五帝之禪，三代之繼，皆數然也。……聖人遇變而通之，亦惟達於
> 自然之數，一毫之己私無與也。〔註122〕

許衡論史而求理，探索歷史法則與變化成因，明確提出元代宋的王朝演替是
不可阻擋的歷史趨勢，人們應當順應社會歷史發展的自然之數。不僅表達了
他觀察歷史的思想，也是思考時代變革的觀點。元世祖至元八年（西元 1271
年），忽必烈宣布改蒙古國爲「大元」，他在詔書中申明：

> 誕膺景命，奄四海以宅尊；必有美名，紹百王而紀統。肇從隆古，
> 匪獨我家。且唐之爲言蕩也，堯以之而著稱，虞之爲言樂也，舜因
> 之而作號。馴至禹興而湯造，互名夏大以殷中。世降以還，事殊非
> 古。雖乘時而有國，不以義而制稱。爲秦爲漢者，著從初起之地名；
> 曰隋曰唐者，因即所封之爵邑。是皆徇百姓見聞之狃習，要一時經
> 制之權宜，概以至公，不無少貶。我太祖聖武皇帝，握乾符而起朔
> 土，以神武而膺帝圖，四震天聲，大恢土宇，輿圖之廣，歷古所無，……
> 可建國號曰大元，蓋取《易經》「乾元」之義。〔註123〕

雖言名號，但卻表示對中華文化傳統的認同和繼承。在元朝這樣一個社會大
變革的時代，這種思想顯得尤其可貴。職是之故，關於許衡的仕元或許不該
以嚴苛的態度看待。

（二）明　代

明人對北方諸儒之評論，頗有貶抑，如張溥〔註124〕有言：「蒙古初興，

〔註122〕《魯齋遺書》卷一〈語錄上〉。
〔註123〕〔明〕宋濂：《元史‧世祖本紀》（北京：中華書局，1976 年），頁138。
〔註124〕張溥，字元如，太倉人。與同里張采共學齊名，號婁東二張。崇禎間溥集郡
　　　　中名士，相與復古學，名其文社曰復社。四年舉進士，交遊日廣，自謂以嗣

宋祚未絕，一時大儒，如姚樞、竇默、許衡者流，相率事虜。因歎人不如古，讀書行道而不知海上之節者，又何眾也。」這其實是明人的迂拘一偏之論，他們不知道金元之際北方政治社會情形。自從石晉割燕雲之後，山後各州，久已與南朝隔絕。北宋亡後，金人幾朝撫治，衣冠禮樂，悉用中邦，讀書人心目中，久已把金當作了父母之邦，很難再論夷夏之防。明代的丘濬（1418～1495）在《世史正綱》中對許衡臨終之言「我平生虛名所累，竟不能辭官，死後慎勿請謚，但書許某之墓四字。」有如下看法：

> 嗚呼！人之將死，其言也善。觀斯言也，則衡固亦自知其仕元之非矣！可見天理之在人心，未嘗或泯也。徒以其知之未真，行之不決，至其臨終之際，天理發見，出於由衷之言。味其不能辭官之一語，則可見元人之官，在所當辭而不能辭焉，以是負愧云爾。……或曰：「君子之仕也，行其義也。」許衡生元人域中而不仕元，將何以行君臣之義哉？夫謂之義者，宜也。可仕則仕，不可仕則不仕；合其宜則為義，不合其宜則為非義。夫以中國之人學周公、孔子之道，雜群胡之中，毀冠裂冕以仕夷主，以絕我中國帝王之統，為宜乎？不宜乎！〔註125〕

此外，王陽明《傳習錄》中也對許衡有負面評價：「許魯齋謂儒者以治生為先之說，亦誤人。」〔註126〕並且曾應學生黃直提問，解釋反對之因：

> 但言學人治生上盡有工夫，則可。若以治生為首務，使學人汲汲營營，斷不可也。且天下首務，孰有急於進學耶？雖治生，亦是講學中事，但不可以之為首務，徒啟營利之心。果能於此處調停得心體無累，雖終日做買賣，不害其為聖為賢，何妨於學？學何貳於治生？

儒家思想認為「君子喻於義，小人喻於利」，因此，許衡大談學者以治生為先務，這在王陽明等儒者看來，於道不合，甚至有誤人子弟之嫌。然而，王陽明在評說方麟棄仕從商時以肯定口吻道：「古者四民異業而同道，其盡心焉，

東林，執政惡之。里人陸文聲求入社，不許；詣闕訐溥，嚴旨窮究不已，溥卒而事猶未竟。後詔徵遺書，先後錄上三千餘卷。有《詩經注疏大全合纂》、《春秋三書》、《歷代史論》、《漢魏六朝一百三家集》。相關資料可見蔣逸雪撰：《張溥年譜》（商務印書館排印本，民國24年）。

〔註125〕〔明〕丘濬：《世史正綱》卷三十一（台北：丘文莊公叢書輯印委員會，民國61年），頁5～6。

〔註126〕〔明〕王陽明：《王陽明全書》卷一〈傳習錄上〉。

一也。士以修治，農以具養，工以利器，商以通貨，各就其資之所近，力之所及者業焉，以求盡其心。其歸要在於有益於生人之道，則一而已。」〔註127〕明末清初黃宗羲也有類似觀點，以商爲本：「世儒不察，以工商爲末，妄議抑之。夫工固聖王之所欲來，商又使其願出於途者，蓋皆本也。」〔註128〕商既爲本業，則不該賤商。由此可知，商業行爲而無失義理即可的持論，是許衡、王陽明相同之處，唯王陽明憂心若以「治生爲先務」，而於治生不下工夫，終陷於徒以營利爲目的的地步，此陽明異於許衡之處。

（三）清　代

清初王夫之（1619～1692）曰：

> 鬻《詩》、《書》、《禮》、《樂》於非類之廷者，其國之妖也。其跡似，其理逆，其文詭，其說淫，相帥以嬉，不亡也奚待？……而爲儒者之恥，姚樞、許衡實先之矣。〔註129〕

> 女眞、蒙古之吞噬中華，皆衣冠無賴之士、投幕求榮者窺測事機而勸成之。廉希憲、姚樞、許衡之流，又變其局而以理學爲掉闇，使之自躋於堯、舜、湯、文之列，而益無忌憚。游士之禍，至於此而極矣。〔註130〕

文中視許衡爲儒者之恥，將許衡做爲失身之士的典型，乃因許衡以儒家聖人之道協助異族朝政。王夫之曾親歷明末政治腐敗與社會動亂，二十六歲時，因清兵入關，明朝覆亡，他在抗清活動失敗後，決意隱居山林，明清之際的時代巨變是他思考的根本動力，也就與宋代以來的程朱陸王大不相同。〔註131〕他基於民族意識的觀點抨擊元代儒者，他在黍離之悲中痛斥夷夏不分，因而無視於許衡的出仕有利於理學在元代的推廣，也可見時代衝擊下對夷夏觀念的內涵常有關鍵性的認知歧義。

除了自元以來學者對許衡的負面評價外，深受朱子學影響的日本漢學家亦對許衡有所批評。如十八世紀江戶時代的陽明學儒者佐藤一齋（1772～

〔註127〕見〈節菴方公墓表〉。
〔註128〕〔清〕黃宗羲：《明夷待訪錄》（台北：中華書局，1965年）。
〔註129〕〔清〕王夫之：《讀通鑑論》卷十七。
〔註130〕〔清〕王夫之：《讀通鑑論》卷十四。
〔註131〕相關資料參看陳來：《詮釋與重構——王船山的哲學精神》（北京：北京大學出版社，2004年）。

1859）則說：「魯齋本意在治家，不在貨殖，然謂以治生為先，則語有弊，不免誤人。」〔註132〕其實，早在《論語・先進篇》中，便有「貨殖」一詞出現〔註133〕，司馬遷的〈貨殖列傳〉則圍繞貨殖活動闡明了多方面的經濟主張。〔註134〕然而，傳統文化中賤商的價值取向，使得許衡治生說多遭批駁。實則，許衡說法乃是基於當時儒者的經濟狀況所作出的一種應對，表達儒者學做聖賢需要先解決生計問題的意見，轉為實學的傾向是值得肯定的。受統治者民族重視實利的影響，儒家思想本身分化出不同於道統儒學的思想傾向，痛感道學先生高談性命，無益於國事。是故，許衡提出儒者當「以治生為先務」，即主張經營產業，與道統儒學「重本輕財」的思想已有不同。理學家常將儒家對一般人的最低要求，傳化為某種至高的標準，因此顯得不近人情。〔註135〕反觀許衡的「治生」說，則顯示知識份子將道德自勵轉化為平實的人生態度，除了踵武前賢外，還有更多的因應與調適，因而促使理學更貼近生活。許衡從愛民、養民入手，主張生財，反對聚斂，提出「治生」的經濟思想，把謀生計和務農、經商等經濟問題提到相當重要的地位，在一定程度上是對儒家忽略經濟、輕視商賈思想的補充，引起人們對經濟問題的關注，拓寬了學術研究的視野。儒家的學術基本是入世的，所以對身為儒者的許衡而言，其思想與實踐關聯自不待言。該說意義在於把儒家的經世思想發揚光大，並與社會中的實用理念取得相通的意義，避免了程朱理學因空談性命而蒙蔽儒家思想的真實含義，穩固了儒家思想在社會中的地位。而且，「治生」說體現了在

〔註132〕佐藤一齋：《傳習錄欄外書》。

〔註133〕在《論語・先進》中有孔子對弟子顏回及子貢的比較：「回也庶乎，屢空。賜不受命，而貨殖焉，臆則屢中。」由此觀之，顏回能安貧樂道，子貢則不同，無法接受貧窮的命運，因此選擇做生意一途，並能猜測市場趨向，因而賺錢。此處無法看出孔子支持哪位學生，只能看出他對貨殖行為並不否定。正如《論語・憲問》：「邦有道，穀」，即指在其位任其職，若能無愧於心，合理取得俸祿，則無須迴避。

〔註134〕《史記・貨殖列傳》記載春秋戰國到漢武時社會經濟狀況，其中，大力贊揚商人的卓越並論證貨殖活動發展的必然性，揭示商業活動在富國強民上的重大意義。司馬遷認為，欲望正是民眾追求財富的動力：「人各任其能，竭其力，以得所欲。」闡明貨殖求富乃人之情性，亦對統治階級的愚民政策有所批駁。錢鍾書《管錐篇》稱該篇「於新史學不啻於手辟鴻蒙矣。」

〔註135〕陳來曾言：「儒家倫理必須褒揚那些不食嗟來之食的義士或自願守節的烈女，但這種崇褒中隱含著一種危險，那就是有可能導致在不段地褒揚中把道德的最高標準當成道德的最低標準，給一般人造成較大的道德心理負擔。」（詳見氏著：《宋明理學》，台北：洪葉文化公司，民國83年）。

實踐中學習，使得士人不再流於空談、或是缺乏眞才實幹。因此，「治生」不僅指經營生計，關注人生存的經濟條件，而且代表著理學的實踐及理性。由此看來，許衡治生說確實有其價值與地位。

　　此外，山崎闇齋〔註136〕（1618～1682）有《魯齋考》二卷，以丘濬的許衡論爲經，薛瑄的許衡論爲權〔註137〕，前者爲批判角度，後者則爲讚美。大體而言，對許衡持批判態度。而與山崎闇齋地位相當的淺見絅齋（1652～1711）〔註138〕，在〈靖獻遺言〉文中讚劉因的同時也批評許衡。

　　元、明、清三代學者對於許衡的評價其實受到時代影響頗深，雖然不乏公允之見，但一方面受儒家傳統思想影響，注重氣節，不事二主；另一方面，受外族統治的元、清兩朝，儒者反應則顯激烈，儘管對於許衡仕元問題，社會上發出了諸如劉因、王旭等人的評議，朝廷和很多士人還是持肯定態度的。何況，許衡既以學術爲念，所以政治得失也就不縈於懷了。

〔註136〕山崎闇齋（1618～1682）是德川初期的朱子學者，十五歲爲僧，二十五歲因讀朱子之書逃佛歸儒，自稱「學朱子而謬，與朱子共謬也，何遺憾之有？」今有《山崎闇齋全集》（東京：東京出版社，1978年）。

〔註137〕相關資料見張崑將：〈德川初期朱子學者的理學神道思惟：林羅山與山崎闇齋的比較〉，收於黃俊傑、林維杰編：《東亞朱子學的同調與異趣》（台北：國立台灣大學出版中心，2006年），頁170。此外，亦可參看《文會筆錄》。

〔註138〕淺見炯齋是山崎闇齋的弟子，號爲崎門三傑之一。

第六章　結　論

　　許衡爲元代大儒，其學本於程朱，筆者就本論文研究動機所引發的各個問題與質疑，經由仔細深入之探究，鋪陳出以上各章脈絡。關於許衡對朱子學的傳承與發展，筆者從「爲什麼」（許衡動機與當時時代背景）、「如何做」（施政方針與其思想是否相合）論起，最後，探討「有何貢獻與價值」，以詮定許衡於理學發展史之地位。行文至此，總結本論文最重要的課題有二：

　　一、許衡繼承了朱子什麼？

　　二、許衡如何發展朱子學？並使之官學化？

　　前者是就中國思想史上的承繼發展來說，後者是就許衡實際作爲來說，統觀此二點足見許衡影響之深遠。許衡在政治、理學、文學、醫學、天文曆法無不涉獵；官至中書左丞正二品，在入祠孔廟的大儒中官位爲最；享年七十三歲；無論在當時還是對於後世，其影響均不容忽視；五詔五辭；執教三十餘年，學生眾多，對於傳衍儒學，其功實不可埋沒。元代文人揭傒斯〔註1〕（1274～1344）在撰寫吳澄（1249～1333）的〈神道碑〉時言：「皇天受命，天降眞儒，北有許衡，南有吳澄。」許衡（1209～1281）的〈神道碑〉則爲當時詞臣歐陽玄〔註2〕（1273～1357）所寫，爲奉元帝敕命所撰寫而成的。身爲當時正統儒學集團的領袖人物，他的主張在日後的政治實務與教化的內涵上，均獲得極大的迴響，由此觀之，在當時的學術環境下，許衡的思想別具

〔註1〕揭傒斯，字曼碩，三度入翰林，是與吳澄同門同年之友人——程鉅夫（名文海）的門人。

〔註2〕歐陽玄，字原功，通經史百家，善文。元統三年，順宗命翰林直學士歐陽玄寫成許衡〈神道碑〉。

意義。許衡上承程朱之學，然此程朱理學雖在先秦儒學的基礎上迭有新創，卻仍在儒學的大環境之內。因此，許衡畢生的志業，一以先秦孔孟所樹立的典範爲標竿，但學術思想的建構，則以程朱之學爲基石，換句話說，許衡繼承自先秦孔孟到兩宋理學的思想傳統，將之應用在「內聖外王」的事業上。這在思想史之流變中更可看出其人地位的關鍵性，允爲一時巨擘。理論上的創新固然是學術有所建樹的重要標誌，但傳播之功同樣對學術有著重要貢獻。由是，筆者對許衡在思想史中之地位自能給以高度肯定的評價。

綜上，許衡的歷史貢獻主要有二個方面：一是緊密結合時代所面臨的重大問題，總結出少數民族統治者入主中原必行「漢法」的規律，向忽必烈提出了以漢法爲核心的立國規模，指出了蒙古統治者在據有中原以後所應當採取的治國方略，也影響元初的政治走向；二是開元朝國學之先河，奠定了元朝國學的教育制度，發展朱子學說，將學術思想應用在實際作爲上。這是許衡的特殊點，因爲他不僅堅持了先秦儒家以來的政治理想，也延續了兩宋理學的精神，爲元初儒學強烈的用世氣氛中，注入一股清流。他對程朱理學的繼承，可說是深契於心，這也是他與其他理學家的不同處；在元代特殊的時空環境下，儒學事業受到重大考驗，許衡涵融朱子說法，並試圖解決當代問題。透過他的努力，儒學得以繼續流傳於北方。許衡不但是朱學的探求者，也是代表者及擁護者。影響所及，使朱學成爲官方學術正統，教化人民的主要憑藉。要是沒有許衡的堅守信道，說動當道，始之垂爲令典，定於一尊，理學便無法發揮延續中原傳統文化的功能，足見許衡的不朽功績。

從理學的內容實質來說，它與少數民族統治者原來的思想認識應該是互不相容的，然而，理學思潮卻沒有被削弱，反而不斷加強。究其原因，在諸多具體歷史條件中，重要的還在於人的因素。朱子之學在南宋是僞學，到元時竟被定於一尊。因此，許衡的歷史抉擇及他所做的努力更見珍貴。全祖望曾贊言：

> 有元立國，無可稱者，惟學術尚未替，上雖賤之，下自趨之，是則洛閩之沾溉者宏也。

另有後人贊詞：「繼朱子之統者，魯齋也」〔註3〕、「伊川歿二十餘年，而文公生焉，繼程氏之學……而魯齋生焉。」〔註4〕此外，虞集〈送李擴序〉曾言：

〔註3〕《魯齋全書》，頁103。
〔註4〕《魯齋全書》，頁100。

> 文正歿，國子監始立官府，刻印章如典故，其爲之者，大抵踵襲文
> 正之成而已。然予觀其遺書，文公之於聖賢之道，五經之學，蓋所
> 志甚遠焉。

不論是從儒學傳統的繼承，抑或個人思索分辨的過程，許衡的學術趨向皆是歸本於朱熹。前者是自朱子以來儒學自覺思潮反省下的結果，後者則訴諸個人成學淵源所在。在學術上，許衡比不上小他四十歲的吳澄。但是，受元廷推崇的他，與其說是學術成就，不如說是歷史機遇造成的；政治上，他官至中書左丞，是正二品的宰輔大臣；文名上，獲諡「文正」，並進王封爵，入孔廟受祀。三十歲（西元 1238 年）時應試合格，取得蒙古人承認的「儒籍」，生活才有所安定，漸有聲名。三十六歲時，他得知元世祖忽必烈的重要謀臣姚樞棄官隱居河南輝縣的蘇門山，便從河北趕來求學。許衡爲古代政治文化的傳承豁亮了一道主題：他接通兩宋以來的儒學道統，並通過對理學核心典籍的解讀和傳揚，將大一統時代的政治文化納入理學的軌道。

《莊子·天下篇》：「是故內聖外王之道，闇而不明，鬱而不發，天下之人各爲其所欲焉，以自爲方。」以此概念詮表許衡義理思想，雖未必最精當，然原可如此理解，其屬於主體心性之說明及道德踐履部分，歸之內聖思想；其屬外境之潤化者，歸之於外王思想，然並非謂二者絕然不相干。周敦頤有「志伊尹之所志，學顏子之所學」之言，即是內外兼修的最佳詮釋。「內」就內在德行修養言，「外」就德行外顯以成全人事物言。若能證得本性，使良知完全朗現，則聖賢德業感通化透以至純熟，則本其人格之感召，自然化導天下之民。伊尹代表儒家致君澤民的榜樣，顏子則代表儒家自我修養的典範。前者意指以伊尹爲取法的楷模，致力於國家的治理和人民的幸福；後者則指像顏子一樣追求聖人的精神境界，體現的是一個身心和諧程度不斷上升的過程。儒家認爲從內聖至外王，乃爲士人責無旁貸的使命。如朱熹所言：「且令自家心正了，然後於天下之事，先後緩急，自有次第，逐施理會，道理自分明。……財貨源流是如何？兵又如何？民又如何？陣法又如何？此等事固當理會，只是須識個先後緩急之序。」〔註5〕，許衡亦循此思考路數，在工夫踐履有據後從事向外潤化之外王事業。

而且，許衡對儒家道統的接續有實質的裨益，此亦視爲肯定其人價值。今觀元修《宋史》是二十四史中最爲龐大的官修史書，史料龐雜卻未能善加

〔註5〕《朱子語類》卷七十三。

梳理，所以歷來頗受批評，四庫館臣說《宋史》「大旨以表章道學爲宗，餘事
皆不措意，故舛謬不能殫數」。然而，二十五史中，唯《宋史》特立〈道學傳〉，
「道統者，治統之所在也。堯以是傳之舜，舜以是傳之禹、湯，禹、湯傳之
文、武、周公、孔子。孔子沒，幾不得其傳百有餘年，而孟子傳焉。孟子沒，
又幾不得其傳千有餘年，而濂、洛、周、程諸子傳焉。及乎中立楊氏，而吾
道南矣。既而宋亦南渡矣！楊氏之傳，爲豫章羅氏、延平李氏，及於新安朱
子。朱子歿，而其傳及於我朝許文正公，此歷代道統之源委也。然則道統不
在遼金而在宋，在宋而後及於我朝，君子可以觀治統之所在矣。」〔註6〕蓋不
僅在釋經，尤重在衛道也。《宋史・道學傳》以周敦頤、程顥、程頤、張載、
邵雍、朱熹爲道學正傳。理學有它發生、發展的歷史，既是唐宋思想史的邏
輯發展，也是現實政治跌宕衝突的結果。以周敦頤作爲道學的首創者，是朱
熹建立其道統的構想。〔註7〕關於「道統」二字解釋如下：

> 「道學」之名，古無是也。三代盛時，天子以是道爲政教，大臣百
> 官有司以是道爲職業，黨、庠、術、序師弟子以是道爲講習，四方
> 百姓日用是道而不知。是故盈覆載之間，無一民一物不被是道之澤，
> 以遂其性。於斯時也，道學之名，何自而立哉。文王、周公既沒，
> 孔子有德無位，既不能使是道之用漸被斯世，退而與其徒定禮樂，
> 明憲章，刪《詩》、修《春秋》、讚《易象》，討論《墳》、《典》，期
> 使五三聖人之道昭明於無窮。故曰：「夫子賢於堯、舜遠矣。」孔子
> 沒，曾子獨得其傳，傳之子思，以及孟子，孟子沒而無傳。兩漢而
> 下，儒者之論大道，察焉而弗精，語焉而弗詳，異端邪説起而乘之，
> 幾至大壞。千有餘載，至宋中葉，周敦頤出於舂陵，乃得聖賢不傳
> 之學，作《太極圖説》、《通書》，推明陰陽五行之理，命於天而性於
> 人者，瞭若指掌。張載作〈西銘〉，又極言理一分疏之旨，然後道之
> 大原出於天者，灼然而無疑焉。仁宗明道初年，程顥及弟頤寔生，
> 及長，受業周氏，已乃擴大其所聞，表章〈大學〉、〈中庸〉二篇，
> 與《孟》並行，於是上自帝王傳心之奧，下至初學入德之門，融會
> 貫通，無復餘蘊。迄宋南渡，新安朱熹得程氏正傳，其學加親切焉。
> 大抵以格物致知爲先，明善誠身爲要，凡《詩》、《書》、六藝之文，

〔註6〕〔明〕陶宗儀：《南村輟耕錄》（北京：中華書局，1997年），頁37。
〔註7〕李澤厚：〈宋明理學片論〉，《中國古代思想史論》，頁222。

與夫孔、孟之遺言，顛錯於秦火，支離於漢儒，幽沉於魏晉六朝者，
至是皆煥然而大明，秩然而各得其所。此宋儒之學所以度越諸子，
而上接孟氏者歟！其於世代之汙隆，氣化之榮悴，有所關係也甚大。
道學盛於宋，宋弗究於用，甚至有屬禁焉。後之時君世主，欲復天
德王道之治，必來此取法矣。〔註8〕

在其萌發階段以至北宋末年，既未形成統一的學派，在當時也未產生多大影
響。至於南宋，朱熹集大成，影響逐漸增大。宋理宗時期（1225～1264），方
被定為官方學術。就此，聖賢代作的歷史圖像因而被建構出來。因此，〈道學
傳〉可視為元代理學被確立為官方學術後在史學中的反映。元代提擢道學為
經學之正統，乃承襲了宋代的智識和文化主軸。〔註9〕由此，聖賢相傳自然不
再只是高懸的理想而已，乃形成一種兼具治道與道德儒學的譜系。此段說明
儒者不同於政府職官博士，而有自發性於道的追求。除了提出先秦道的形成
以及宋儒對道的繼承與發現，更重要的是，道之用有待於後代明主的取法。
同時，也可看出自韓愈提出道統，儒學傳授譜系重新被建構，明確了堯舜禹
湯文武周公到孔孟的一脈相傳。從道統中也決定了政統的正當性。許衡的思
想背景存在「道統」的概念，狄百瑞（W. Theodore de Bary）說：

彼未強調與過去的連續性，唯學術傳承中墜，為起弊振衰以力挽傳
統滅絕的狂瀾，而力說個人非達成英雄的任務不可。於是，反對官
學的權威，強調有真正的道的再發現、再體認、再主張的必要性。

〔註10〕

「原羲農堯舜所以繼天立極，孔子顏孟所以垂世立教，周程張朱所以發明紹
續者，作《傳道圖》，而以書目條列於後」的趙復〔註11〕，與通過姚樞以發明
朱子學的許衡，皆明顯地存在此道統意識，即由師承淵源亦可窺知道統意識。
許衡之所以有強烈的私淑朱子的傾向，乃與當時學術思想界的動向有密切的
關係。

〔註8〕 〔元〕脫脫：《宋史》卷四百二十七〈道學傳〉，頁 12709～12710。

〔註9〕 艾爾曼著、呂妙芬譯：〈南宋至明初科舉科目之變遷及元朝在經學歷史的角
色〉，《元代經學國際研討會論文集》（上）（臺北：中研院文哲所籌備處，民
國89），頁 71。

〔註10〕 狄百瑞：〈元代的朱子學文教政策〉，《中國哲學論集》第5號（九州大學中國
哲學研究會，1977年）。

〔註11〕 《宋元學案‧魯齋學案》，卷九十。

「道學」最早見於北宋慶曆、皇祐年間的王開祖〈儒治〉最末章〔註12〕，它預示了一種學術風氣與思想趨向的變化：「當慶曆、皇祐間，宋興來百年，經術道微，伊洛先生未做，景山（王開祖）獨能研經覃思，發明精蘊，倡明道學二字，著之話言。」然而，興起初期卻曾被目為異端偽學〔註13〕，但在十三、十四世紀中逐漸在文人中取得主導地位，終於在明代成為官方正統。李調元（1734～1803）曾說明代的科舉制主要承襲元代，而非宋代。〔註14〕這個觀點質疑了傳統宋明相承的看法。事實上，科舉考試以道學為正統並不是宋代的情形，而是元明之際政治和教育發展的結果。朱熹的註釋和作品在元朝考試中已受到重視，士人認為朱子為繼道統之人，崇朱學即崇道統，讀朱子書亦即明道之本，由此論道統而及於朱學，朱學則成為政治上的努力標的。

總的來說，元代理學對於宋末理學高談性理、流於空疏的風氣有所改變，相對來說多了一些務實的思想，其中，許衡對於理學的傳播與貢獻是極具價值的，也表現出程朱理學在元代尚未僵化。以他為首的「魯齋學派」亦為元代官方正統學說。但雖已廣泛傳播，但是就整個元代的意識形態來看，儒學並未取得獨尊的地位。當時道、佛勢力尚在理學之上。因此，終許衡之世，元代科舉迄未舉行。而且，元初的統治者對於儒家別有用心，即便如許衡，也無法總攬大權、獲得信任，而僅是聊備諮詢。然而，許衡推動元代理學官學化的功勞確實是不可抹滅，而在思想史上有一定地位。而在元仁宗皇慶二年（西元 1313 年），許衡得以配祀孔廟，這是對文人的至高獎勵。此外，為了張揚許衡之學，朝廷於延祐二年（西元1315年）下詔設立魯齋書院，並由皇帝題額。〔註15〕這在一定程度上也滿足了北方士人讀書應舉的需求，為科

〔註12〕詳參姜廣輝：〈宋代道學定名緣起〉，《中國哲學》第 15 期，（岳麓書社，1992年），頁 243。

〔註13〕朱熹晚年身遭慶元黨禁，朝廷視為偽學之魁，偽學逆黨籍，宰執有四人，待制以上十三人，餘官三十一人，武臣三人，士人八人，共五十九人。朱熹為待制以上之首。詳見李心傳編：《道命錄》卷七下〈偽學逆黨籍〉，（上海：上海印書館，1937 年），頁 81～83。

〔註14〕〔清〕李調元：《制義科瑣記》（上海：商務印書館，1936 年）之〈序〉，頁 2a。

〔註15〕《元史・許衡傳》記載：「大德二年，贈榮祿大夫司徒，諡文正，至大二年，加正學垂憲佐運功臣太傅開府儀同三司，封魏國公，皇慶二年，詔從祀孔子廟廷，延祐初，又詔立書院京兆以祀衡，給田奉祀事，名魯齋書院。」

舉制度以程朱之學成為考試內容創造了良好的社會氛圍。此外，延祐（西元
1314 年至 1320 年）年間，翰林侍講學士解某創設東庵書院，其目的即是為了
傳播許衡之學。〔註16〕

　　綜上所述，在理學的知識和進境上，許衡實則遠不如朱熹，他所討論的
命題仍然拘守在天理、人性、格物、致知幾個方面，但是特別應當注意的是，
朱子精彩的思想由許衡複製，然後簡化成實用的觀念與實際的行動，許衡的
思想與實用的知識已經融合，朱子思想的深層內涵遭到篩濾，而剩下背誦的
文本，思想也因此能夠真正進入社會生活。或許犧牲了思想本身的深刻與睿
智，但卻在一定程度中使接受程度更廣。於是思想成為文本，文本成為文字，
進入官方的意識形態，本質也在無形中產生變化。由於政治從學術而來，故
談思想外，重在其實踐。許衡雖涉獵廣博，無不鑽研，卻無與此相應得的著
述，可見許衡的實踐活動遠遠重於著書立說。針對宋末道學家流於空疏的風
氣，許衡糾正弊端，當其經世思想主張受阻時，他熱忱未減，提出經世治學
的主張。在討論元代理學時，不應只是注意朱陸合流的問題，也要關注元代
理學的這一變化。本論文除了就許衡傳承及發展朱子學作一全面的分析與探
討外，也是對許衡在思想史中地位的評騭；而且，在陳述研究成果的同時，
再次襯托出許衡在思想史中之重要性。最後，就本論文未來展望上，欲以許
衡為基準點，將視野擴及整個朱子學的深入探究，不管是對思想史的詮釋，
或是儒學史的補綴，乃至元代學術的闡發上，皆冀能求更為宏觀完整的思想
內容。

〔註16〕程文海：《雪樓集》卷十三〈東庵書院記〉，《四庫全書》冊 1202，頁 175。

參考書目

一、**基本文獻**（參考書目按作者時代先後排列）

1. 《魯齋遺書》，元 許衡，台北：臺灣商務印書館，四庫全書珍本，1973年。

2. 《魯齋全書‧魯齋心法》，元 許衡，台北：廣文書局，據日文中文出版社影印日本刊本，1991年。

3. 《許衡集》，元 許衡，王成儒點校，北京：東方出版社，2007年。

4. 《元史》（百衲本二十四史），明 宋濂，台北：臺灣商務印書館，1988年。

5. 《許魯齋先生年譜》，清 鄭士範，北京：北京圖書館出版社，1999年。

二、**古籍**（參考書目按作者時代先後排列）

（一）經 部

1. 《孟子》，漢 趙岐注、宋 孫奭疏，十三經注疏，台北：藝文印書館，1997年。

2. 《禮記》，漢 鄭玄注、唐 孔穎達疏，十三經注疏，台北：藝文印書館，1997年。

3. 《周易》，魏 王弼、韓康伯注、唐 孔穎達正義，十三經注疏，台北：藝文印書館，1997年。

4. 《論語》，魏 何晏集解，十三經注疏，台北：藝文印書館，1997年。

5. 《四書集注》，宋 朱熹撰、張伯行集解，台北：世界書局，1971年。

6. 《經義考》，清 朱彝尊，北京：中華書局，1998年。

7. 《經學歷史》，清 皮錫瑞，北京：中華書局，1959年。

（二）史 部

1. 《宋史》（百衲本二十四史），元 脫脫，台北：臺灣商務印書館，1988

年。

2. 《金史》（百衲本二十四史），元 脫脫，台北：臺灣商務印書館，1988年。

3. 《元朝名臣事略》，元 蘇天爵，北京：中華書局，1996年。

4. 《大元聖政國朝典章》，據元刊本影印，台北：國立故宮博物院，1976年。

5. 《考亭淵源錄》，明 宋端儀，東京：中文出版社，1977年。

6. 《元史紀事本末》，明 陳邦瞻，台北：三民書局，1989年。

7. 《元史本證》，清 汪輝祖，台北：文海出版社，1984年。

8. 《新校本蒙兀兒史記》，清 屠寄，台北：鼎文書局，1978年。

9. 《宋會要輯稿》，清 徐松，台北：新文豐出版社，1976年。

10. 《四庫全書總目》，清 紀昀等，台北：臺灣商務印書館，1983年。

（三）子　部

1. 《張載集》，宋 張載，四部刊要・子部・儒家類，台北：漢京出版社，1983年。

2. 《二程集》，宋 程顥、程頤，四部刊要・子部・儒家類，台北：漢京出版社，1983年。

3. 《晦庵集》，宋 朱熹，影印文淵閣四庫全書本，台北：臺灣商務印書館，1983年。

4. 《朱文公文集》，宋 朱熹，台北：臺灣商務印書館，1990年。

5. 《朱子大全》（正集一百卷續集十一卷別集十卷），宋 朱熹，四部備要本，台北：中華書局，1985年。

6. 《伊洛淵源錄》，宋 朱熹，台北：文海出版社，1968年。

7. 《近思錄》，宋 朱熹，影印文淵閣四庫全書本，台北：臺灣商務印書館，1983年。

8. 《陸九淵集》，宋 陸九淵，台北：里仁出版社，1981年。

9. 《元儒考略》，明 馮從吾，北京：商務印書館，2005年。

10. 《宋元學案》，清 黃宗羲，北京：中華書局，1986年。

11. 《荀子集解》，清 王先謙，台北：藝文印書館，1988年。

12. 《儒林宗派》，清 萬斯同，四庫全書珍本九集，台北：臺灣商務印書館，1979年。

13. 《閩中理學淵源考》，清 李清馥，台北：臺灣商務印書館，1983年。

14. 《日知錄》，清 顧炎武，台北：臺灣商務印書館，1978年。

15. 《道南源委》，清 張伯行，清康熙四十八年正誼堂刻本，四庫全書存目

叢書，台南：莊嚴文化事業有限公司，1996 年。

16. 《理學宗傳》，清 孫奇逢，濟南：山東友誼書社，1989 年。

（四）集　部

1. 《遺山先生文集》，金 元好問，上海：商務印書館，四部叢刊集部，據烏程蔣氏密韻樓藏明弘治戊午刊本影印。

2. 《陵川集》，元 郝經，台北：臺灣商務印書館，1973 年。

3. 《滋溪文稿》，元 蘇天爵，台北：藝文印書館，1972 年。

4. 《元文類》，元 蘇天爵，台北：臺灣商務印書館，1983 年。

5. 《靜修集》，元 劉因，台北：世界書局，1988 年。

6. 《歸潛志》，元 劉祈，北京：中華書局，1983 年。

7. 《秋澗先生大全集》，元 王惲，上海：上海書店，1989 年。

8. 《湛然居士集》，元 耶律楚材，台北：世界書局，1988 年。

9. 《道園學古錄》，元 虞集，上海：商務印書館，1929～1941 年。

10. 《輟耕錄》，明 陶宗儀，北京：中華書局，1985 年。

11. 《中州名賢文表》（一），明 劉昌，台北：華文書局印行，中華文史叢書之七，清康熙刊本影印，1968 年。

二、現代專著

（一）許衡、朱子

1. 《朱子學派》，謝無量，上海：中華出版社，1932 年。

2. 《朱子及其哲學》，范壽康，台北：開明書局，1964 年。

3. 《朱子新學案》，錢穆，台北：三民書局，1971 年。

4. 《元許魯齋評述》，袁國藩，台北：商務印書館，1972 年。

5. 《朱子哲學思想的發展與完成》，劉述先，台北：臺灣學生書局，1981 年。

6. 《朱學論集》，陳榮捷，台北：臺灣學生書局，1981 年。

7. 《朱子門人》，陳榮捷，台北：臺灣學生書局，1982 年。

8. 《朱學論叢》，龔道運，台北：文史哲出版社，1982 年。

9. 《福建朱子學》，陳其芳、高令印，福州：福建人民出版社，1986 年。

10. 《朱子新探索》，陳榮捷，台北：臺灣學生書局，1988 年。

11. 《朱子學研究》，鄒永賢，福州：廈門大學出版，1989 年。

12. 《朱子書信編年考證》，陳來，上海：上海人民出版社，1989 年。

13. 《中州科教文化名人》，吳士英、盧連章，鄭州：河南教育出版社，1989

年。

14. 《朱熹哲學研究》，陳來，台北：文津出版社，1990 年。

15. 《朱子大傳》，束景南，福州：福建教育出版社，1992 年。

16. 《朱熹的歷史世界——宋代士大夫政治文化的研究》，余英時，台北：允晨出版社，1993 年。

17. 《國際朱子學會議論文集》上下冊，鍾彩鈞，台北：中研院文史哲出版，1993 年。

18. 《許衡評傳》，陳正夫、何植靖，南京：南京大學出版社，1995 年。

19. 《朱熹評傳》，張立文，南京：南京大學出版社，1998 年。

20. 《程朱思想新論》，楊曉塘，北京：人民出版社，1999 年。

21. 《朱子理學美學》，潘立勇，北京：東方出版社，1999 年。

22. 《朱子家禮與韓國之禮學》，〔韓〕盧仁淑，北京：人民出版社，2000 年。

23. 《日本的朱子學》，朱謙之，北京：人民出版社，2000 年。

24. 《朱熹書院與門人考》，方彥壽，上海：華東師範大學，2000 年。

25. 《朱熹年譜長編》（上）（下），束景南，上海：華東師範大學，2001 年。

26. 《朱子學的開展：學術篇》，鍾彩鈞，台北：漢學研究中心，2002 年。

27. 《朱子學的開展：東亞篇》，楊儒賓編，台北：漢學研究中心，2002 年。

28. 《朱陸之辯——朱熹陸九淵哲學比較研究》，彭永捷，北京：人民出版社，2002 年。

29. 《朱熹及其門人的教化理念與實踐》，孟淑慧，台北：國立臺灣大學文學院出版，2003 年。

30. 《朱熹的終極關懷》，趙峰，上海：華東師範大學，2004 年。

31. 《朱熹經學與中國經學》，蔡方鹿，北京：人民出版社，2004 年。

32. 《朱子全書與朱子學——2003 國際學術討論論文集》，朱杰人、嚴文儒主編，上海：華東師範大學出版社，2005 年。

33. 《朱熹與四書章句集注》，陳逢源，台北：里仁出版社，2006 年。

34. 《許衡的理學思想與文學》，王素美，北京：人民出版社，2007 年。

35. 《朱子格物致知論研究》，樂愛國，長沙：岳麓書社，2010 年。

（二）蒙古、元朝

1. 《西域人與元初政治》，蕭啟慶，台北：台灣大學文史叢刊，1966 年。

2. 《元代漢文化之活動》，孫克寬，台北：中華書局，1968 年。

3. 《元代蒙漢色目待遇考》，箭內亙著，陳捷、陳清泉譯，台北：臺灣商務印書館，1963 年。

4. 《元代社會經濟史論集》，周康燮，香港：崇文書店，1975年。

5. 《早期蒙古游牧社會的結構》，王明蓀，台北：嘉新水泥文基會，1976年。

6. 《遼宋元史講義——丙元朝史》，姚從吾，台北：正中書局，1977年。

7. 《遼宋元史論文》，姚從吾，台北：正中書局，1977年。

8. 《元代戶計制度研究》，黃清連，台北：國立臺灣大學文學院，1977年。

9. 《元史論叢》，袁冀，台北：聯經出版事業公司，1978年。

10. 《元代的四書學》，黃孝光，台北：西南書局股份有限公司，1978年。

11. 《蒙古黃金史註譯》，札奇斯欽，台北：聯經出版事業公司，1979年。

12. 《元代社會階級制度》，蒙思明，北京：中華書局，1980年。

13. 《元朝典故編年考》，孫承澤，台北：學海出版社，1984年。

14. 《元代史學思想研究》，周少川，北京：社會科學文獻出版社，1986年。

15. 《元代吏制研究》，許凡，北京：勞動人事出版社，1987年。

16. 《元史新講》，李則芬，台北：黎明文化公司，1989年。

17. 《蒙古民族史略》，王明蓀，台北：中央文物供應社，1990年。

18. 《元代的士人與政治》，王明蓀，台北：臺灣學生書局，1992年。

19. 《理學與元代社會》，徐遠和，北京：人民出版社，1992年。

20. 《元代文人心態》，麼書儀，北京：文化藝術出版社，1993年。

21. 《蒙古文化與社會》，札奇斯欽，台北：臺灣學生書局，1994年。

22. 《中國元代政治史》，王崗，北京：人民出版社，1994年。

23. 《元西域人華化考》，陳俊民，台北：臺灣商務印書館，1994年。

24. 《中國元代科技史》，雲峰，北京：人民出版社，1994年。

25. 《中國元代經濟史》，陳喜忠，北京：人民出版社，1994年。

26. 《蒙元史新研》，蕭啓慶，台北：允晨文化公司，1994年。

27. 《中國元代思想史》，秦志勇，北京：人民出版社，1994年。

28. 《元代奏議集錄》，陳得芝，杭州：浙江古籍出版社，1998年。

29. 《漠北來去——元朝興衰啓示錄》，姚大力，台北：年輪文化出版，1998年。

30. 《劍橋中國遼西夏金元史》，德 傅海波（Fowles, John, 1926～），北京：社會科學出版社，1998年。

31. 《蒙元史學術研究會論文集》，清華大學歷史所、行政院蒙藏委員會主辦，台北：中華民國讀書會發展協會，1999年。

32. 《元代經學國際研討會論文集》，楊晉龍，台北：中研院文哲所籌備處，

2000 年。

33. 《元代書院研究》，徐梓，北京：社會科學文獻出版社，2000 年。

34. 《中國史學思想通史‧元代卷》，周少川，合肥：黃山書社，2002 年。

35. 《元代政治制度研究》，李治安，北京：人民出版社，2004 年。

36. 《元史研究新論》，陳高華，上海：上海社會科學院，2005 年。

37. 《元代教育研究》，申萬里，武漢：武漢大學出版社，2007 年。

38. 《遼西夏金元史十五講》，屈文軍，上海：上海古籍出版社，2008 年。

39. 《元代四書學研究》，周春健，上海：華東師範大學出版社，2008 年。

（三）其 他

1. 《宋明理學綱要》，蔣維喬、楊大膺，北京：中華書局，1936 年。

2. 《中國哲學史通論》，范壽康，上海：開明書局，1946 年。

3. 《中國思想通史》，侯外廬，北京：人民出版社，1957 年。

4. 《禮學新探》，高明，香港：香港中文大學聯合書院，1963 年。

5. 《黑韃事略》，彭大雅，台北：藝文印書館，1967 年。

6. 《心體與性體》，牟宗三，台北：正中書局，1969 年。

7. 《中國哲學的特質》，牟宗三，台北：臺灣學生書局，1974 年。

8. 《中國理學史》，賈豐臻，台北：臺灣商務印書館，1974 年。

9. 《老子校詁》，馬敘倫，北京：中華書局，1974 年。

10. 《中國思想與制度論集》，段昌國、劉紉尼、張友堂譯，台北：聯經出版事業公司，1976 年。本書主要根據 " Studies in Chinese thought " 一書編譯而成。

11. 《理學綱要》，呂思勉，台北：華世書局，1977 年。

12. 《中國知行學說研究》，楊承彬，台北：臺灣商務印書館，1978 年。

13. 《中國知識階層史論》，余英時，台北：聯經出版事業公司，1980 年。

14. 《中國哲學思想史》（宋代篇），羅光，台北：臺灣學生書局，1981 年。

15. 《儒家天人合一思想之研究》，施湘興，台北：正中書局，1981 年。

16. 《中國哲學史》，勞思光，台北：三民書局，1981 年。

17. 《中國思想史論集》，徐復觀，台北：臺灣學生書局，1981 年。

18. 《宋明理學研究論集》，馮炳奎，台北：黎明文化事業公司，1983 年。

19. 《宋明理學》（南宋篇），蔡仁厚，台北：臺灣學生書局，1983 年。

20. 《中國哲學原論》（原性篇），唐君毅，台北：臺灣學生書局，1984 年。

21. 《中國經學史》，馬宗霍，台北：臺灣商務印書館，1986 年。

22. 《中國近三百年學術史》，錢穆，北京：中華書局，1986 年。

23. 《天人關係論》，楊慧傑，台北：水牛圖書公司，1986 年。

24. 《存在與時間》，海德格爾著，陳嘉映、王慶節譯，北京：三聯書店，1987 年。

25. 《興盛與危機——論中國封建社會的超穩定結構》，金觀濤、劉青峰，台北：天山出版社，1987 年。

26. 《中國人性論史》，徐復觀，台北：臺灣商務印書館，1987 年。

27. 《洛學源流》，徐遠和，濟南：齊魯書社，1987 年。

28. 《中國古典哲學概念範疇要論》，張岱年，北京：中國社會科學出版社，1987 年。

29. 《中國哲學範疇史》，葛榮晉，哈爾濱：黑龍江人民出版社，1987 年。

30. 《中國思想傳統的現代詮釋》，余英時，台北：聯經出版事業公司，1987 年。

31. 《宋明理學史》，侯外廬等編，北京：人民出版社，1987 年。

32. 《中庸形上思想》，高柏園，台北：東大圖書出版社，1988 年。

33. 《程顥程頤理學思想研究》，潘富恩、徐余慶，上海：復旦大學出版社，1988 年。

34. 《批評的循環》，D.C.霍伊著、陳玉容譯，台北：南方出版社，1988 年。

35. 《中國哲學史大綱》，蔡仁厚，台北：臺灣學生書局，1988 年。

36. 《中國政治思想史》，蕭公權，台北：中國文化大學，1988 年。

37. 《新儒家哲學十八講》，方東美，台北：黎明文化公司，1989 年。

38. 《理學範疇系統》，蒙培元，北京：人民出版社，1989 年。

39. 《中國文化之精神價值》，唐君毅，台北：正中書局，1989 年。

40. 《儒學第三期發展的前景問題：大陸講學、問難和討論》，杜維明，台北：聯經出版事業公司，1989 年。

41. 《中國哲學的方法論問題》，馮耀明，台北：允晨文化公司，1989 年。

42. 《中國傳統哲學》，周桂鈿，北京：北京師範大學出版社，1990 年。

43. 《儒家心性之學論要》，蔡仁厚，台北：文津出版社，1990 年。

44. 《中國古代思想史論》，李澤厚，台北：風雲時代出版公司，1990 年。

45. 《中國古代哲學問題發展史》，方立天，北京：中華書局，1990 年。

46. 《理學的演變：從朱熹到王夫之戴震》，蒙培元，台北：文津出版社，1990 年。

47. 《中國教育思想史》，郭齊家，台北：五南圖書公司，1990 年。

48. 《宋明理學之概念與歷史》，陳榮捷，台北：中研院文哲所出版，1990 年。

49. 《中國心性論》，蒙培元，台北：臺灣學生書局，1990 年。

50. 《氣論與傳統思維方式》，李志林，上海：學林出版社，1990 年。

51. 《宋明理學》，陳來，瀋陽：遼寧教育出版社，1991 年。

52. 《當代新儒學論文集——內聖篇》，周群振編，台北：文津出版社，1991 年。

53. 《中華的智慧——中國古代哲學思想精粹》，張岱年編、程宜山、劉笑敢、陳來撰，台北：貫雅文化事業有限公司，1991 年。

54. 《中國儒學思想史》，張豈之，台北：水牛出版社，1992 年。

55. 《中國古代天道思想論》，李杜，台北：藍燈文化事業公司，1992 年。

56. 《中國歷史轉型時期的知識分子》，余英時，台北：聯經出版事業公司，1992 年。

57. 《中國哲學思想批判》，韋政通，台北：水牛圖書公司，1992 年。

58. 《儒家的淑世哲學——治道與治術》，曾春海，台北：文津出版社，1992 年。

59. 《中國考試發展史略》，黃新憲，福州：福建人民出版社，1992 年。

60. 《中國考試制度史資料選編》，楊學為，黃山書社，1992 年。

61. 《中國哲學史》，馮友蘭，台北：臺灣商務印書館，1993 年。

62. 《中國歷代思想史·宋元卷》，姜國柱，台北：文津出版社，1993 年。

63. 《閩學源流》，劉樹勛，福州：福建教育出版社，1993 年。

64. 《中國儒學史》，趙吉惠，鄭州：中州古籍出版社，1993 年。

65. 《中國傳統哲學思維方式》，蒙培元，杭州：浙江人民出版社，1993 年。

66. 《中國古代哲學的邏輯發展》，馮契，上海：上海人民出版社，1993 年。

67. 《從陸象山到劉蕺山》，牟宗三，台北：臺灣學生書局，1993 年。

68. 《中國思想史方法論文選集》，韋政通，台北：水牛圖書公司，1993 年。

69. 《宋明理學邏輯結構的演化》，張立文，台北：萬卷樓圖書有限公司，1993 年。

70. 《試論宋元科舉考慮與韻圖》，北京：漢字文化出版社，1993 年。

71. 《道》，張立文，台北：漢興書局，1994 年。

72. 《理》，張立文，台北：漢興書局，1994 年。

73. 《氣》，張立文，台北：漢興書局，1994 年。

74. 《中國宋遼金夏思想史》，周湘斌、趙海琦，北京：人民出版社，1994 年。

75. 《中國實學思想史》上卷，葛榮晉，北京：首都師範大學出版社，1994 年。

76. 《中國教育思想通史》，王炳照、閻國華，湖南：湖南教育出版社，1994年。

77. 《理解的命運》，殷鼎，台北：東大圖書公司，1994年。

78. 《宋代官學教育與科舉》，李弘祺，台北：聯經出版事業公司，1994年。

79. 《科學革命的結構》，孔恩（Thomas S. Kuhn）著、程樹德譯，台北：遠流出版社，1994年。

80. 《知識與行動：中國文化傳統的社會心理詮釋》，台北：心理出版社，1995年。

81. 《中國儒學》，謝祥皓、劉宗賢，台北：水牛出版社，1995年。

82. 《易學哲學史》第二卷，朱伯崑，北京：華夏出版社，1995年。

83. 《思想的轉型——理學發生過程研究》，徐洪興，上海：上海人民出版社，1996年。

84. 《中國儒家學術思想史》，劉蔚華、趙宗正，濟南，山東教育出版社，1996年。

85. 《中國哲學範疇發展史》，張立文，台北：五南出版社，1996年。

86. 《心》，張立文，北京：中國人民大學，1996年。

87. 《新理學》，馮友蘭，上海：上海書店，1996年。

88. 《科舉考試的教育視角》，劉海峰，湖北教育出版社，1996年。

89. 《性》，張立文，台北：七略出版社，1997年。

90. 《陸王心學研究》，劉宗賢，濟南，山東人民出版社，1997年。

91. 《宋儒風采》，王瑞明，長沙：岳麓書社，1997年。

92. 《思文之際論集——儒道思想的現代詮釋》，張亨，台北：允晨文化出版社，1997年。

93. 《中國哲學大綱》，張岱年，北京：中國社會科學出版社，1997年。

94. 《中國儒學》，龐樸主編，上海：東方出版中心，1997年。

95. 《儒學的歷史文化功能——士族：特殊形態的知識分子研究》，陳明，上海：學林出版社，1997年。

96. 《中國儒學史‧宋元卷》，韓鍾文，廣州，廣東教育出版社，1998年。

97. 《中國思想史》，韋政通，台北：水牛出版社，1998年。

98. 《中國哲學思想論集》，錢穆，台北：水牛圖書公司，1998年。

99. 《中國學術思想史論叢》，錢穆，台北：聯經出版事業公司，1998年。

100. 《中外哲學交流史》，樓宇烈、張西平，湖南：湖南教育出版社，1999年。

101. 《宋元之際的哲學與文學》，羅立剛，上海：復旦大學出版社，1999年。

102. 《中國儒教史》，李申，上海：上海人民出版社，1999 年。

103. 《論儒學的宗教性》，杜維明、段德智，武昌：武漢大學出版社，1999 年。

104. 《真理與方法》，伽達默爾著、洪漢鼎譯，上海：上海譯文出版社，1999 年。

105. 《中國政治思想專題研究集》，孫廣德，台北：桂冠圖書公司，1999 年。

106. 《中國教育制度史論》，高明士，台北：聯經出版事業公司，1999 年。

107. 《儒家文明》，馬振峰、徐遠和、鄭家棟，北京：中國社會科學院，2000 年。

108. 《中國教育史研究・宋元分卷》，王炳照、郭齊家，上海：華東師範大學出版社，2000 年。

109. 《中國哲學史》，王邦雄，台北：空中大學出版社，2000 年。

110. 《中國思想史》，葛兆光，上海：復旦大學出版社，2001 年。

111. 《中國學術史・宋元卷》，朱漢民，江西：江西教育出版社，2001 年。

112. 《東亞儒學史的新視野》，黃俊傑，台北：喜馬拉雅研究發展基金會，2001 年。

113. 《中國學術思想史》，鄺士元，台北：里仁書局，2001 年。

114. 《儒家思想在現代東亞：韓國與東南亞篇》，劉述先，台北：中央研究院中國文哲研究所籌備處，2001 年。

115. 《斯文：唐宋思想的轉型》，〔美〕包弼德著、劉寧譯，南京：江蘇人民出版社，2001 年。

116. 《中國哲學十九講》，牟宗三，台北：台灣學生書局，2002 年。

117. 《宋明理學研究》，張立文，北京：中國人民大學出版社，2002 年。

118. 《兩岸哲學對話──廿一世紀中國哲學之未來》，林安梧，台北：臺灣學生書局，2003 年。

119. 《經典與解釋》，陳少明、劉小楓，上海：三聯書店，2003 年。

120. 《政治儒學──當代儒學的轉向、特質與發展》，蔣慶，北京：生活・讀書・新知三聯書店，2003 年。

121. 《金元之際的儒士與漢文化》，趙琦，北京：人民出版社，2004 年。

122. 《儒家思想中的具體性思維》，林啓屏，台北：臺灣學生書局，2004 年。

123. 《宋明儒學的問題與發展》，牟宗三，上海：華東師範大學，2004 年。

124. 《中國考試思想史》，田建榮，北京：商務印書館，2004 年。

125. 《詮釋與重構──王船山的哲學精神》，陳來，北京：北京大學出版社，2004 年。

126. 《思想史研究課堂講錄：視野、角度與方法》，葛兆光，北京：生活‧讀書‧新知三聯書局，2005 年。

127. 《書院與科舉關係研究》，李兵，武漢：華中師範大學出版社，2005 年。

128. 《中國古代思想史》，劉復生，南寧：廣西人民出版社，2006 年。

129. 《儒學與世界》，賈順先，四川：四川大學出版社，2006 年。

130. 《松漠之間 —— 遼金契丹女眞史研究》，劉浦江，北京：中華書局，2008 年。

131. 《理解、詮釋與儒家傳統：比較觀點》，李明輝、邱黃海主編，台北：中研院文哲所，2010 年。

132. 《中國經學與宋明理學研究》，蔡方鹿，北京：人民出版社，2011 年。

133. 《中國儒學史》（宋元卷），方旭東等著，湯一介、李中華主編，北京：中華書局，2011 年。

三、單篇論文

1. 何祐森，〈元代學術之地理分布〉，《新亞學報》第 1 期第 2 卷，1956 年，頁 305～366。

2. 阮廷瑜，〈宋元理學家之持敬〉，《臺灣教育》第 258 期，1972 年，頁 20～24。

3. 阮廷瑜，〈持敬是中國人的涵養工夫〉，《哲學與文化》第 19 卷第 2 期，1992 年，頁 122～131。

4. 陳榮捷，〈朱子門人之各方面及其意義〉，《中國文化月刊》第 11 卷，1980 年，頁 109～129。

5. 羅光，〈許衡的哲學思想〉，《輔仁學誌 —— 文學院之部》第 9 期，1980 年。

6. 狄百瑞著、施寄錦譯，〈元代新儒家正統思想的興起〉（上、中、下），《思與言》第 21 卷第 1、2、3 期，1983 年。

7. 丁昆健，〈元代許衡的教育思想〉，《華學月刊》第 135 期，1983 年。

8. 王明蓀，〈元代的儒吏之論與儒術緣飾吏治〉，《華學月刊》第 139 期，1983 年。

9. 王明蓀，〈略述元代朱學之盛〉，《中華文化復興月刊》第 16 卷第 12 期，1983 年。

10. 王明蓀，〈宋元時期的分裂、統一與正統〉，《歷史月刊》第 5 期，1988 年。

11. 余英時，〈道統與政統之間〉，《中國文化月刊》第 60 期，1984 年。

12. 牧野修二著，趙剛譯，〈元代的儒學教育 —— 以教育課程爲中心〉，《松

遼學刊》（社科版）第 3 期，1987 年，頁 70～78；轉 69。

13. 崔永東，〈孔學的經世風格及其對中國知識份子的影響〉，《中國文化月刊》第 126 期，1990 年，頁 4～19。

14. 王風雷，〈元代的端木堂教育〉，《內蒙古大學學報》第二期（哲科版），1992 年，頁 64～69。

15. 王爾敏，〈近代中國思想研究及其問題之發掘〉，《中國哲學史方法論文選集》，台北：水牛圖書公司，1993 年。

16. 孫劍秋，〈從讀易私言看許衡的處世之道〉，《中華學苑》第 43 期，1993 年。

17. 于金生，〈元代的地方學官及其社會地位〉，《內蒙古社會科學》第 3 期，1993 年。

18. 朱祥慧，〈淺譯朱熹與朱子學〉，《臨沂師專學報》第 3 期，1994 年，頁 23～25。

19. 康中乾，〈論宋明理學的邏輯發展〉，《人文雜誌》第 2 期，1994 年。

20. 許總，〈論宋明理學形成及其歷史必然性〉，《齊魯學刊》總 158 期，1994 年。

21. 魏崇武，〈趙復在北方傳播理學的意義和貢獻〉，《殷都學刊》第 2 期，1995 年。

22. 王忠閣，〈元初儒學與文學思潮〉，《信陽師範學院學報》（哲學社會科學版）第 15 卷 4 期，1995 年。

23. 福田殖著、金培懿譯，〈關於許衡〉，《中國文哲研究通訊》第 8 卷第 2 期，1998 年。

24. 林安梧，〈三論「道的錯置」——中國政治哲學的根本問題〉，《鵝湖》第 23 卷第 9 期，1998 年。

25. 廖雲仙，〈試析朱子「四書集註」於元代興盛的原因〉，《勤益學報》第 16 期，1998 年，頁 303～321。

26. 林登昱，〈論元代經學著述的發展趨勢〉，《中國文哲研究通訊》第 8 卷第 2 期，1998 年，頁 75～95。

27. 黃俊傑，〈從儒家經典詮釋史觀點論解經者的「歷史性」及其相關問題〉，《臺大歷史學報》第 24 期，1999 年，頁 1～28。

28. 夏傳才，〈元代經學的社會歷史背景和程朱之學的發展〉，《貴州文史叢刊》第 4 期，1999 年，頁 1～14。

29. 葉愛欣，〈中州文士對元代儒學的貢獻〉，《殷都學報》第 2 期，2000 年。

30. 黃俊傑，〈東亞儒學史研究的新視野：儒家詮釋學芻議〉，《台大文史哲學報》第 53 期，2000 年。

31. 魏崇武，〈金代理學發展初探〉，《歷史研究》第 3 期，2000 年。

32. 蕭永明，〈論朱熹的天理史觀〉，《廣西大學學報》（哲學社會科學版）第 23 卷第 1 期，2001 年，頁 7～12。

33. 孟憲軍，〈淺談朱熹理學思想的形成〉，《遼寧師範大學學報》（社會科學版）第 24 卷第 2 期，2001 年，頁 90～92。

34. 徐子方，〈與道共進退——許衡及其心態〉，《南通師範學院學報》（哲學社會科學版）第 17 卷第 1 期，2001 年。

35. 王基西，〈理學家小傳（27）——魯齋先生許衡〉，《中國語文》第 91 卷第 6 期，2002 年，頁 19～28。

36. 張樹旺，〈從治道角度看朱熹哲學〉，《華南理工大學學報》（社會科學版）第 4 卷第 3 期，2002 年，頁 14～18。

37. 張春麗，〈許衡的價值理想與詩文創作〉，《河南教育學院學報》（哲學社會科學版）第 4 期第 21 卷，2002 年，頁 46～48。

38. 申少春，《許衡著作及其思想研究》，《河南社會科學》第 11 卷第 3 期，2003 年。

39. 馬行誼，〈略論元初儒臣積極入仕之心態〉，《興大中文學報》第 16 期，2004 年，頁 291～309。

40. 林戚，〈從東平學風的轉向看元代理學的官學化〉，《東岳論叢》第 25 卷第 3 期，2004 年。

41. 魏崇武，〈20 世紀大陸地區元代理學研究述評（上）〉，《哲學動態》第 3 期，2004 年，頁 18～23。

42. 魏崇武，〈20 世紀大陸地區元代理學研究述評（下）〉，《哲學動態》第 4 期，2004 年，頁 31～34。

43. 淮建利，〈慨然行道：許衡思想的特點及其歷史貢獻〉，《鄭州大學學報》（哲學社會科學版）第 1 期，2005 年。

44. 崔大華，〈思想史視野中的許衡〉，《學習論壇》第 4 期，2005 年。

45. 周少川，〈試論許衡的歷史思想〉，《史學月刊》第 9 期，2005 年。

46. 羅賢佑，〈許衡、阿合法與元初漢法、回回法之爭〉，《民族研究》第 5 期，2005 年。

47. 孫玉杰，〈試論許衡的治生說及其歷史意義〉，《學習論壇》第 2 期，2005 年。

48. 李景旺，〈論許衡對宋明理學理論的創造性發展——兼與許衡理學無進境說商榷〉，《河南師範大學學報》（哲學社會科學版）第 4 期，2006 年。

49. 趙國洪，〈許衡治生說與明清士商理念——與余英時先生商榷〉，《江西社會科學》第 5 期，2006 年。

50. 宋志明、許寧，〈許衡與元代的文化認同〉，《邯鄲學院學報》第 16 卷第 2 期，2006 年，頁 29。

51. 李兵，〈元代書院與程朱理學的傳播〉，《浙江大學學報》第 37 卷第 1 期，2007 年，頁 139～140。

52. 馬世之，〈許衡里籍問題探討〉，《焦作師範高等專科學院學報》第 23 卷第 1 期，2007 年。

53. 廉永生，〈略論許衡的教育思想〉，《焦作大學學報》第 2 期，2007 年，頁 29～30。

54. 陳谷嘉：〈元代理學家許衡關於「一切都要以修身作根本」的倫理思想初探〉，《倫理學研究》第 6 期，2007 年。

55. 張長傑，〈淺談許衡的治生思想和素質教育〉，《焦作大學學報》第 3 期，2008 年。

56. 宋灝，〈普遍理解與個人理解——以現代詮釋學看程朱詮釋學〉，《理解、詮釋與儒家傳統》，台北：中央研究院文哲所，2010 年，頁 117～118。

57. 陳逢源，〈「朱子學的傳承與開展」導言〉，《政大中文學報》，2010 年，頁 21～23。

58. 宋洪兵，〈多元視野中的思想史研究——田浩《旁觀朱子學》的方法與觀點〉，《二十一世紀》，2011 年，頁 127～135。

四、學位論文

1. 梁承武，《朱子哲學思想之發展及其成就》，台灣師範大學國文研究所博士論文，1984 年。

2. 金周漢，《中、韓理學家之文學觀及其影響》，文化大學中國文學研究所博士論文，1985 年。

3. 金永炫：《元代「北許南吳」理學思想研究》，輔仁大學哲學所博士論文，1987 年。

4. 馬行誼：《許衡的倫理道德價值體系》，國立中正大學中文所博士論文，1993 年。

5. 史甄陶：《元代前期徽州朱子學——以胡一桂、胡炳文和陳櫟爲中心》，國立清華大學中文所博士論文，2008 年。

五、研討會論文

1. 蒙古元史研討會，1999 年。胡其德，〈蒙古碑刻文獻所見統治者的宗教觀念與政策〉、鄭素春：〈元代全真教主與朝廷的關係〉。

2. 第四屆國際儒學學術研討會暨第一屆國際孔教研討會，2007 年 11 月 20 日～23 日印尼雅加達。王成儒，〈許衡哲學簡論〉。

附　錄

筆者參考《宋明理學家年譜》〔註1〕、《許魯齋先生年譜》〔註2〕、《許文正公考歲略續》〔註3〕，茲列許衡年譜，以年代（首列帝王紀年，次附西曆）為經，以生平、著作及時賢活動為緯，勾勒其人生平活動的框架：

紀　年	西曆	年歲	生平事蹟	著述紀年	時賢活動
金章宗泰和九年	1209	1	九月生於河南新鄭。		賜朱熹諡曰文。追贈蔡元定為迪功郎。
金永濟大安三年	1211	3			李道傳請下除學禁，詔頒朱熹《四書》。周、邵、程、張從祠孔廟。
金永濟崇慶元年	1212	4			劉爚請以朱熹語孟集說列學官，從之。
金宣宗貞祐四年	1216	8			朱在重修白鹿書院，黃榦作之記。陳淳過嚴陵講學，學者稱為北溪先生。
金哀宗元光二年	1223	15			郝經出生。
南宋理宗寶慶三年	1227	19			全真教的傳播者邱處機逝世。

〔註1〕　于浩輯：《宋明理學家年譜》（北京：北京圖書館，1999年）。
〔註2〕　〔清〕鄭士範編。
〔註3〕　〔元〕耶律有尚編。

南宋理宗端平二年	1235	27		中書省事楊惟中、姚樞在燕京創建太極書院，延請趙復為主講。
南宋理宗嘉熙二年	1238	30	戊戌之試，許衡應試合格，取得蒙古人承認的「儒籍」。	
南宋理宗淳祐二年	1242	34	許衡到蘇門訪求，盡錄以歸。	
南宋理宗淳祐九年	1249	41	自得伊洛之學	〈讀易私言〉〔註4〕
南宋理宗淳祐十年	1250	42	許衡生病還鄉，經過衛輝路，聞家鄉懷孟路政治苛虐，於是在蘇門定居下來，與姚樞為鄰居，授徒為生。	
南宋理宗淳祐十二年	1252	44	許衡向忽必烈提出「請世祖為儒教大宗師，世祖悅而受之」。	
南宋理宗寶祐二年	1254	46	王府派人於大名召許衡為京兆教授，許衡應召前往。	
南宋理宗寶祐三年	1255	47	廉希憲為京兆宣撫，任命許衡為京兆提學，許衡力辭不受，「遯於大名」。	
元世祖中統元年	1260	52	五月，應召北上。	張文謙拜中書左丞。郝經作〈立政議〉鼓吹行漢法；奉忽必烈之命，以翰林侍讀學士充大蒙古國國使，出使南宋，被南宋當局拘禁。

〔註4〕〈考歲略〉：「先生年四十一……是歲，有〈讀易私言〉。」然而，後文又言〈讀易私言〉是先生五十歲後之作。筆者推測該文乃許衡四十一歲時有初稿，五十歲後又加以修訂。

					魏初擔任中書省橡史兼掌書記
元世祖中統二年	1261	53	五月，授太子太保，力辭不受，改國子祭酒。九月，以疾辭歸。		
元世祖中統三年	1262	54	九月，應召北上。		
元世祖至元元年	1264	56	正月，辭歸。		張文謙以中書左丞行省西夏中興等路，浚唐來、漢延二渠，民受其利。
元世祖至元二年	1265	57	十月，應召北上，詔入省議事。		安童爲右丞相。
元世祖至元二年	1266	58	向元世祖上〈時務五事〉。	〈時務五事〉。	
元世祖至元四年	1267	59	正月，辭歸。十一月，應召北上。		
元世祖至元五年	1268	60	被召至大都。	編輯〈歷代帝王嘉言善政錄〉、〈編年歌括〉。	
元世祖至元六年	1269	61	奉詔定官制。		
元世祖至元七年	1270	62	正月，拜中書左丞，力辭不允。		張文謙拜大司農卿。魏初授國史院編修官，拜監察御史。
元世祖至元八年	1271	63	四月，改集賢大學士，兼國子祭酒。		十一月，忽必烈改國號爲大元。
元世祖至元九年	1272	64			御史王惲以秩滿，改除平陽路判官。時，王惲四十六歲。
元世祖至元十年	1273	65	七月，以遷葬辭歸。		
元世祖至元十二年	1275	67			郝經卒。

元世祖至元十三年	1276	68	七月，應召北上。修授時曆。		張文謙遷御史中丞，爲阿合馬所忌。改昭文館大學士，領太史院事。
元世祖至元十五年	1278	70	三月，授集賢大學士，兼教領太史院事。		
元世祖至元十七年	1280	72	春，曆成。八月，辭歸。		
元世祖至元十八年	1281	73	三月，薨。		